KB049669

세계미래보고서 2020

The
Millennium
Project

세계미래보고서
2020

박영숙 · 제롬 글렌 지음

비즈니스북스

옮긴이 **이희령**

이화여자대학교 영문과를 졸업하고 서강대학교와 미국 워싱턴대학교에서 경영학과 법학을 공부했다. 국내 및 미국 기업에서 다양한 국제 거래 및 경영 컨설팅 관련 업무를 했으며, 현재는 글밥아카데미를 수료하고 바른번역 소속 번역가로 활동 중이다. 옮긴 책으로는 《일자리 혁명 2030》, 《비즈니스와 사회에 가치를 더하라》 등이 있다. 이 책에서는 '15대 글로벌 도전 과제와 그 대안들'을 번역했다.

세계미래보고서 2020

1판 1쇄 발행   2019년 10월 24일
1판 9쇄 발행   2020년 8월 25일

지은이 | 박영숙·제롬 글렌
발행인 | 홍영태
발행처 | (주)비즈니스북스
등록 | 제2000-000225호(2000년 2월 28일)
주소 | 03991 서울시 마포구 월드컵북로6길 3 이노베이스빌딩 7층
전화 | (02)338-9449
팩스 | (02)338-6543
e-Mail | bb@businessbooks.co.kr
홈페이지 | http://www.businessbooks.co.kr
블로그 | http://blog.naver.com/biz_books
페이스북 | thebizbooks
ISBN 979-11-6254-110-4   03320

The Millennium Project

밀레니엄 프로젝트
글로벌 미래연구 싱크탱크

미국 워싱턴 소재 밀레니엄 프로젝트The Millennium Project는 글로벌 미래를 연구하는 그룹으로, 유엔을 비롯해 유엔 산하의 각 연구기관 및 EU, OECD 등 다양한 국제기구와 긴밀한 협조를 통해 인류의 지속가능성을 위한 문제 해결 방안을 연구하고 있다.

밀레니엄 프로젝트는 1988년 유엔의 새천년 미래예측 프로젝트를 기반으로 해 1996년 비정부기구NGO로 창립되었다. 1996년부터 2007년까지 유엔대학교United Nations University, UNU 미국위원회American Council의 후원을 받다가 2008년에는 유엔경제사회이사회 산하 유엔협회세계연맹World Federation of United Nations Associations, WFUNA 소속으로 활동했으며, 2009년 독립적 국제 비정부기구로 유엔경제사회이사회 산하 NGO로 전환되었다.

전 세계 66개 지부, 각 분야 4,500여 명의 정부공무원, 기업인, 학자 및 전문가를 이사로 두고 지구촌 15대 과제의 대안, 국제사회에 필요한 장기 비전을 제시하고 그에 따른 기회와 위기를 분석하며 필요한 정책 및 전략을 제안하고 보고함으로써 과학적 미래예측을 통해 미래사회의 위험을 사전에 경고하는 일을 하고 있다.

《세계미래보고서》State of the Future는 밀레니엄 프로젝트 내 4,500여 명의 전문가들이 SoFi, RTD, 퓨처스 휠, 시나리오 기법 등 다양한 미래예측 기법을 활용해 10년 후 미래를 예측하며, 여기에 국제기구 선행연구들을 분석한 자료를 더해 각국 미래연구팀과 유엔 등에 보고하는 보고서로서, 매년 개최되는 세계미래회의Worl Future Society, WFS 컨퍼런스에서 발표하고 있다.

밀레니엄 프로젝트 한국지부는 (사)유엔미래포럼이다.

밀레니엄 프로젝트 네트워크(알파벳순)

아르헨티나 Argentina
Miguel Angel Gutierrez
Latin American Center for
Globalization & Prospective
Buenos Aires, Argentina

호주 Australasia
Anita Kelleher
Designer Futures
Inglewood, Australia

아제르바이잔 Azerbaijan
Reyhan Huseynova
Azerbaijan Future Studies Society
Baku, Azerbaijan

볼리비아 Bolivia
Veronica Agreda
Franz Tamayo University
La Paz & Santa Cruz, Bolivia

브라질 Brazil
Arnoldo José de Hoyos   Rosa Alegria
São Paulo Catholic University   Perspektiva
São Paulo, Brazil   São Paulo, Brazil

벨기에 Brussels-Area
Philippe Destatte
The Destree Institute
Namur, Belgium

불가리아 Bulgaria
Mariana Todorova   Boyan Ivantchev
Bulgarian Academy   Advance Equity and
School for of Sciences   Finance and Insurance
              Sofia, Bulgaria

캐나다 Canada
Karl Schroeder
Idea Couture
Toronto, ON, Canada

칠레 Chile
Luis Lira
EspecialistaenDesarrollo y Planificación Territorial
Santiago, Chile

중국 China
Zhouying Jin
Chinese Academy of Social Sciences
Beijing, China

콜롬비아 Colombia
Francisco José Mojica
Universidad Externado
Bogotá, Colombia

크로아티아 Croatia
Zoran Aralica and Diana Šimic
Croatian Institute for Future Studies
Zagreb, Croatia

체코 Czech Republic
Pavel Novacek
Palacky University
Olomouc, Czech Republic

도미니카 공화국 Dominican Republic
Yarima Sosa
FUNGLODE
Santo Domingo, Dominican Republic

이집트 Egypt
Kamal Zaki Mahmoud Shaeer
Egyptian-Arab Futures Research Ass.
Cairo, Egypt

핀란드 Finland
Sirkka Heinonen
Finland Futures Research Centre
Helsinki, Finland

프랑스 France
Saphia Richou
Prospective-Foresight Network
Paris, France

독일 Germany
Cornelia Daheim
Future Impacts Consulting
Cologne, Germany

그리스 Greece
Stavros Mantzanakis   Cristofilopoulos Epaminondas
Emetris SA   Phemonoe Lab/Emetris, SA
Thessaloniki, Greece   Thessaloniki, Greece

쿠웨이트 Gulf Region
Ismail Al-Shatti   Ali Ameen
Gulf Inst. for Futures and   Kuwait Oil Company
Strategic Studies   Kuwait City, Kuwait
Kuwait City, Kuwait

헝가리 Hungary
ErzsébetNováky   Mihály Simai
Corvinus University of   Hungarian Academy of
Budapest   Sciences
Budapest, Hungary   Budapest, Hungary

인도 India
Mohan K. Tikku   Sudhir Desai
Futurist/Journalist   Srishti Institute
New Delhi, India   New Delhi, India

이란 Iran
Mohsen Bahrami
Iranian Space Organization
Tehran, Iran

이스라엘 Israel
Yair Sharan   Aharon Hauptman
The EPI/FIRST   Tel Aviv University
Jerusalem, Israel   Tel Aviv, Israel

이탈리아 Italy
Mara DiBerardo
J&J Production Company
Teramo Area, Italy

일본 Japan
Sungjoo Ogino   Shinji Matsumoto
Chiba, Japan   CSP Corporation
                                Tokyo, Japan

케냐 Kenya
Arthur Muliro
Society for International Development
Nairobi, Kenya

대한민국 Republic of Korea
Youngsook Park
UN Future Forum
Seoul, Republic of Korea

말레이시아 Malaysia
Carol Wong
Genovasi
Kuala Lumpur, Malaysia

멕시코 Mexico
Concepción Olavarrieta
El Proyecto Del Milenio, A.C.
Mexico City, Mexico

몬테네그로 Montenegro
Milan Maric
S&T Montenegro
Podgorica, Montenegro

파키스탄 Pakistan
Puruesh Chaudhary   Shahid Mahmud
AGAHI and Foresight Lab   Interactive Group
Islamabad, Pakistan   Islamabad, Pakistan

파나마 Panama
Gabino Ayarza Sánchez
City of Knowledge Foundation Clayton
Ancón, Panama City, Panama

페루 Peru
Fernando Ortega
Peruvian Association of Prospective and Future Studies
Lima, Peru

폴란드 Poland
Norbert Kolos and Piotr Jutkiewicz
4CF–Strategic Foresight
Warsaw, Poland

루마니아 Romania
Adrian Pop
Centre for Regional and Global Studies
Romanian Scientific Society for Interdisciplinary
Research
Bucharest, Romania

남아프리카 공화국 South Africa
Rasigan Maharajh
Tshwane University of Technology
Tshwane, South Africa

스페인 Spain
Ibon Zugasti
PROSPEKTIKER, S.A.
Donostia–San Sebastian, Spain

러시아 Russia
Nadezhda Gaponenko
Institute for Economy, Policy & Law
Moscow, Russia

미국 USA
Brock Hinzmann   John J. Gottsman
Futurist Consultant   Clarity Group
Palo Alto, CA, USA   San Francisco, CA, USA

슬로바키아 Slovakia
Ivan Klinec
Academy of Science
Bratislava, Slovakia

슬로베니아 Slovenia
Blaz Golob
SmartISCity Ltd.
Ljubljana, Slovenia

탄자니아 Tanzania
Ali Hersi
Society for International Development
Dar es Salaam, Tanzania

터키 Turkey
Eray Yuksek
Turkish Futurists Association
Istanbul, Turkey

밀레니엄 프로젝트 네트워크(알파벳순)

우간다 Uganda

Arthur Muliro
Society for International Development
Kampala, Uganda

아랍 에미리트 United Arab Emirates

Hind Almualla
Knowledge and Human
Development Authority
Dubai, UAE

Paul Epping
Philips Healthcare
Dubain, UAE

영국 United Kingdom

Rohit Talwar
Fast Future Research
London, England, UK

우루과이 Uruguay

Lydia Garrido
FacultadLatinoamericana de
CienciasSociales— FLACSO
Montevideo, Uruguay

베네수엘라 Venezuela

José Cordeiro
Red Iberoamericana de Prospectiva, RIBER
Caracas, Venezuela

예술/미디어 네트워크 Arts/Media—Node

Kate McCallum
c3: Center for Conscious Creativity
Los Angeles, CA, USA

두려움이 아닌 기대감으로
미래를 상상하라

2020년이 눈앞으로 다가왔다. 2005년부터 미래 예측서를 출간해온 필자에게 2020이라는 숫자는 무척 의미 있다. 오래전 예측으로만 존재했던 일들이 현실화되는 모습을 직접 눈으로 확인할 수 있는 시기이기 때문이다. 이미 블록체인, 자율주행차, 인공지능, 유전자 편집기술 등이 실험 단계를 넘어 현실 속으로 파고드는 모습들을 우리는 목도하고 있다.

매년 독자들에게 소개하고 있는《세계미래보고서》시리즈를 통해 가까운 미래부터 10~15년 이상 장기적 미래의 양상을 다양하게 제시해 보였다고 생각한다. 이번《세계미래보고서 2020》은 2020년뿐만 아니라 10년을 전후한 2030년까지 어떤 미래가 다가오고 있는지를 살펴보고자 했다.

필자가 몸담고 있는 테크캐스트 글로벌, 밀레니엄 프로젝트에서는 2019년 초, 미래예측 기법을 통해 2020~2030년을 관통하는 플랫폼 기술 다섯 가지와 그 비즈니스 규모를 전망한 바 있다. 인공지능, DNA 시퀀싱 및 유전자 편집가위, 로봇공학의 확산, 태양광 및 재생에너지의 비용 감소, 비즈니스 및 금융 환경을 뒤집는 블록체인과 암호 화폐의 성장이 바로 그것이다. 기술 발전으로 활성화될 위의 다섯 가지 혁신은 향후 10~15년간 50조 달러(약 5경 원) 이상의 비즈니스 가치와 부를 창출할 것이라 예측된다. 현재 이 다섯 가지 산업은 시가총액 6조 달러(약 6,000조 원)를 차지하며 현재 투자 시, 거의 10배의 수익을 창출할 수도 있는 최고의 부상 기술이다. 이번 책에서는 이 다섯 가지 기술의 발전 현황 및 이와 연결된 수많은 관련 산업들에 대한 전망, 이로 인한 사회 변화 등을 짚어보았으며 인류의 더 나은 미래를 위해 연구를 거듭하고 있는 여러 기업들의 이야기 또한 함께 담아내려 노력했다.

앞으로 이 책에서 다룰 2020년을 비롯한 앞으로의 사회 변화 양상을 간단히 짚어보면 다음과 같다.

- 증가하는 연결성: 휴대폰 및 인터넷의 확산으로 앞으로 4~6년 내에 전 세계 사람 절반이 연결된다. 42억 명의 새로운 사람들이 온라인에 들어오면 엄청난 수의 새로운 일자리와 시장이 생길 것이다. 연결된 전 세계인들은 중개인을 거치지 않고 안전한 블록체인 플랫폼을 이용해 모든 거래를 직접 진행하게 된다. 2020년까지 200억 개가 넘는 연결 장치와 1조 개 이상의 센서가 나오며 2030년에는

범용성이 입증된 기술들과 앞으로의 시장 규모

플랫폼	기술	기술 도입 시기	시장 규모*
블록체인	블록체인	2009년	Mega
	자유로운 가치전송	2007년	Mid
에너지 스토리지	자율주행	2007년	Large
	배터리 시스템	2009년	Mid
DNA 시퀀싱	시퀀싱 기술	2004년	Large
	유전자 편집	2012년	Mid
로보틱스	적응적 사고제어 로봇	2005년	Mega
	3D 프린팅	1986년	Lower
	재사용 가능 로켓	2015년	Lower
인공지능	인공 신경망	2012년	Mega
	모바일 연결 디바이스	2007년	Mid
	클라우드 컴퓨팅	2007년	Mid
	사물인터넷	2011년	Mid

* 주식시장 자본 추정치. Mega: 10조 달러 이상 / Large: 10조 달러 선 / Mid: 10조 달러 미만 / Lower: 1조 달러 선
출처: ARK Investment Management LLC

5,000억 개의 연결 장치와 100조 개의 센서가 우리를 연결시킨다. 일상생활의 기기를 비롯해 신호등, 버스 등 대중교통에 이르기까지 모든 도시 인프라가 똑똑해지면서 연결된다. 또한 자율주행차들이 상상할 수 없는 많은 데이터를 추가한다. 모든 턴, 모든 정지, 모든 가속은 데이터로 쓰인다. 일부 차량은 이미 시간당 25기가바이트 이상의 데이터를 수집하고 있으며 자동차 데이터는 2030년까지 7,500억 달러의 수익을 창출할 것으로 예상된다.

- **확장되는 인간의 능력**: 앞으로 우리는 원하는 모든 것에 대한 데이터를 자유롭게 얻게 된다. 적시교육Just-In-Time Education이 보편화되고 인공지능과 증강현실의 결합으로 5G를 통해 필요한 순간에 가장 최신 정보를 습득할 수 있게 될 것이다. 또한 뇌의식의 업로드 즉, 뇌와 클라우드를 연결하는 연구에 여러 회사들의 막대한 투자가 진행되고 있다. 커널Kernel, 뉴럴링크Neuralink, 오픈워터Open Water와 같은 회사들을 주목해야 한다. 뇌와 클라우드가 연결되면 영화 속에서 보던 슈퍼 휴먼의 등장도 가능해진다.

- **감소하는 생활 비용**: 에너지 생산 비용의 감소로 풍요의 시대에 들어서게 된다. 태양광생산 비용이 급락하고 배터리 저장용량은 점점 향상되고 있으며 거의 매주 태양광발전 신기술이 나타나고 있다. 발전 효율성 또한 계속 높아지고 있어 조금 있으면 지붕 전체가 아닌 지붕의 아주 작은 부분만 덮어도 지금의 효율성을 구가할 수 있게 된다. 조만간 태양광발전으로 킬로와트시당 1센트에 전기를 생산할 수 있는 시대가 온다. 에너지를 태양광으로 대체하게 되면 담수화 즉, 댐의 물이 전기발전에 이용되지 않아 훨씬 더 저렴해지는 효과가 생긴다.

- **증가하는 인간 수명**: 인공지능과 로봇공학으로 해결해야 할 가장 중요한 문제 중 하나는 인류의 건강을 증진시키는 일이다. 인간 평균 수명이 곧 100세를 넘어 120세, 150세가 되는 시대를 맞이한다. 유

전자 편집가위, DNA 염기서열분석, 줄기세포 치료 등 새로운 기술의 출현 덕분에 인간은 장애와 질병을 극복하고 더 건강히 오래 살 수 있게 된다.

이 같은 예측들과 함께 독자들이 스스로 상상하고 결정내릴 수 있도록 기술과 관련한 많은 질문들을 던져보고자 했다. 암호 화폐와 디지털 지갑이 전통적인 은행의 종말을 가져오고 화폐의 근간을 흔들 수 있을지, 2022년에 정말 전기차가 휘발유 자동차보다 저렴해질 수 있을지, 인공지능의 발전은 과거 인터넷보다 더 큰 사회변화를 불러올 수 있을지, 자율주행 택시는 공유 시장의 규모를 얼마나 더 키울 것이며 좋은 투자 기회가 될 수 있을지, 차세대 DNA 시퀀싱 기술이 과연 질병 및 사망에 대한 비밀을 밝혀낼 수 있을지 등이다.

질문에 대해 어떤 답을 할지는 스스로의 몫이지만 답을 생각하는 데 있어 '현실성이 있을까?'라는 의문은 접어두었으면 한다. 오랫동안 미래 예측서를 읽어온 사람들이라면 이러한 예측이 오히려 얼마나 '현실성 있는 일'인지 잘 알리라 생각한다.

혁신성이 잠재된 모든 신기술들은 대규모 시장이 형성되고 대중의 선택을 받기까지 오랜 성숙의 시간이 필요하다. 이는 모든 신기술들이 겪는 통과의례와도 같다. 역사는 큰 아이디어, 특히 파괴적인 혁신과 관련된 아이디어를 무시한 사람들의 이야기로 가득하다. 누구는 그 역사를 바꿀 아이디어를 용기 있게 받아들여 부자가 되고, 누구는 뒤늦게 땅을 치고 후회하며 사라지고 말았다는 이야기들 말이다. 역사상 가장 유명한 사례는 알렉산더 벨이 전화기의 공식 특허를 받았을 때인 1876년일 것이다. 많은 기업들이 전화를 부적절하거나 중요하지 않은 것으로 취급했다. 유일하게 웨스턴 유니온western union이 이 특허를 구매했다. 또 많은 사람들은 자동차가 처음 등장했을 때 단지 스쳐가는 유행으로 간주했으며 '자동차는 부자들의 사치품일 뿐 자전거만큼 일반적으로 사용되지는 않을 것'이라고 이야기하기도 했다.

지금 들으면 그저 우스운 이야기일 뿐이지만 어쩌면 2050년쯤에는 2020년의 우리가 '자동차의 시대는 오지 않을 것'이라고 말한 사람들처럼 무척 우스워 보일지도 모르겠다. 자율주행차와 배송 로봇이 도로를 달리는 세계, 인공지능이 사물과 사람 모두와 연결되는 세계, 질병이 사라지고 인간이 기계와 연결돼 한계가 없어진 세계를 현실성 없는 일로 치부해버린다면 말이다. '미래에는 모든 일이 가능하다'는 사실을 기억하며 이 책을 읽어나가길 바란다.

이번 책에 싣기로 했으나 너무 개발 초기 단계이거나 흥미로운 진척을 보이지 않아 미처 담지 못한 미래 뉴스들도 있다. 그중 대표적인 것이 미국에서 진행되고 있는 블록체인 커뮤니티 기회특구opportunity zone에 대한 소식이다. 기회특구란 지역사회 발전 프로그램으로, 소득이 낮은 도시나 낙후된 지역에 장기투자를 촉진하기 위해 미 연방이 민간 투자에 대한 소득세 혜택 및 면제를 주는 제도다. 이미 '제2의 뉴딜 정책'으로 불리며 전 세계 투자자들과 기업가들을 끌어 모으고 있는데, 미래학자들이 미국의 경제발전 정책에 주목하는 이유는 따로 있다. 바로 기회특구 중 샌프란시스코와 뉴욕 등지에서 100퍼센트 블록체인으로 조직된 커뮤니티를 만들고자 하는 시도가 이루어지고 있기 때문이다. 최근 기회특구를 위한 투자 플랫폼 회사 라이트하우스원Lighthouse One이 설립되어 250억 달러의 투자를 받은 상태이다. 라이트하우스원은 도시의 모든 분야에 5G, 블록체인, 인공지능, IoT 등 첨단 기술을 적용한 미래 도시를 만들겠다는 계획을 가지고 있다. 또한 이 도시에서는 100퍼센트 재생에너지만 사용하고, 이를 블록체인에 탑재해 태양광에너지와 탄소 거래가 가능한 시스템인 스위치X를 도입할 예정이다. 현재 세상을 바꿀 부상 기술에 투자를 아끼지 않는 선구안을 가진 투자자들과 괴짜 기업인들이 몰려들고 있어 내년과 내후년 정도에 이 프로젝트가 얼마나 성공을 거둘지 관심을 갖고 지켜볼 만하다.

도로 주행과 공중 비행이 모두 가능한 자동차 플라잉 카flying car의 발전상에 대해서도 이번 책에서는 아쉽게 싣지 못했다. 드론 택시, 에어 택시 혹은 플라잉 카는 자율주행 및 드론 기술과 함께 운송 수단에 혁명을 불러올 3대 요인으로 꼽히며 현재 20여 개 기업들이 에어 택시 시범 운행을 하고 있다. 우버는 몇 년 전 '우버 에어'를 2020년에 출시한다고 밝혔지만 최근 이뤄진 발표에서 2023년으로 그 시기를 미뤘다. 전문가들은 규제와 가격 문제 등을 고려하여 플라잉 카가 보편화되는 시기는 2035년쯤으로 예측하고 있다. 현재 구글, 우버, 테라퓨지아Terrafugia, 팔브이PAL-V, 에어로모빌Aeromobile, 호버서프HoverSurf, 이항Ehang 등의 회사들이 플라잉 카 개발에 앞장서고 있다. 플라잉 카의 전망은 매년 더 상용화에 가까워지고 있기에 내년에는 얼마나 더 성장해 있을지 예측해보는 일도 무척 흥미로울 것이다.

2020년을 앞둔 지금, 우리의 삶은 20년 전이나 10년 전과는 상당히 다르다. 기술의 발전을 실시간으로 지켜보고 있노라면 흥미로우면서도 한편으로는 무섭고 두려움을 느끼는 사람도 있을 것이다. 두려움을 이길 수 있는 방법이 있을까? 두려움은 대개 미래에 대한 불확실성에서 온다고 한다. 그러므로 미래에 대한 두려움을 이길 수 있는 유일한 방법은 미래를 공부하는 것, 지금 어떤 기술이 나타나고 그 기술이 세상을 어떻게 변화시킬지 전망하며 불확실성을 없애는 일이 될 것이다. 이 책이 불확실성을 없애고 미래를 잘 이해하고 준비하는 데 도움이 되기를 바란다.

책을 집필하는 데 많은 분들의 도움이 있었다. 현재 강의 중인 연세대학교 학생들, 블록체인AI뉴스 기자와 자원봉사자들, 밀레니엄 프로젝트 회원들, 인공일반지능 협회 회원들, 테크캐스트 글로벌 위원들, 다빈치 연구소 이사들, 남편 브루스 함슨과 아들 숀 함슨이 자료 정리에 많은 도움을 주었다. 이 자리를 빌려 다시 한번 감사를 전한다.

유엔미래포럼 대표
박영숙

차례

제1장

블록체인이 바꾸는 산업의 새로운 패러다임
첨단기술과 융합하는 블록체인, 모든 분야의 시스템을 재편하다

제4장

바이오 혁명으로 모색하는 미래의 돌파구

더 많은 생명을 구하고 인류를 위한 더 나은 길을 모색하다

제5장

우주로 확장되는 지구와 에너지의 미래

우주 태양광발전부터 달 탐사까지 지속가능한 지구를 위한 연구

제6장

수명 연장과 건강관리의 혁명

더 건강해지고 오래 사는 인류, 영원한 삶을 꿈꾸다

15대 글로벌 도전 과제와 그 대안들

2020년 주목해야 할 사건 1:

2020~2030년, 3대 교통 혁명이 일어난다

2022년, 내연기관 자동차의 소멸

2010년 전기차 판매는 1만 2,500대였지만, 2018년에는 200만 대 즉, 전체 자동차 판매의 약 2퍼센트를 차지했다. 현재 미국의 도로에는 500만 대의 전기차가 돌아다니고 있다. 10년 전만 해도 전기자동차가 이렇게 빨리 보편화될지는 누구도 예측하지 못했다. 그런데 최근 블룸버그 NEF 2019 전기차 전망에 따르면, 2022년이 되면 현재의 일반 자동차보다 전기차가 더 가격 경쟁력을 가질 예정이다. 이는 꾸준히 배터리의 값이 떨어지고 배터리의 크기가 작아지고 있기 때문이다. 또한 테슬라Tesla가 자동차 업계의 발전을 주도하여 전기자동차 개발을 최우선 순위로 삼은 덕분이기도 하다.

현재 전기차의 확산을 가로막는 가장 큰 요인은 충전소 인프라 부족 문제와 휘발유 차량과의 가격 차이다. 그간 전기차의 비싼 가격은 환경 문제에 관심이 있는 사람이라도 전기차를 사는 데 망설이도록 만들었다. 그런데 그 전기차의 가격이 이제 빠르게 싸지고 있는 것이다. 블룸버그는 2022년이 되면 전기차가 같은 크기의 일반 자동차보다 더 저렴해질 것이며 2024~2026년이 일반 자동차의 소멸 시기가 될 거라고 추정했다. 유럽은 북미보다 좀 더 속도가 빨라서 최근 분석에 따르면 대형차량이라도 2022년이 되면 전기차가 더 저렴해지고, 2024년이면 일반 자동차는 경쟁력을 잃게 될 것이라고 분석한다.

이러한 가격 하락은 리튬이온 배터리 가격 하락으로 설명할 수 있다. 몇 년 전만 해도 배터리 값이 전기차 가격의 반 정도를 차지했지만 현재는 총 비용의 약 33퍼센트를 차지하고 있으며, 2025년에는 약 20퍼센트 정도로 하락할 것으로 예상된다. 전기차뿐만 아니라 배터리로 작동하는 굴착기와 전기보트 및 비행기 등에서도 저렴한 배터리가 보편화되고 있다.

자동차 자체의 가격뿐만 아니라 마일당 운전 비용도 낮아지는 추세다. 라이트의 법칙Wright's Law에 따르면 생산량이 두 배로 늘어날 때마다 비용이 고정된 비율로 감소하는 경향이 있다. 내연기관은 이미 성숙한 기술이기 때문에 자동차를 운전하는 데 드는 비용은 75년 이상 마일당 약 0.70달러로 안정적으로 유지되었다. 그에 반해 개인용 전기차 운전 비용은 매년 감소하고 있으며, 이는 전기차 가격이 2022년 일반 자동차 가격보다 더 떨어질 뿐만 아니라 이후에도 계속 하락할 것임을 시사한다. 실제로 아크 투자 관리회사ARK Investment Management LLC의 연구에 따르면, 전

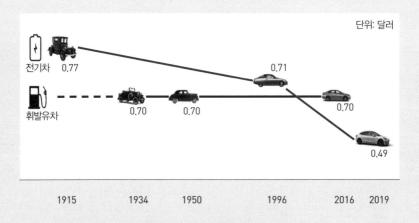

전기차와 휘발유차의 마일당 가격 하락 추이

단위: 달러

전기차 0.77

휘발유차 0.70 0.70 0.71 0.70

0.49

1915 1934 1950 1996 2016 2019

기차는 예상되는 재판매 가치가 높기 때문에 선행 비용이 높음에도 불구하고 이미 마일당 비용 경쟁력이 더 높다. 만약 전기차의 스티커 가격이 같은 휘발유 자동차의 가격보다 낮아지면 수요에 대한 티핑 포인트가 발생할 것이다.

전 세계적으로 전기차에 대한 보조금이 삭감되고 있기는 하지만 지금 시장에서 전기차의 추진력은 아무도 막을 수 없는 것처럼 보인다. 그만큼 비용 하락 속도가 빠르게 이루어지고 있다. 전기차가 기존 자동차보다 저렴해지는 교차점이 3년이 될지 5년이 될지 여부는 사실 크게 상관없을지 모른다. 중요한 것은 아주 가까운 미래에 운송 부문이 전기차로 극적 변화를 맞이할 것이라는 사실이다. 전 세계의 트렌드는 이제 전기차로 넘어가고 있다.

2025년, 자율주행차의 보편화

미국의 최대 IT 전문 온라인 매체인 테크크런치닷컴에 의하면 현재 미국 36개 주에서 80개 이상의 회사들이 1,400개가 넘는 자율주행 차량을 시범 운행하고 있다고 한다. 미국에서는 도로 위에서 자율주행차를 테스트하고 개발하려면 반드시 승인을 받아야 하는데 이 시범 운행 신청 건수는 자율주행차에 대한 관심과 수요, 기술개발 펀딩이 크게 부상하고 있음을 말해준다. 공공 도로에서 자율주행 테스트를 실시한 최초의 주인 캘리포니아에는 현재 62개의 회사가 시범 운행을 하기 위해 등록되어 있다. 80개 기업 중 62개의 기업이 캘리포니아주에 있는 것으로 보아 자율주행 시대를 앞당기기 위한 실리콘밸리의 위상이 어느 정도인지 짐작할 만하다.

자율주행차는 자동차 제조회사가 아닌 실리콘밸리의 테크 기업들이 개발, 생산에 앞장서고 있는데 이런 추세를 반영해 FTI 컨설팅은 2019년 보고서에서 "100년 역사의 자동차 제조업이 종말을 맞고 있다."고 쓰기도 했다. 자율주행차 시장은 2050년이 되면 피크를 이루며 이때 연간 7조 달러 정도의 시장이 된다고 예측가들은 전망한다. 테크 기업을 주도로 이미 보험회사, 건설회사, 물류기업들이 투자에 뛰어들었다.

자율주행차는 지난 100년간 자동차로 인한 변화보다도 더 큰 시장변화를 가지고 올 수 있다. 자동차를 위한 도로가 바뀌고, 자동차를 위한 연료(내연기관에서 전기로)가 바뀐다. 자동차를 직접 운전하지 않고 엄청난 데이터를 이용해 자율운행을 하기 위해서는 인공지능, 데이터과학, 블록체인 등 다양한 산업과 융합하지 않으면 안 된다. 그러므로 이런 기술에

자율주행차가 가져올 대변혁 10

1. 서비스로의 운송(자동차를 소유하지 않고 우버와 같이 운송 서비스를 이용하는 것)이 보편화되면서 자동차를 소유할 필요가 없게 된다. 부자들의 취미 생활이나 선수용으로 말을 소유하는 것처럼 차를 갖는 것은 매우 비싼 취미가 될 것이다.
2. 자동차 제조업체는 거대 자율주행차 선단을 보유한 렌터카 서비스 회사로 통합된다.
3. 1대의 자율주행차가 30대의 일반 자동차를 대체하면서 교통량의 최대 50퍼센트를 대체한다.
4. 반려동물, 장애인, 고령 인구 등 소비자들의 요구에 맞춰 자동차 내부 디자인이 다양해진다.
5. 100만 마일을 달릴 수 있는 배터리 개발로 평생 배터리 교환이 필요 없어진다.
6. 운전자의 감소로 자동차 사망 사고율이 폭락하고 자동차 사고로 인한 연간 5,000억 달러에 달하는 의료비와 수리비 등을 아낄 수 있다. 동시에 자동차 보험 산업이 필요 없어진다.
7. 소매업의 10퍼센트를 차지하는 세차장, 카센타, 주유소 등 자동차 연관 산업이 소멸한다.
8. 입지의 중요성이 떨어지고, 대부분 검색으로 가게를 찾아가게 되면서 랜드마크의 땅값이 하락한다. 주차장으로 쓰이던 땅들이 재개발되면서 새로운 수익을 창출한다.
9. 도시나 정부는 자동차 관련 세금의 50퍼센트를 잃게 되면서 새로운 형태의 수익을 고민하게 된다.
10. 면허증을 가질 필요가 없게 되면서 자동차 관련 부서가 대폭 축소되고 교통 경찰의 수도 급감한다.

앞서가지 못하는 기존의 자동차 제조업체들은 종말을 맞이할 수밖에 없을 것이다.

최근 자율주행차와 관련해서 가장 주목할 만한 기업은 다름 아닌 전자상거래 회사 아마존이다. 아마존과 자율주행차는 일면 연결되지 않을 수 있지만 아마존은 오래전부터 물류센터에서 일하는 자율주행 로봇을 비롯해 그들만의 자율주행 플랫폼을 만들기 위한 작업을 해오고 있다. 자율주행트럭 개발회사인 엠바크Embark와 함께 이미 자율주행 운송 트럭을 시험하고 있으며 최근에는 실리콘밸리 최고의 엔지니어들이 모여 있는 회사 오로라Aurora에 5억 5,000만 달러를 투자하며 기존 자동차 회사는 물론 자율주행 테크 기업들을 위협하고 있다. 한편, 아마존은 다른 쪽으로도 눈을 돌리고 있다. BMW, 포드Ford 및 도요타Toyota의 새로운 자동차에 인공지능 음성 비서 알렉사Alexa를 설치하려는 계획이 그것이다. 알렉사를 통해 음악을 듣고, 스케줄을 관리하고 쇼핑을 하는 등 운전을 하지 않음으로써 생기는 시간을 아마존 제국과 함께 보내게 하기 위한 목표이다(더 자세한 내용은 제3장에 살펴볼 수 있다).

현재 자율주행차 상용화를 가로막는 가장 큰 문제는 글로벌 표준 운행 지침, 규율, 법제화를 해야 한다는 사실뿐이다. 5G, 인공지능, 로봇공학, 도로와 도시 건설, IoT와 칩 센서 기술 등 많은 기술들이 연관되어 있다 보니 쉽지 않은 일이지만 이미 국가적, 국제적 법률 제정의 움직임이 시작되고 있다.

이러는 사이 아주 늦게 뛰어들었지만 특유의 추진력으로 이미 선두를 달리고 있는 중국의 자율주행 관련 법안 및 규율과 규제가 어떻게 될지도 초미의 관심 사항이다. 만약 미국과 독일이 자율주행차 시장을 앞서간다면 이들이 중국에 어느 방향으로 투자를 하고 어떻게 외국 기술을 받아들이는지도 주목해봐야 할 것이다.

2030년, 꿈의 열차 하이퍼루프의 실현

하이퍼루프Hyperloop는 진공 터널 속에 소형 캡슐을 삽입해 공기의 저항 없이 고속으로 승객을 운송할 수 있는 혁신적인 교통 기술이다. 통상 28인승으로, 시속 1,200킬로미터의 속도를 낸다. 이 기술이 실현될 경우, LA-샌프란시스코 간 560킬로미터 구간을 35분 만에 주파할 수 있다. 구축 비용도 상대적으로 철도 건설보다 낮아 전기차, 자율주행차와 함께 21세기 3대 교통 혁명으로 주목받고 있다.

세계적인 사업가이자 미래 투자자인 일론 머스크Elon Musk가 투자한 교통 인프라 기업 보링 컴퍼니Boring Company가 하이퍼루프 분야의 선두 주자라 할 수 있다. 보링 컴퍼니는 2018년, 시카고 도심과 오헤어 공항을 연결하는 초고속 진공터널 교통시스템 개발 프로젝트를 발표했으며 LA에서는 보링 터널을 만들어 100킬로미터 속도로 멈추지 않고 땅속을 달리는 실험에 성공하기도 했다.

보링 컴퍼니에 따르면, 시카고 도심과 오헤어 공항 구간에 공기부상 방식 진공 튜브터널을 건설하고 16인승 자율주행 차량이 시속 160킬로미터의 속도로 29킬로미터 구간을 12분에 주파하는 차세대 교통시스템을 구축한다는 계획이다. LA에서 이루어진 테스트에서는 시속 200킬로미터로 달리고자 했으나 실제로는 100킬로미터 속도로 주행했다. 보링 컴퍼니의 존재로 그동안 회의적 시각이 팽배했던 하이퍼루프 기술은 더이상 공상과학의 기술로 치부할 수 없는 상황이 되었다.

보링 컴퍼니는 시카고 프로젝트 외에도 메릴랜드주 볼티모어-워싱턴 D.C. 연결 프로젝트의 상세 구간계획을 공개했으며, 현재 연방 교통부와 공동으로 사업 타당성 조사를 진행 중이다. 또한 미국 동부를 관통하는 뉴욕-워싱턴 구간(330킬로미터)을 30분 내로 주파하는 라인의 건설 계획도 밝힌 바 있다.

하이퍼루프는 2013년 일론 머스크에 의해 처음 그 개념이 공개된 후 수많은 과학자들과 미래학자의 관심을 불러일으켰다. 교통체증으로 몸살을 앓고 있는 도심 문제를 해결하기 위해 많은 대학과 기업들이 연구에 뛰어들었다. 2015년 MIT 하이퍼루프 개발팀은 캡슐 프로토타입을 공개했고, 독일과 네덜란드 대학들도 이 기술 개발에서 가시적 성과를 내고 있다. 이런 연구에 힘입어, 실리콘밸리에 설립된 버진 하이퍼루프 원Virgin Hyperloop One과 하이퍼루프 트랜스포테이션 테크놀로지스Hyperloop Transportation Technologies, HTT와 같은 스타트업들이 미국뿐 아니라 아시아, 유럽, 사우디아라비아 지역에 하이퍼루프 구간 건설을 추진 중이며, 약 20여 개 국가가 여기에 투자를 하고 있다. 하이퍼루프가 미국의 어느 특정 지역에만 건설되는 것이 아닌 전 세계적으로 발전 가능성이 충분히 있다는 사실을 알 수 있다.

전문가들은 하이프루프 기술이 상용화될 경우 속도, 연료 효율, 건설 비용 등 면에서 우월하므로 기존 초고속 열차 기술을 빠르게 대체할 것으로 전망한다. 초고속 자기부상 열차 기술에서 독일과 프랑스, 일본 심지어 중국에게도 뒤쳐진 미국은 차세대 하이프루프 기술에 집중하는 전략으로 해외 기술 경쟁의 패러다임을 바꾸려 하고 있다.

물론 아직 하이퍼루프의 기술 안전성 검증이 끝나지 않아 상용화까지는 갈 길이 멀다고 지적하는 기술 전문가들도 일부 있다. 그러나 대부분의 전문가들이 하이퍼루프가 앞으로 10년 내 기술 혁신과 교통 문화에 상상을 초월할 큰 파급을 미칠 것이라 평가하고 있다.

2020년 주목해야 할 사건 2:

상용화 시작, 융합하며 진화하는 5G

초고속 모바일 네트워크의 상용화

드디어 우리나라가 세계 최초로 일반 가입자 대상의 모바일 서비스로 5세대5th Generation 이동통신, 5G를 완전히 상용화했다. 이보다 앞서 2018년에는 기업용 서비스를 개시한 바 있다. 5G를 '4G보다 조금 빠른' 수준의 기술이라고 생각하는 사람이 많을지 모른다. 그러나 5G는 그 이상의 기술로, 사회 전반의 혁신적인 변화를 이끌 원동력이자 국가 인프라 고도화에 크게 기여할 것으로 기대되는 첨단기술이다.

5G는 기존의 4세대 이동통신인 LTELong-Term Evolution에 비해 방대한 데이터를 아주 빠르게 전송하고, 실시간으로 모든 것을 연결하는 제4차 산업혁명의 핵심 인프라라 할 수 있다. 이러한 초고속, 초저지연, 초연결

특성을 토대로 다양한 산업에서 5G를 활용한 서비스가 출현할 것으로 예상된다. 5G 이동통신과 다양한 산업의 융합은 산업 간 경계를 넘어 산업 간 융합을 가능하게 한다는 특징을 가진다. 또한 이 시점에서 5G 기술이 더 중요해지는 이유는 안정된 5G 기술과 자율주행, IoT가 결합되었을 때 궁극적인 스마트 시티가 가능해지기 때문이기도 하다.

글로벌 경쟁이 본격화하는 5G

우리나라뿐만 아니라 미국, 유럽, 중국, 일본이 5G 시대를 앞당기고 활성화하기 위해 전례 없이 많은 주파수의 공급을 추진하고 있다. 유럽연합은 회원 국가별 최소 한 개 주요 도시에 5G 서비스 제공을 목표로 하고 있으며 현재 영국이 가장 먼저 5G 서비스를 선보일 전망이다. 영국의 3대 주요 통신 사업자는 5G 서비스 개시에 20억 파운드 이상을 투자하고 있다.

미국 역시 5G 패스트 플랜fast plan을 통해 2019년 12월, 최대 주파수 경매를 할 예정이라고 밝혔다. 미국은 트럼프 대통령이 '2020년 미국이 세계 어떤 나라보다 많은 5G 주파수를 갖게 될 것'이라고 선언하며 5G 경쟁에서 한국을 빠르게 추격해오고 있는 상태다.

2020년 도쿄올림픽을 5G 상용화 시점으로 잡은 일본은 정부 차원에서 5G를 확산시키고 새로운 서비스와 산업을 창출하기 위해 로컬 5G 주파수 할당을 추진하고 있다. 한국 및 미국과 더불어 5G 경쟁을 선도하고 있는 중국 역시 2020년에 전국 상용화를 목표로 정부 차원에서 다양한 관련 정책을 추진 중이다. 중국 정부는 5G와 함께 이미 6G 연구 개발에 착수했다고 밝히기도 했다.

한편 한국 정부는 2019년 4월, 5G 기반의 새로운 산업과 서비스를 창출하기 위한 5G+ 전략을 발표했으며 세계 최고 5G 생태계를 구축하고자 30조 원 이상을 투자할 계획이다.

5G는 우리 생활을 어떻게 변화시키는가

5G 기술은 앞으로 우리 삶을 어떻게 변화시키게 될까? 5G의 핵심은 바로 서비스다. 5G를 통해야만 가상 및 증강현실, 사물인터넷, 자율주행, 의료 서비스, 엔터테인먼트 등 미래의 모든 서비스가 제공될 수 있기 때문이다.

- VR 및 AR: 가장 먼저 생각해볼 수 있는 것이 최근 광고를 통해 많이 홍보하고 있는 가상현실VR, 증강현실AR 생방송, 홀로그램 통화 등이다. 가상현실과 증강현실 모두 대량의 데이터가 필요하며 이동 중에도 VR 및 AR 경험을 제공하려면 빠른 속도가 관건이다. 실제 오프라인 현실과 차이가 없는 수준의 증강 또는 가상현실 속에서 실제로 상호작용할 수 있는 콘텐츠를 직접 만들어낼 수도 있고, 함께 체험할 수도 있다. 몰입도 높은 원격교육도 실현 가능해진다.

- 자율주행차: 5G 융합 분야 중 대표적인 분야는 차량-사물 통신V2X을 활용한 5G 자율주행차다. 5G 시대 자율주행차는 주변 차와 서로 데이터를 주고받으며 주행을 한다. 여기서 5G의 통신 속도가 중요한 이유는 차량 간 실시간 통신을 가능하게 하기 때문이다. 시

속 100킬로미터로 달리는 자동차가 1초에 움직이는 거리는 27미터 정도다. 지연시간이 0.03~0.05초인 현재의 4G 기술로는 자율주행 자동차가 장애물을 인식했다 하더라도 1미터를 더 가서야 제동을 시작할 수 있다. 그러나 5G 시대에서는 지연시간이 0.001초에 불과해 사고를 인식한 순간에서 불과 2.7센티미터만 이동 후 제동이 시작된다. 현재 중국이 최초로 V2X를 상용화할 가능성이 높다. 중국은 인구 수와 규모의 경제를 고려하여 이통사, 장비업체, 정부가 협력하여 테스트를 진행 중이다.

• 스마트 팩토리: 5G 시대의 제조업은 5G가 구현하는 초고속, 초연결, 초지연 네트워크를 이용하는 단계로 넘어갈 것이다. 특히 산업용 제어 서비스는 초저지연성과 극도의 신뢰성을 요구하므로 5G 기술 적용이 필수적이다. 스마트 팩토리는 개발, 생산, 유통, 물류 등 제조 과정 전반을 무선 통신으로 연결하고 자동화해 제조 혁신을 일으킬 수 있다.

• 사물인터넷: 5G 시대에는 통신망과 연결될 수 있는 다양한 사물인터넷 제품들이 쏟아질 것이다. 통신 기능이 탑재된 구글 글라스가 나올 수 있고, 무선 통신 드론도 생각해볼 수 있다. 사물인터넷을 통한 이제까지 본 적 없는 다양한 제품, 다양한 서비스가 쏟아질 것이라 예상된다. 신발, 셔츠 등 입을 수 있는 모든 것들에 이런 기술이 적용되면 건강 관리 분야가 큰 성장을 이룰 것으로 예상된다. 또한,

응답 지연 속도가 줄어들면 더 많은 데이터를 짧은 시간에 주고받는 게 가능해 여러 기기를 동시에 컨트롤할 수 있다. 여러 국가에서 5G를 통해 발전될 사물인터넷 시대를 블루오션으로 여기고 적극적으로 투자를 진행하고 있다.

5G로 바뀌는 산업의 미래

이 외에도 5G는 2020년을 기점으로 금융 산업과 농업, 의료, 운송, 교육, 엔터테인먼트 등 모든 분야에 영향을 미치며 끊임없이 진화할 것이다. 다음은 미래학자 토머스 프레이Thomas Frey가 전망한 5G가 우리의 일상생활에 미치는 다양한 사례들이다. 아래 사례들 중에는 이미 실험, 제한된 규모로 진행 중인 것도 있으며 앞으로는 더 상상하기 어려운 방식으로 진행될 예정이다.

- 농업: 농업은 오늘날 데이터 혁명의 최전선에 서 있다. 농작물, 토양, 수확량 등의 실시간 모니터링 및 분석이 가능해지고 농부들에게 농작물의 질병 상황을 알려주며 기상상황을 경고하는 매크로 경고 시스템이 도입된다. 또한 문제를 탐지하기 위한 증강현실 농작물 스캐닝이 가능해지고 농가에서 생산된 대부분의 작물에 날짜와 생산 지역, 화학 성분을 태그하여 블록체인 데이터베이스를 통해 소비자들에게 더 많은 정보를 제공할 수 있게 된다.

- 의료 산업: 농촌 지역의 환자들은 병원을 찾기 위해 먼 거리를 이동

하는 것이 힘들 수 있다. 이러한 문제는 가상현실 의료가 보편화되면서 해결된다. 의사들은 원격 가정방문 진료 시스템을 이용해 진단을 하고 처방전을 작성한다. 블록체인을 이용한 암호화된 환자 기록은 수 초 안에 거대한 데이터 파일을 전송할 수 있다. 전신 의료 스캔을 통해 수술 후 상황, 심장, 간, 소화기 등을 실시간 홀로그램으로 볼 수 있다. 또한 인공지능을 장착한 웨어러블 건강 모니터가 보편화되며 정교해진다.

• 보험 산업: 5G 기술은 기업들에게 확률곡선을 실시간으로 제공하며 과거에는 수익성이 없었던 마이크로보험을 실현시켜준다. 또한 상황에 따른 위험 평가 시스템이 실시간으로 모니터링되며 클레임이 발생된 장소에 대해 드론 스캐닝으로 신속 대응이 가능해진다. 또한 특별히 설계된 드론을 통해 수 분내에 고객 인터뷰, 피해분석, 보험금 지불이 이루어질 수도 있다.

• 엔터테인먼트 산업: 가상현실은 이미 엔터테인먼트 산업을 바꿔놓고 있다. 미래는 여기서 더 나아간다. 경기장 크기의 홀로그램 디스플레이는 새로운 장르의 예술을 만들 수 있고 전 세계 도시에서 실시간으로 일어나는 일에 대한 라이브 비디오가 거대한 시장을 형성하게 될 것이다. 매크로 프로젝션 시스템을 이용하여 경기장, 지역, 전체 도시를 라이브 공연예술을 위한 장소로 변화시킬 수도 있다. 결과적으로 e-스포츠가 세계에서 가장 큰 스포츠 관련 산업으로

자리하게 된다.

　살펴보았듯 5G가 제시하는 미래는 조금 더 빠른 미래에서 그치지 않는다. 산업이 구동되는 방식, 일하는 방식, 경험하는 방식 등에서 완전히 새로운 변화를 가져온다. 그리고 더 나아가 2030년에 상용화될 것으로 예상되는 6G 통신기술은 현재 사용 중인 4G 서비스보다 100배 이상 빨라진다. 그때쯤이면 모든 사람과 사물이 연결되는 이른바 '만물 인터넷' 시대가 개막한다.

2020년 주목해야 할 기술 1:
농축산업의 소멸을 불러올 신 식품 기술의 도래

소프트웨어가 식품 속으로 들어가다

최근 아프리카 돼지열병으로 온 나라가 시름을 앓고 있다. 애써 키운 돼지를 살처분해야 하는 농민들도, 돼지고기 가격이 폭등해 지갑을 닫을 수밖에 없게 된 소비자들도 모두가 힘든 시기를 겪고 있다. 더구나 축산 질병으로 인한 피해는 이번이 처음이 아니다. 구제역 파동을 비롯해 조류인플루엔자, 광우병까지 축산 농가들은 해마다 반복되는 축산 전염병으로 매년 수백만 마리의 가축을 땅에 묻고 있는 실정이며 이로 인해 몇 조 원이 넘는 국가 재정이 투입되고 있다.

축산 질병이 눈에 띄게 증가하는 원인으로 '공장식 축산'이 지목된다. 그런데 만약 가축을 직접 키우지 않고도 대규모의 육류를 생산해낼 수 있다면 어떨까? 생명공학과 신 식품 기술의 발전으로 우리는 앞으로 10년 후, 도축한 고기가 아닌 실험실에서 만들어진 동물성 단백질, 동물성 육류를 먹게 될 것이다. 그리고 이를 통해 돼지열병이나 조류 인플루엔자 같은 온 나라에 막대한 피해를 입히는 축산 질병으로부터 완전히 자유로워지게 될 전망이다.

우리는 몇 년 전부터 소, 돼지, 닭고기 등을 사육과 도축을 통해 생산하지 않고, 세포를 배양하여 실험실에서 고기를 만드는 배양육cultured meat 프로젝트에 주목해왔다. 배양육은 80~90퍼센트 이상의 땅, 물, 에너지, 탄소 절감이 가능하기 때문에 축산업을 대체할 미래 기술로 주목받고 있다. 그리고 여기서 더 나아가 '정밀발효'Precision Fermentation, PF 기술을 통해 우리는 2030년 축산 농가의 소멸을 예측해볼 수 있다.

《에너지 혁명 2030》에서 석유와 석탄, 자동차 산업의 소멸을 예측하기도 했던 리싱크XRethinkX의 창립자인 토니 세바Tony Seba 스탠퍼드 대학교 교수는 최근 발표한 〈식품과 농축산업의 혁명-축산업 붕괴에 대한 예측〉 보고서에서 농업과 축산업의 어두운 미래에 대해 언급했다. 그는 2030년이 되면 육류를 대체하는 기술이 발달하면서 대체 제품의 가격이 현재 값의 절반 미만이 됨에 따라 유제품 및 축산업이 붕괴되며, 그 외 낙농업 등이 뒤를 따른다고 경고했다.

사실 농축산업의 붕괴를 배양육과 정밀발효로만 설명할 수는 없다. 배양육 외에도 합성화학chemical synthesis 기술과 합성생물학synthetic biology, 전산생물학Computational Biology, 식품 소프트웨어food-as-software, 영양 강화fortification, 유전자공학genetic engineering, 미생물 공학micro-organism, 시스템 바이오 systems biology, 대사공학 metabolic engineering, 효소 기술 enzyme 등 수많은 기술들이 식품 산업의 대변혁을 이끌고 있다. 이 기술들에 대한 자세한 설명은 너무 어려울 수 있으니 여기서는 대표적으로 배양육과 정밀발효 기술에 대해 살펴보고자 한다.

정밀발효 즉, PF 기술은 쉽게 말해 미생물의 프로그래밍을 통해 복잡한 유기 분자를 생성할 수 있게 하는 공정이다. '식품으로서의 소프트웨어'라는 새로운 생산 모델을 불러옴으로써 1차 산업이었던 축산업을 4차 산업으로 탈바꿈시키는 기술이다. 이 PF 기술을 이용하면 지금 소나 돼지로부터 얻는 단백질을 인공적으로 생산해낼 수 있다. 지금과 같이 오랫동안 소나 돼지를 키운 후 도축해 '제품'으로 나누는 대신 동물의 개별 미생물 분자를 설계하고 맞춤화하여 육류와 우유를 '제작'한다. 육류뿐만이 아니라 벼를 심지 않고도 쌀을 생산할 수도 있어 농업 분야에도 큰 변화를 예고한다. 소프트웨어 산업과 유사하게 음식 개발자는 지금의 앱 개발자와 비슷한 위치에 놓이게 된다. 시장 요구에 따라 가장 적합한 음식 재료 혹은 식품을 소프트웨어를 통해 만들어내는 것이다.

사실상 이 기술이 새롭다기보다 이번에 이루어진 획기적인 생산 비용 감소에 더 주목해야 한다. 기술을 처음 선보인 2000년 당시만 해도 정밀발효 개발 및 생산 비용은 킬로그램당 100만 달러였다. 그러나 기초 생물학 기술의 급속한 발전으로 인해 오늘날 이 가격은 100달러 이하로 기하급수적으로 떨어졌다. 그리고 잘 정립된 비용곡선을 가정하면 2023~2025년에는 이 가격이 킬로그램당 10달러 이하로 떨어질 전망이다. 이는 곧 2030년까지 PF를 통한 동물성 단백질이 기존 동물성 단백질

보다 다섯 배 저렴해지고 2035년경에는 10배 저렴해진다는 의미다. 보고서의 공동 저자인 토니 세바는 "이를 통해 한 가지 분야의 붕괴와 혼란이 아닌 많은 산업들이 동시에 서로 겹치고 강화되고 가속화되어 붕괴를 일으킬 것이다."고 말했다.

유제품 및 축산업의 붕괴가 온다

이러한 정밀발효 기술, 즉 대체 단백질을 만들어내는 기술로 우리는 어떤 변화를 예상해볼 수 있을까? 인류가 농사를 지은 이래 가장 오래된 산업이라 해도 과언이 아닌 축산업은 이 단백질 제조 기술로 인해 10~15년 내에 종말에 처하게 될 것이다. 육류 및 우유뿐만 아니라 가죽 및 콜라겐도 PF 엔지니어링으로 대체된다. 보고서는 축산업에서 파생된 서로 다른 산업들 즉, 콜라겐, 우유, 육류 및 가죽 시장 등에서 인공 단백질 제품이 늘어나고, 품질이 개선됨에 따라 종래의 축산업과 낙농업이 한꺼번에 붕괴되는 과정을 자세히 설명한다. 2030년까지 미국의 젖소 수가 50퍼센트 감소하고, 소고기 시장 규모는 70퍼센트, 유제품 시장은 거의 90퍼센트 감소할 것이라고 세바 교수는 전망하고 있다.

이러한 새로운 생산 방법은 우리가 먹는 것과 먹는 방법을 변화시킨다. 도축시킨 동물의 직접 섭취가 아닌 미생물 설계에 의해 만들어진 동물 단백질을 먹게 되며 기존의 음식을 완전히 새로운 형태로(이를 테면 에너지바 형태 같은) 즐기게 될 수 있다. PF 기술이 어떻게 축산 관련 산업들에 붕괴를 가져오는지 살펴보면 다음과 같다.

• 소고기 산업: 2030년까지 미국의 동물성 간 소고기 시장은 70퍼센트 이상 감소할 것이다. 햄버거, 소시지, 간 고기 및 스테이크와 같은 기존 제품은 새로운 세포 기반 육류 즉, 배양육으로 대체되기 때문이다. 배양육은 주로 동물의 근육과 지방에서 세포를 배양하여 동물과 구조적으로 동일하기 때문에 현재의 육류 식품을 일대일로 대체할 수 있다. 가장 초기 버전은 품질이 낮은 육류가 필요한 스튜나 카레에 사용될 수 있다. 그다음에는 햄이 될 것이고, 더 많은 단백질과 더 많은 지방이 만들어지게 된다. 현재 배양육 시장이 커지고 있는 만큼 육류 시장의 붕괴는 주류 분석가들이 생각하는 것보다 훨씬 빨리 일어나게 될 가능성이 크다(배양육에 대한 더 자세한 내용은 제4장에서 살펴볼 수 있다).

• 유제품 산업: 2030년까지 미국 유제품 단백질 수요의 거의 90퍼센트가 PF 대체품에서 나오게 될 것이다. 치즈, 요거트 및 아이스크림과 같은 유제품도 우수하고 저렴한 PF 기반 단백질을 사용하여 제조된다. PF 우유는 2023~2025년까지 젖소를 통해 얻는 우유와 비용 면에서 동등해질 것으로 예상한다. 나아가 PF 기술은 젖소 단백질이 제공할 수 없는 것을 제공함으로써 더 나은 대안으로 자리 잡게 될 것이다. 예를 들어, 유아용 조제유는 현재 젖소 단백질을 사용하지만 PF를 사용하여 모유 단백질을 만들면 내약성 및 영양 면에서 더 우수한 우유를 아이에게 먹일 수 있다. 단백질 소비가 이러한 현대적인 대안으로 전환함에 따라 기존의 우유 산업이 할 수 있는

일은 거의 없으며, 대규모 정부 구제 금융이 없다면 2020년대에 광범위한 파산이 이루어지고, 2030년 전에 산업 자체가 붕괴할 가능성이 크다.

- 가죽 산업: PF를 통한 콜라겐의 생산은 새로운 형태의 가죽 생산을 가능하게 한다. 동물로부터 직접 얻는 가죽은 줄어들고 사실상 분자 설계를 통해 모든 속성의 가죽 생산이 가능해진다. 강도, 크기, 유연성, 두께, 느낌, 미학, 질감 및 내구성 등 모든 고객의 요구에 맞춘 주문형 가죽 생산이 가능해지는 것이다. 동물 가죽의 파괴가 처음 있는 일은 아니다. 20세기에 석유 화학 기술로 합성된 인조 가죽이 등장했고 현재 인조 가죽은 시장의 약 3분의 2를 차지한다. 하지만 이것의 단점은 동물 가죽의 속성과 완벽히 일치하지 못한다는 것이다. 하지만 PF 기술은 동물 가죽과 완벽히 일치하는 가죽을 만들어낼 뿐만 아니라 모든 기능적 특성에서 동물 가죽을 능가할 수도 있다. 실제로 PF는 옷이나 가방 등 가죽을 사용하던 기존 제품군에서 나아가 지붕이나 타일과 같은 동물 가죽이 해결하지 못하는 새로운 시장을 창출하게 된다. 2030년까지 비 동물성 원료에서 생산된 가죽의 시장 점유율은 90퍼센트가 될 것으로 예상되며 화장품 및 식품의 콜라겐 시장은 거의 100퍼센트 붕괴하게 된다.

식품 기술의 성장이 가져오는 새로운 비즈니스 기회
이러한 축산업의 위기를 우리는 어떻게 바라봐야 할까? 다른 한편으로 축산업의 위기는 인류 전체를 놓고 봤을 때 또 다른 기회로 생각할 수 있다. PF 기술이 불러올 신흥 식품 산업은 2030년까지 최소 70만 개의 일자리를 창출하고 2035년까지 최대 100만 개의 일자리를 창출할 수 있기 때문이다. 또한 이 새로운 식품은 직접 가축을 키울 때보다 여러 면에서 훨씬 효율적이다. 가축을 풀어놓고 키우지 않아도 되기 때문에 최대 100배의 토지 효율성을 지니며 사료가 필요 없기 때문에 에너지 측면에서 20배 이상 효율적이다. 제품 생산 시간은 20배 이상 단축되며 현재보다 10배 더 물을 절감할 수 있다. 또한 동물 사육을 하지 않으면 미국 온실가스 즉, 탄소 배출량이 2030년까지 60퍼센트 이상 감소하게 된다. 모든 축산 농가가 배출하는 탄소 배출이 사라지면서 탄소 저감이 극대화되어 기후변화 문제 해결에도 도움을 준다. 식량 비용의 급격한 감소가 소비자 지출을 증가시켜 다른 분야에서 일자리를 창출하게 됨은 물론이다. 결과적으로 이 새로운 식품 산업으로 1조 달러 규모의 글로벌 비즈니스 기회가 창출된다.

PF를 비롯한 신 신품 기술의 성장을 비단 식품 산업의 한 부분으로만 생각해서는 안 되는 이유가 바로 이 때문이다. 미생물에서 단백질을 만드는 정밀발효 기술을 비롯해 신 식품 기술들은 축산업을 무너뜨리고 화장품, 헬스케어 등 새로운 산업들과 융합하며 산업의 경계를 무의미하게 만들고 있다. 그리고 이 시장의 성장은 선순환을 만들어 투자를 유치하고, 연구개발을 늘리고, 비용을 낮추는 데 초점을 맞추면서 경제적, 사회적, 환경적 이익을 실현하는 데 결정적인 역할을 하게 될 것이다.

2020년 주목해야 할 기술 2:

100년 석유 산업을 삼킬 DAC 기술

기후변화의 돌파구가 되는 기술

기후변화 문제의 해결은 미래학자와 과학자들에게 영원한 숙제와도 같다. 국가와 인종, 종교를 넘어 지구촌 전체의 운명이 달린 중대한 사안이기 때문이다. 기후변화를 억제하기 위한 많은 시도와 연구들이 거듭되고 있는 가운데, 개념에 불과했던 기술이 최근 실용화되어 세상을 놀라게 하고 있다. 바로 대기로부터 이산화탄소를 채취해 탄소복합 재료를 만드는 '직접공기포집'Direct Air Capture, DAC 기술이다.

석유 산업은 지난 100년간 지구촌의 산업화에 지대한 공헌을 했다. 모든 사회간접자본이 사실상 석유 화학을 기반으로 하면서 석유는 지구촌에서 영원히 살아남는 자원이 될 듯 보였다. 하지만 인간의 생명을 위협하는 지구온난화와 기후변화를 일으키는 주범이 화석연료라는 것이 밝혀지면서 각국 정부는 빠른 속도로 화석연료에서 재생에너지로 돌아서고 있다. 화석연료를 사용하는 자동차 판매를 금지시키는 나라들이 속속 나오고 있는데, 대부분의 유럽 국가가 2030년을 목표로 하고 있으며 2040년쯤이면 화석연료를 사용하는 내연기관 자동차는 전 세계에서 거의 볼 수가 없을 것으로 전망된다.

하지만 화석연료 사용을 대폭 줄이는 것만으로는 현재의 기후변화 문제를 해결하기란 요원하며 이 같은 탈탄소화로는 지구 온난화를 막기 충분하지 않을 것이라는 공감대가 커지고 있다. 이미 너무 많은 이산화탄소가 대기 중에 있기 때문이다. 대규모 숲 조성, 거대한 해양 조류 양성과 같이 탄소 흡수를 위한 자연적 방법 등이 있지만 만족스러운 수준은 아니다. 그렇다면 어떻게 해야 지구 온난화를 억제하고 기후변화 문제를 해결할 수 있을까?

많은 과학자들이 기후변화가 가져올 최악의 영향을 피하기 위해서는 대기 중에 떠 있는 방대한 양의 이산화탄소를 '직접 채취해' 제거하는 것이 필요하다고 말한다. 석유 산업의 종말을 가져오고 지구 온난화 해결에 돌파구가 되며 지구의 미래를 바꿀 기술, 직접공기포집 기술에 주목해야 하는 이유가 여기에 있다.

미래 환경과 비즈니스를 바꿀 기회가 온다

DAC 기술 즉, 직접공기포집 기술은 미래의 환경과 비즈니스를 바꿀 최대 기술 중 하나이다. 단순히 지구 환경을 개선하는 것뿐만이 아닌 공기에서 포집한 탄소로 수많은 제품 생산이 가능하기 때문이다. 공기 중 탄소를 포집하여 플라스틱 및 콘크리트와 골재를 만드는 것을 상상해보라. DAC 기술은 이산화탄소를 경제의 중요한 부분으로 삼음으로써 현재 폐기물로 배출되는 주요 기후변화 물질 중 하나에서 놀라운 경제적 가치를 얻을 수 있음을 보여준다.

지구상 모든 생명체의 필수 구성 요소인 탄소는 제조업, 에너지 및 운송 산업의 핵심이 되는 자원이다. 앞으로 10년간 공기에서 탄소를 포집하는 것은 땅에서 공급되는 탄소(오일)보다 비용 면에서도 훨씬 더 효과적일 것으로 전망된다. 2030년까지 탄소포집 및 활용 산업은 8,000억 달러(약 800조 원)로 예상된다.

사실 그동안 이산화탄소 포획 기술이 아예 없었던 것은 아니다. 그러나 이번에 개발된 DAC는 언제 어디서나 대량의 이산화탄소를 직접 포집하여 연료 생산을 가능하게 해주면서 게임 규칙을 빠르게 바꾸고 있다. 1세대 탄소 포집은 포인트 소스 캡처Point Source Capture라는 기술을 사용하여 발전소 굴뚝에서 이산화탄소를 직접 포집하여 이를 영구적으로 격리시켜서 땅 속에 묻는 기술이었다. 그러나 이산화탄소 배출 지점에 대규모 공장이 지어져야 했기에 유연성과 경제성이 떨어졌다. 반대로 DAC는 아무데나 완전히 독립적으로 배치할 수 있다.

DAC의 작동 원리는 이렇다. 몇 가지 기술이 개발되었지만 가장 일반적인 형태는 엄청난 양의 주변 공기를 빨아들인 후 필터를 통해 이산화탄소를 거를 수 있도록 고안된 산업용 스케일의 환풍기다. 앞에는 수산화칼륨이 흘러내리는 검은 그릴이 있어 용액이 공기와 만나면 그 용액이 이산화탄소를 포집하게 된다. 여기에 화학적 공정을 거쳐 탄산칼슘을 만들고 이를 다시 가열해 연료로 쓰일 수 있도록 합성하면 운송 수단에 쓰일 수 있는 디젤 및 항공유와 같은 제품으로 재탄생하는 방식이다.

DAC 연료가 가진 가장 큰 장점은 현재 화석연료 경제를 지원하는 인프라와 동일한 인프라 요소 즉, 파이프, 주유소 등을 그대로 사용할 수 있다는 점이다. DAC는 현존하는 인프라를 사용하면서 환경 피해를 억제하는 최적의 방식이다. 또한 DAC 기술은 전 세계의 연료 비용을 균등화할 수 있다. 석유가 나지 않아 현재 높은 가격을 지불하는 나라들이 얻게 될 혜택을 생각해보자. 공기포집으로 연료를 생산하면 자체적으로 연료 공급이 가능하여 연료의 가격이 같아지게 된다. 또 DAC는 근본적으로 지정학을 '재정의' 할뿐만 아니라 더 이상 국제석유 선적이 필요 없어지는 땅 넓은 호주와 같은 국가에 경제적 이익을 가져다줄 전망이다.

DAC 기술의 최첨단을 달리는 주목해야 할 기업들

글로벌 서모스탯Global Thermostat, 카본 엔지니어링Carbon Engineering 및 클라임 웍스Climeworks와 같은 회사는 현재 DAC 기술의 최첨단에 있으며 기록적인 양의 대기 중 이산화탄소를 포집하고 이를 연료로 사용한다. 미국 과학원NAS 의 보고서에 따르면 이산화탄소 추출 가격이 탄소 톤당 100~150달러 이하로 떨어지면, 공기에서 포집된 연료는 전통적인 원유와 경제적으로 경쟁 가능할 것으로 예상된다. 현재 전 세계적으로 약 다섯 개의 직접공기포집 프로젝트가 진행 중에 있다.

- 카본 엔지니어링: 캐나다 캘거리에 위치하며 2009년에 설립된 상업용 직접공기포집 회사이다. 캐나다 브리티시 컬럼비아에 직접공기포집 파일럿 플랜트를 보유하고 있다. 빌 게이츠가 투자하기도 한 이 회사는 최근 6,600만 달러 규모의 파이낸싱 C라운드를 마쳤고, 톤당 94달러에 이산화탄소를 포집할 수 있다고 주장한다. 이들의 목표는 2021년까지 하루 2,000배럴의 연료를 생산하는 것이다.

- 클라임 웍스: 스위스 취리히에 위치한 클라임 웍스는 공기에서 직접 포집한 18톤의 이산화탄소를 통해 근처의 온실에서 야채를 생산한다. 연간 900톤의 이산화탄소를 포집하며 대기 중 1톤의 이산화탄소를 포집하는 데 약 600달러의 비용이 든다고 밝혔다. 클라임 웍스는 유럽연합으로부터 직접공기포집 기술을 사용하여 파일럿 플랜트를 설계하는 기금을 받았다.

- 글로벌 서모스탯: 뉴욕에 위치한 글로벌 서모스탯은 2010년에 설립된 민간 자금지원 탄소포집 회사이다. 탄소 스폰지에 결합된 아민amine 기반 흡착제를 사용하여 대기에서 이산화탄소를 제거한다. 이 회사는 연간 5만 톤 규모의 포집부터 연간 40톤 규모의 소규모 프로젝트까지 다양한 프로젝트를 진행하고 있다. 이들은 엘라배마주 헌츠빌에 있는 시설에서 톤당 120달러에 이산화탄소를 포집할 수 있음을 이미 입증했으며 규모에 따라 톤당 50달러 정도의 비용으로도 이산화탄소를 포집할 수 있을 것으로 예상한다. 광범위

한 사용 사례를 시연한 글로벌 서모스탯은 코카콜라_{Coca-Cola}와 엑
손 모빌_{Exxon Mobile} 등 거대 기업과 손잡고 이산화탄소 거래를 시작
했다. 또한 거대 석유, 가스 회사와 기술개발에 협력하여 DAC 연
료_{DAC-to-fuel} 사업을 개척하고 있다.

- 안테시_{Antecy} : 안테시는 비非 아민 DAC 기술을 개발한 네덜란드 회
  사다. 2010년에 설립되었으며 최초의 파일럿 플랜트를 보유하고
  있다. 아민 흡착제와 달리 안테시의 무기 고체 흡착제는 높은 안정
  성, 견고성 및 긴 수명을 제공한다. 사용된 재료는 무독성, 일회용 및
  완전 재활용이 가능하다. 현재 성과를 기준으로 추정되는 이산화탄
  소 포집 비용은 톤당 50~80달러인 것으로 알려져 있다.

- 코어웨이 LLC_{Coaway LLC} : 미국 회사인 코어웨이 LLC는 대기 중에서
  이산화탄소를 제거하기 위해 고유한 프로세스를 사용하고 이를 위
  해 이미 많은 양의 공기를 이동시키는 기존 발전소 냉각탑을 사용
  하는 것으로 알려져 있다. 냉각탑 입구를 이산화탄소 흡수 장치로
  둘러싸면 대량의 공기를 빠르게 처리하여 비용을 절감할 수 있다.

DAC가 가져올 새로운 풍요의 시대

지구상에서 물 다음으로 가장 널리 사용되는 재료 중 하나인 콘크리트는
현재 전 세계 이산화탄소 배출량의 7퍼센트를 차지한다. 향후 수십 년 동
안 우리는 전 세계에서 상당량의 플라스틱 및 건축 자재를 필요로 하게

될 것이다. 그러나 DAC로 포집된 이산화탄소를 시멘트에 주입하면 혼합물이 강화되고 훨씬 더 단단한 시멘트를 만들 수 있다. 또 이 과정은 이산화탄소를 영구적으로 격리시키기 위한 지하 탄소저장 공간을 더 이상 지을 필요가 없어 탄소 배출을 상쇄시킨다. 즉, DAC 기술 개발로 훨씬 더 견고한 시멘트를 더 저렴한 비용으로 생산할 수 있는 것이다. 카본 큐어CarbonCure는 그런 새로운 콘크리트를 만드는 기업 중 하나이다. 900만 달러 이상을 모금한 이 팀은 현재 탄소 중립 콘크리트를 만들기 위한 최신 DAC 응용프로그램을 개발 중이다.

DAC는 비단 지구의 환경에만 영향을 미치는 게 아니다. 지구 중심의 유틸리티 외에도 우주 산업에서 무수한 응용이 가능하다. 이산화탄소가 대기의 98퍼센트를 차지하는 화성은 DAC의 이상적인 공급원이 될 수 있다. 화성 식민지화를 위해 DAC는 화성 거주를 위한 연료, 3D 프린팅으로 제작한 부품 및 건축 자재에 이르기까지 모든 것을 생산하는 데 도움을 줄 수 있다.

이렇듯 포집된 탄소의 적용은 거의 무제한으로 확장될 가능성이 크기에 DAC는 세계 에너지 및 재료 경제를 근본적으로 바꾸는 기술이 될 것이다. 석유 산업의 종말이 다가오고 있다. 이제 우리는 새로운 탄소 포집 기술을 통해 또 한 번의 풍요의 시대를 맞이하게 된다.

제 1 장

블록체인이 바꾸는
산업의 새로운 패러다임

첨단기술과 융합하는 블록체인, 모든 분야의 시스템을 재편하다

01

글로벌 기업들,
블록체인에서 길을 찾다

2019년, 블록체인은 열 살을 맞았다. 지난 2년 사이에 블록체인에 관한 관심이 매우 커졌지만 블록체인을 여전히 낯설게 느끼는 사람도 있을 것이고, 아직도 '블록체인=암호 화폐', '암호 화폐=비트코인'으로 오해하는 사람도 더러 있을 테다. 그러나 블록체인 기술은 제4차 산업혁명의 근간이 되는 기술이며 미래 산업의 게임 체인저가 될 기술이기도 하다. 암호 화폐 이외에도 블록체인 기술의 활용 가능성은 무한에 가깝다.

그리고 그 거대한 변화는 이미 몇 년 전부터 시작되었다. 한동안 걸음마 단계에 있었던 블록체인 기술은 10년 동안 다양한 형태로 변형하고 발전하며 조금씩 우리 삶을 파고들고 있다. 우리 사회를 지탱하고 있는 여러 기업들이 블록체인에서 미래의 길을 찾기 시작했기 때문이다.

현재 SAP, IBM, 오라클, 마이크로소프트, 아마존과 같은 회사들이 고객 서비스의 일환으로 일정 수준의 블록체인 기술을 제공하고 있다. 블록체인에 관한 관심은 여전히 유동적이지만 시장분석 회사 주피터 리서치 Jupiter Research 가 영국의 400대 기업을 대상으로 한 조사에 따르면 60퍼센트의 기업들이 '블록체인 기술 채택을 적극적으로 검토하고 있거나 진행 중'이라고 응답했다.

물론 블록체인이 현재 기업 환경에서 쓰이는 종류의 대중적 플랫폼으로 자리를 잡으려면 아직 해결해야 할 많은 문제들이 산적해 있다. 일부 기업들과 오픈 소스 커뮤니티들은 이를 오히려 기회로 삼고 있기도 하다. 이 디지털 분산 원장 기술의 핵심을 관찰하게 되면 비즈니스의 신뢰에 관한 엄청난 변화 가능성을 읽을 수 있다.

블록체인, 스마트 기업을 위한 커다란 기회

블록체인은 디지털 암호 화폐인 비트코인의 소유권을 추적하기 위한 시스템으로 처음 만들어졌다. 그리고 아직까지는 주로 그 목적으로 사용되고 있다. 그러나 이제 블록체인의 가능성은 암호 화폐를 뛰어넘어 모든 산업으로 퍼져 나가고 있다. '신뢰할 수 있고 변경할 수 없는 기록'은 모든 가치 있는 것들을 추적하고 규칙을 시행할 때 매우 유용한 자원이다. 화폐 거래는 물론 전자 결제, 디지털 인증, 원산지부터 최종 소비자까지 유통의 전 과정을 추적할 수 있다. 그뿐만 아니라 부동산 거래, 의료기록 관리 등 신뢰성이 요구되는 모든 분야에서 활용될 가능성이 무궁무진하다.

현재 단계적으로 블록체인 기술을 채택하는 글로벌 기업들을 많이 찾아볼 수 있다. 스타벅스가 구매한 원두와 커피의 이동 과정을 고객이 추적할 수 있도록 블록체인을 도입한 사례가 대표적이다. 스타벅스 외에도 유통의 전 과정을 추적하고자 블록체인을 도입하는 농작물 소매 기업이 증가하는 추세다. 2017년 출범한 IBM의 블록체인 기반 푸드 트러스트Food Trust 블록체인 네트워크는 네슬레Nestle, 유니레버Unilever, 월마트Walmart를 포함한 20여 개의 식품 소매업체 및 공급업체에 사용되고 있다. 또한 IBM의 트러스트체인IBM TrustChain 컨소시엄은 다이아몬드 채굴에서 저장까지의 과정을 블록체인을 통해 추적하고 있다.

또한 아메리칸 익스프레스American Express는 지난 2017년 11월에 암호화폐 리플Ripple과 스페인 산탄데르Santander 은행과 함께 블록체인 파트너십 체결을 발표했으며 2018년에는 미국 금융사 최초로 고객 보상제도에 블록체인을 도입하기도 했다. 네트워크 서비스 기업 시스코 시스템즈Cisco Systems, CSCO는 사물인터넷 연계 디바이스 통제 블록체인 플랫폼 특허를 출원하기도 했다. 한편 세계 최대의 항공기 제조사 보잉Boeing은 최근 블록체인 기술을 기반으로 한 비행 중 GPS 백업 시스템 특허를 출원했다. 이는 해커가 항공기 운항에 관련된 GPS를 조작할 수 없도록 블록체인을 통해 항공기 운항 GPS의 불변성과 투명성을 보장하는 기술이다.

블록체인이 금융사나 IT 회사, 유통업체에만 적용되는 기술은 아니다. 블록체인은 일반 제조업체에서도 활용 가능하다. 일본 〈닛케이신문〉에 따르면 미쓰비시전자, 야스카와전기 등 일본을 대표하는 100개 전통 제조 기업들이 블록체인 기반 생산 데이터 공유 시스템을 구축할 예정이다. 해당 프로젝트에 참여하는 기업들은 제품 설계 관련 데이터, 생산 설비 현황, 품질 검증 관련 정보 등을 공유하는데 이를 통해 데이터 유출 관련 리스크를 최소화하고, 운영 관련 비용을 절감한다는 방침이다.

물론 블록체인이 넘어야 할 산은 아직 많다. 아직 초기 단계의 기술이며 비즈니스 모델로서 더 성숙하고 발전하기 위해서는 더욱 많은 기반 인프라가 필요한 상황이다. 그러나 이 기술이 기업의 비즈니스 양상과 시스템 자체를 바꿔놓을 잠재력을 가진 것 또한 사실이다. 앞서 살펴봤듯이 규모와 업종을 막론한다.

블록체인 기술도 다른 새로운 기술과 마찬가지로 사용할 수 있는 도구와 인접 기술이 많을수록 더 빠르게 확장될 수 있다. 이제부터 현재 블록체인 기술이 금융, 유통, 부동산, 의료 등 여러 산업 분야와 어떠한 형태로 융합하고 있는지 그리고 기존의 산업에 어떤 영향을 미치고 있는지 좀 더 자세히 설명할 예정이다. 또한 향후 어떤 방향으로 발전해 나가며 어떤 변화를 겪게 될지도 살펴볼 것이다.

02

금융: 블록체인이 바꿔놓을
은행의 역할

블록체인은 기존 금융 세력인 은행을 어떻게 바꿔놓을까? 블록체인은 데이터에 접근하는 방식을 변화시키며 새로운 가능성의 문을 열었다. 또한 제3자에게 수수료를 지급할 필요 없이 당사자 간 거래를 가능하게 한다. 디지털 세계에서 거래를 하기 위해서는 당사자들 사이에 신뢰가 기반이 되어 있어야 한다. 이제까지 신뢰할 수 있는 제3자(은행, 증권사 등)가 그 중앙 원장 역할을 해왔다. 그러나 블록체인은 모든 디지털 거래에서 중앙 원장을 없애고 컴퓨터 네트워크를 통해 검증되는 분산 원장을 통해 데이터를 원천적으로 위조할 수 없도록 한다. 따라서 데이터의 신뢰를 바탕으로 제3자가 없어도 당사자 간 거래가 가능해진다. 블록체인 솔루션이 제공하는 비용 절감과 저위험, 즉각적인 거래의 이점은 현재 핀테크 산업에서 유용하게 쓰이고 있다.

그렇다면 이러한 블록체인을 통한 개인 간의 직접 거래로 기존의 제3자, 즉 은행은 없어지게 될까? 그렇지 않다. 오히려 블록체인을 통해 금융 업계가 누릴 이점이 더 많다. 기존의 금융 거래는 프로세스에서 수반되는 복잡성과 위험으로 인해 많은 비용이 들었다. 그러나 블록체인을 사용하면 거래 시간 단축, 비용 절감 및 실시간 사기 탐지와 같은 많은 이점을 얻을 수 있다. 여기에 데이터 분석 기술인 애널리틱스 프로세스를 결합하면 위조 불가능한 안전한 데이터와 완벽한 분석을 위해 구조화된 보안 데이터 계층이 추가되어 데이터 분석 기능이 개선될 수 있다. 그렇게 되면 은행은 금융 거래에서 사기나 오류가 발생하고 나서 사후 기록을 분석하는 기존의 방식 대신 위험하거나 사기성이 있는 거래를 실시간으로 식별하고 추적해 사기를 원천적으로 방지할 수 있다.

이 외에도 블록체인이 기존의 금융 시장을 어떻게 변화시키고 있는지 보여주는 몇 가지 사례가 있다.

보험 처리의 자동화와 간소화

보험사는 번거로운 청구 과정, 부정 청구, 데이터 오류, 보험금 지급 지연, 사용자를 소외시키는 정책 등 전반적으로 가입자들에게 많은 불편을 안겨준다. 이런 보험 업계에 블록체인의 분산 원장 기술을 적용하면 보험 청구와 관련된 모든 참여자들이 장부를 서로 공유하고 감시 및 관리하면서 보험금 청구에 대한 투명한 검증이 가능해진다. 보험사는 보험금 지급 추적 등 완벽한 서비스를 제공할 수 있고 이러한 모든 과정은 궁극적으로 보험 가입자의 편의를 개선시키는 데 도움을 준다.

빨라지고 간편해지는 국제 송금

해외로 돈을 송금하는 과정에서 발생하는 가장 큰 문제점 중 하나는 글로벌 결제 시스템이 무척 느리다는 점이다. 더군다나 비용이 많이 들고 오류가 발생하기 쉬우며 추적 또한 쉽지 않다. 해외 송금을 통한 돈세탁이 발생하는 이유도 바로 이 때문이다. 그래서 이러한 송금 방식에 블록체인의 협력이 필요하다. 유럽 최초로 블록체인 기술을 자사 결제 시스템에 적용한 스페인 최대 은행 산탄데르에서 그 적용 사례를 살펴볼 수 있다. 산탄데르는 은행 간 간편 송금을 위해 만들어진 리플과 손잡고 블록체인을 기반으로 한 외환 결제 서비스를 출시했다. 원페이FX One Pay FX 라는 이름의 이 외환 송금 서비스 애플리케이션을 이용하면 평균 3~5일 걸리던 외화 송금이 24시간 내로 단축된다.

공급망 및 무역금융의 투명성 확보

오늘날 무역금융은 종이 기반, 노동 집약, 시간 집약적인 특징으로 효율성이 개선되지 못하고 있는 대표적인 분야다. 그러나 자동화된 스마트 계약 및 블록체인을 통해 무역금융 프로세스를 바꿀 수 있다. 공급망은 전세계에 걸친 복잡한 분배 문제 때문에 은행과 같은 신뢰할 수 있는 중개인을 필요로 하는데 블록체인 솔루션을 통해 스마트 계약을 사용하면 중간 계약자(은행)와 수수료 없이도 모든 물품이나 돈을 자동으로 보낼 수 있다. 이는 신뢰할 수 있는 네트워크를 구축하는 데 도움이 될 뿐만 아니라 공급되는 제품의 신뢰성과 출처를 보장한다.

KYC 규정 준수의 강화

대부분의 금융 기관은 현지 규제 기관으로부터 고객을 보호하기 위해 마련된 규칙을 준수하고 보고해야 할 책임이 있다. 바로 KYC 룰Know Your Customer Rule 인데, 금융 기관은 이 규정을 적용 받아 상품을 판매하기에 앞서 고객의 자산 규모와 투자 행태를 통해 고객의 성향을 파악해야만 한다. 하지만 자동화된 고객 식별 시스템과 통합 프로그램이 없어 매우 많은 시간이 소모된다는 문제가 있다. 현재의 KYC 프로세스는 규제 당국의 요구사항을 충족하는 데 며칠에서 몇 주가 걸린다. 그러나 블록체인은 디지털 단일 ID 정보를 제공해 전체 프로세스를 효율적으로 모니터링하고 간소화시킬 수 있다. 또한 공유 원장에 직접 액세스하면 기관에서 사기를 식별하고 추적하는 데 많은 시간이 걸리는 기존의 프로세스를 단축시킬 수 있다. 이는 시간과 비용을 줄이고 법적으로 필수적인 데이터 프라이버시를 유지하는 데도 도움이 된다.

블록체인 기술의 도입 초기, 금융기관 및 중앙은행은 이 새로운 기술에 크게 비판적이었다. 이는 블록체인 기술이 금융 산업에 자율 및 익명성을 제공하여 오늘날 중앙화된 금융 시스템의 비효율성을 드러내주었기 때문이기도 하다.

은행의 블록체인에 대한 긴장과 두려움은 이해할 수 있다. 하지만 이제 시대의 변화에 거부할 수 없다는 것은 분명한 사실이다. 그런 이유로 이제 더 많은 중앙은행들이 시대의 변화를 받아들이고 현재 블록체인 기술을 도입하기 위한 다양한 실험을 하고 있다. 은행뿐만 아니라 기타 핀테크 기술 회사들도 이미 모든 거래를 추적하기 위해 빅데이터 분석 솔루션과 함께 블록체인 기술을 사용 중이다. 스위스 바젤에 있는 BIS Bank for International Settlements 의 2019년 1월 보고서에 따르면 전 세계 40개 이상의 중앙은행이 현재 CBDC Central Bank Digital Currency 및 블록체인의 기타 응용 프로그램을 연구 및 실험하고 있다.

블록체인은 실시간 분석과 추적을 가능하게 만들고 부정행위를 탐지함으로써 금융 업계가 당면한 고질적인 문제를 끝낼 해결책으로 주목받고 있다. 계약이 더 쉬워지고, 송금은 더 빨라지고, 거래는 더 투명해지고, 더 안전하게 금융 서비스를 이용할 수 있는 세상이 가까워지고 있는 것이다.

03

공급망: 유통과 무역에
신뢰를 더하다

미국의 리서치 및 컨설팅 회사인 얼라이드마켓리서치Allied Market Research, AMR에 따르면 글로벌 블록체인 공급망 시장 규모가 2025년까지 100억 달러에 육박할 것이라는 전망이 나왔다. 업종별로는 소매 업계가 시장 수익에 가장 많이 기여할 것으로 전망했는데 블록체인 기술의 진정한 가치를 살펴보면 전혀 놀라운 것이 아니다. 세계경제포럼World Economic Forum 역시 "미래의 공급망은 우리가 현재 알고 있는 것과 매우 비슷할 것이다. 그러나 더 나은 의사소통, 높은 시스템 탄력성 및 운영 효율성의 실질적인 향상을 가능케 하는 광범위한 변화를 예상할 수 있다."라고 말한 바 있다.

이러한 잠재력을 증명하듯 정부기관을 비롯한 글로벌 거대 기업, 신생 기업에 이르기까지 소매 업계의 주요 기업들이 다양한 용도로 블록체인을 이용해 공급망 혁신을 주도하고 있다. 그 혁신이란 크게 세 가지로 나눌 수 있는데 제품 출처 및 추적성, 글로벌 공급망 운영의 합리화 그리고 반부패 및 인도주의적 활동이다.

제품의 출처 확인 및 추적 기능

블록체인은 식품 유통 과정을 추적하는 데 적격인 시스템이다. 판매자는 원산지에서 고객의 선반까지 가는 모든 여정에서 각 제품에 대한 데이터를 추적할 수 있다. 블록체인은 물품이 어디에 있는지, 어디에서 왔는지 항상 알 수 있기 때문에 안전과 규정 준수를 보장할 수 있다. 예를 들어 한 공급업체가 공급한 제품에 결함이 있는 경우 수천 개의 문제없는 제품까지 시장에서 회수하는 대신, 블록체인을 통해 영향을 받은 제품만 찾아내 회수할 수 있다.

2018년 11월, 미국에서 210명의 사람들이 병에 걸리고 다섯 명의 사망자를 낸 로메인 상추 대장균 파동을 떠올려보자. 미국에서 생산되는 모든 로메인 상추에 이상이 있는 것이 아니었지만 광범위한 리콜이 이루어졌다. 소매업체들은 전국에 걸쳐 수백만 킬로그램의 상추를 버려야 했으며, 소비자 역시 로메인 상추를 비롯한 녹색 채소를 먹지 못했다. 수 주간의 조사 끝에 FDA는 문제가 된 상추가 캘리포니아주 지역에서 12월 6일까지 생산된 상추임을 밝히고 그제야 관련 조치를 취할 수 있었다. 만약 블록체인 시스템이 있었다면 상황은 달라질 수 있었다. 월마트와 같은 소매업체는 피해 지역에서 온 제품을 즉시 식별하여 재고에서 치우고 대장균에 영향을 받지 않는 품목은 그대로 판매할 수 있었을 것이다. 소비자 역시 공포에 떨며 상추를 먹지 않아도 되었다.

이 같은 '신뢰'의 문제는 식품에만 국한되지 않는다. 소비자들은 다이아몬드 같은 명품 또는 자동차 부품을 구입할 때 품목의 진위 여부를 증명하는 데 애를 먹는다. 만약 타임 스탬핑(블록의 생성 시간)을 통해 원료의 수확에서부터 매장의 진열대에게 이르기까지 제품 히스토리를 모두 살펴볼 수 있다면 어떨까? 제품이 만들어지기까지의 완전한 여정을 확인할 수 있으면 제품 안정성 향상, 사기 감소, 업계의 예측 및 협업 계획의 정확성 향상 등 여러 가지 이점이 생길 것이다. 이러한 시도는 이미 진행 중으로, 세계적 명품 브랜드 루이비통Louis Vuitton 의 소유주 LVHM이 명품의 진위를 입증하기 위한 블록체인 시스템 '아우라'AURA 를 구축, 운영에 들어갔다. 아우라 시스템이 가동되면 그 가방의 가죽을 취급하는 공장부터 제작 과정, 이동 경로까지 제조와 판매에 관련된 모든 이력이 블록체인상에 기록되어 소비자가 루이비통 가방을 구매했을 때 그 진품 여부를 쉽게 확인할 수 있게 된다. 또한 한정판으로 생산된 제품은 리셀러 시장에 진출하더라도 쉽게 진품임을 인증할 수 있다. 이를 통해 상표권 침해를 방지하고 브랜드 평판도 보호할 수 있다.

글로벌 공급망 운영의 합리화

블록체인을 이용하면 무역금융 거래가 효율적으로 이루어질 수 있다. 국가 간 무역 거래는 보통 많은 시일이 걸린다. 공급망을 통해 이동하는 모든 제품은 수백 명의 사람 손을 거치면서 국경을 넘고 바다를 건넌다. 이 때 중간 단계 화물 상태에 대한 파악이 실시간으로 불가능하여 화물 손실과 파손으로 인한 책임 소재로 많은 분쟁이 발생한다. 또한 프로세스의 많은 부분이 인간에 의해 이루어지기 때문에 데이터가 전체적으로 통합되기가 쉽지 않다.

그러나 블록체인을 이용하면 최소 열흘이 걸리는 무역 결제를 하루로 단축하고 모든 무역 과정을 디지털화할 수 있다. 또한 여러 사람이 얽혀 생기는 불협화음 대신 데이터와 문서에 대한 다자간 접근이 가능해져 운영의 효율성도 높일 수 있다.

실제로 블록체인은 페이퍼리스 무역paperless trade 즉, '종이 없는 거래'의 열쇠가 될 수도 있다. 홍콩상하이은행HSBC이 출범한 블록체인 기반 무역금융 거래 플랫폼 볼트론Voltron이 그 좋은 예다. 볼트론은 신용장 개설에서부터 선적 서류까지 현재 대부분 수동으로 처리되는 필수 거래 문서들을 디지털화하는 블록체인 기반의 플랫폼이다. 이 플랫폼을 이용하면 거래를 실시간으로 파악할 수 있어 통상 5~10일이 걸리던 거래 시간이 24시간 이내로 단축돼 비용 절감의 효과가 크다.

또한 기존 시스템에서는 거래에 연관된 모든 당사자들이 상품이 교환되거나 인도되었음을 나타내는 문서에 물리적으로 서명을 해야 했다. 이런 시스템에서는 서명 위조의 문제가 발생할 수 있고, 어떤 이유로 서명을 할 수 없게 되면 그만큼 거래가 지연될 수밖에 없었다. 하지만 블록체인을 이용하면 무역금융에 필요한 종이 서류를 모두 없애고 거래 속도와 과정이 대폭 개선될 수 있다.

부패 방지 및 인도주의 활동

블록체인은 세계 난민들에게 원조를 제공하는 데 사용될 뿐 아니라 다른 박애주의적인 목적에도 사용될 수 있다. 모든 거래는 이전 거래에 기초하기 때문에 네트워크 참여자들 사이에서 부패가 나타나기가 더 쉽다. 그래서 블록체인은 높은 수준의 책임감을 요구하는 인도주의적 활동에서 유용하게 사용될 수 있는 기술이다.

누군가가 부정한 행동으로 기부금에서 10퍼센트를 빼내려 시도한다고 상상해보자. 비록 '거래'는 성사될 수는 있을지언정, 블록의 특성상 그것을 분산된 기록에서 삭제하는 것은 불가능하다. 위조 및 변경이 불가능한 기록을 통해 단체는 전체 금액이 의도한 수령인에게 전달되지 않았음을 발견하고, 부정행위자에 대한 추적을 통해 감사를 진행할 수 있다. 오늘날 몇몇 구호 단체의 비리들이 폭로되면서 재정 지원이 최종 사용자에게 도달하지 못한다는 인식이 팽배하다. 그러나 블록체인으로 지출과 거래의 완전한 추적이 가능해진다면 이러한 내부의 부패는 근절될 수 있을 것이다.

실제로 세계식량계획World Food Programme 은 이미 요르단의 아스라크 Azraq 난민 수용소에서 이에 대한 실험을 시작했다. 세계식량계획은 그간 난민들에게 바우처를 나눠주고 필요한 물품들을 살 수 있도록 지원했는데 이러한 지원에는 모두 중개인(단체)이 필요했다. 그리고 이 사이에서 종종 불미스러운 문제들이 발생하곤 했다. 하지만 현재 진행되고 있는 빌딩 블록 파일럿Building Blocks pilot 프로젝트하에서는 이러한 중개인이 필요 없다. 난민들은 홍채인식 등을 통해 신원을 확인한 후 블록체인으로 자산을 조회, 필요한 물건을 즉시 결제할 수 있다.

　이렇듯 블록체인은 일상적인 물품부터 무역금융에 이르기까지 우리가 거래하는 방식을 향상시킬 준비가 되어 있다. 현재 블록체인을 응용한 프로그램이 확장되면 점점 더 많은 산업 분야의 많은 기업들이 혜택을 얻게 될 것이다. 물론 그전에 상당한 선행 투자가 필요하겠지만 즉각적이고 상호운용이 가능하며 신뢰와 무결성을 갖춘 공급 체인이 구현될 날도 멀지 않았다.

04

통화: 정부 권력에 도전하는
페이스북의 리브라

최근 세계 최대의 소셜네트워크 서비스 회사 페이스북의 암호 화폐 '리브라' Libra가 전 세계 화폐 시장을 뒤흔들고 있다. 페이스북은 지난 6월 18일 마스터카드, 비자카드, 우버 등을 포함한 27개의 파트너사와 함께 '리브라'라는 이름의 새로운 암호 화폐를 출시한다고 발표했다.

리브라의 출시가 전 세계인의 이목을 끄는 이유는 비트코인 같은 다른 암호 화폐와 달리 자산으로 직접 지원될 예정이기 때문이다. 즉, 리브라로 우버를 이용할 수도 있고 이베이에서 물건을 살 수도 있다는 의미다. 파트너사로 페이팔도 가세해 사용처는 더 늘어날 전망이다. 정부의 독점적인 통화 발행권에 대한 정면 도전으로 평가받으며 미국 의회의 청문회까지 올라간 이 사건은 미 당국과의 갈등 끝에 발행을 연기하는 것으로 일단락되기는 했다(본래의 목표는 2020년 상반기 발행이었다). 하지만 지난 8월, 버그 바운티 프로그램Bug Bounty Program(출시 전 자사 소프트웨어의 해킹을 유도해 문제점을 발견하면 상금을 주는 제도. 페이스북은 이 버그 바운티에 최대 1만 달러의 포상금을 내걸었다)을 실시하고, 바로 얼마 전에는 로드맵-1을 공개하면서 리브라의 발행이 가까워왔음을 시사했다.

이처럼 정부가 아무리 막아보려 해도 막을 수 없는 것이 금융의 디지털화라는 거대한 시대의 흐름이다. 이 문제는 조만간 다시 수면 위로 올라올 것이며 페이스북은 시작일 뿐 다른 기업들이 이에 합류할 가능성도 높다. 리브라의 등장은 우리에게 많은 교훈을 주는 사건이다. 필자는 페이스북의 암호 화폐에 경제적 이익이 있다고 믿는다. 물론 잠재적인 단점도 존재한다.

리브라의 장점: 전 세계 25억 명이 쓰는 기축통화

기존의 암호 화폐는 물리적 자산에 묶여 있지 않다. 그래서 매일 급등락을 반복하고 투기의 수단으로 전락하는 경향이 있었다. 그러나 리브라는 은행 예금 및 채권 등 실물 통화 가치와 연동된 것이 특징으로, 자산으로서 100퍼센트 기능한다. 따라서 리브라는 급격한 가격 변동을 겪지 않을 것이다. 또한 국제 통화 및 자산으로 인정받기 때문에 환율처럼 국가의 정세나 정책과 연계되지 않는다.

리브라의 두 번째 경제적 이점은 페이스북이 약 25억 명의 사용자를 두고 있기 때문에 전 세계로 돈을 송금하는 데 드는 비용을 줄일 수 있다는 점이다. 전 세계에 퍼져 있는 여행자와 이민자는 종종 이 나라에서 저 나라로 돈을 보내기 위해 과도한 수수료를 지불한다. 그런데 만약 서로 다른 국가의 25억 명이 동일한 화폐를 쓰게 된다면 무슨 일이 벌어질까? 리브라에 대한 발표가 나자마자 글로벌 송금 서비스 회사인 웨스턴 유니온 주식이 급락한 현상은 리브라에 대해 사람들이 무엇을 기대하는지를 잘 보여준다.

자산으로 뒷받침되는 또 다른 효과는 인플레이션 위험을 낮추는 데 도움이 될 수 있다는 점이다. 노벨상을 수상한 경제학자 프리드리히 하이에크Friedrich Hayek 는 정부가 발행한 돈 대신에 리브라와 같은 다양한 종류의 '개인 돈'을 선택할 수 있다면 모든 사람들이 더 나아질 것이라고 주장한 바 있다. 하이에크는 사람들이 가치가 가장 안정된 통화만을 사용하기 때문에 사적인 돈을 발행하는 것이 이 세계로부터 인플레이션을 없애는 길이라고 말한다. 이를 반대로 생각하면 기존 중앙은행들이 왜 리브라 출시를 결사적으로 막았는지 이해할 수 있다. 리브라가 기존 법정화폐를 흡수하면서 유동성이 커지면, 기존의 통화 정책만으로는 실업률이나 인플레이션을 통제하기 쉽지 않기 때문이다.

리브라의 단점: 현금 없는 사회의 위험

리브라가 성공하면 더 많은 국가가 현금 없는 사회가 되는 쪽으로의 움직임을 가속화할 것이다. 마크 저커버그와 같은 일부 사람들은 이 결과에 찬성할 수도 있지만 현금이 없는 데는 두 가지 중요한 단점이 존재한다.

하나는 빈곤층, 노인층, 비경제 계급이 소외된다는 점이다. 개별 암호 화폐 거래의 가격은 더 낮을 수 있지만, 디지털 사회에 참여하기 위해서는 여전히 많은 제반 비용이 필요하다. 우선 리브라를 사용하려면 '스마트폰'과 '인터넷 연결'이 필요하며, 둘 다 정기적인 비용과 수수료가 부과된다. 디지털 사회로 인해 권리가 박탈되는 계층이 생기는 것에 대한 우려로 필라델피아, 샌프란시스코 및 뉴저지주는 현금 없는 상점을 금지하는 법률을 통과시키기도 했다.

둘째, 현금 없는 사회는 한 국가의 전체 경제를 혼란에 더 취약하게 만들 가능성이 있다. 현금 없는 경제는 안정적인 전기 공급, 끊임없는 통신 네트워크 및 강력한 보안에 절대적인 영향을 받기 때문이다. 정전이 되거나 해킹 등으로 한쪽에 문제가 생기면 전체 디지털 거래가 멈춰버리게 될 위험이 크다. 최근 아르헨티나, 우루과이, 파라과이에서 전체 전력망이 붕괴된 사건이 있었다. 1억 명의 사람들은 몇 시간 동안 정전으로 발이 묶였고 어떤 사람들은 하루 동안 전기 없이 지내기도 했다. 미국 일부에서도 같은 일이 발생했다. 전기 그리드를 중단시키는 소프트웨어 바이러스 또는 사고는 전기를 사용하는 사람에게도 치명적이지만 현금이 없는 경제 전체를 사망시킬 위험이 있다.

기업 화폐의 등장, 새로운 화폐 전쟁이 시작됐다

리브라의 미래는 과연 어떻게 될까? 과연 실리콘밸리는 은행을 잡아먹게 될까? 저커버그가 수십억 명의 사람들에게 힘을 실어 줄 것인가? 리브라의 발행이 무기한 연기된 이 시점에서 시간만이 답이 될 것이다. 그러나 분명한 것은 초연결 사회에 가장 큰 네트워크를 가진 즉, 가장 많은 사람을 가진 단체, 집단, 기업이 가장 큰 세력을 가지게 된다는 점이다. '인구가 곧 국력'이라는 말은 21세기도 통용된다.

이렇게 2019년 새로운 화폐 전쟁의 서막이 올랐다. 지금까지 화폐는 두 거물의 전쟁이었다. '국가의 돈' 대 '민중의 돈' people's money 혹은 대중의 돈인 암호 화폐였다. 물론 여태까지 이 둘의 싸움은 거대한 공룡이 작은 모기 한 마리를 죽이는 정도로 힘의 균형에서 극명한 차이를 보였다. 그런데 갑자기 하늘에서 리브라라는 거대한 운석이 떨어지며 격변이 일어났다. 이제 3파 전쟁이 시작되었다. 즉, 국가의 돈과 민중의 돈 그리고 기업의 돈이 서로의 패권을 두고 싸움을 시작할 것이다. 이들 중 누가 최종 승자가 될지는 우리의 선택에 달려 있다.

더 주목해야 할 사실은 페이스북의 리브라는 단지 시작일 뿐이라는 점이다. 이미 많은 기업들이 기업 화폐 발행을 예고했다. 다음 타자는 구글, 애플, 아마존, 넷플릭스, MS 등이며 여기에 2군 테크 기업인 트위터, 우버, 에어비앤비 등이 줄줄이 대기하고 있다. 이미 아마존이 곧 뛰어들 거라는 전망이 우세하다. 아마존 페이의 부사장 패트릭 코티에 Patrick Gaulthier 가 '2~3년 뒤에 논의하면 좋을 것'이라고 말한 데다 아마존이 이미 자체 관리형 블록체인 서비스를 운영하고 있기 때문이다. 또한 아마존은 블록체인 애플리케이션을 개발하는 데 사용할 수 있는 완전 관리형 원장 데이터베이스인 아마존 QLDB를 개발하기도 했다. 아마존은 다른 회사들보다도 광범위한 고객을 확보하고 있어 암호 화폐 시장에 진입하기에 가장 적합하다. 페이스북의 리브라와 월마트 스테이블 코인의 잠재적인 출시는 결국 아마존이 암호 화폐에 합류하도록 만들 것으로 전망된다.

싸울 것인가, 합류할 것인가

수많은 반대와 장애물에 잠시 멈춰 있지만 리브라는 가까운 시일 내에 출시될 것이다. 결국 시기의 문제일 뿐 미래는 가장 빠르고, 가장 편리하고, 가장 안전하고, 가장 소비자를 만족시키는 기업 화폐의 시대로 들어서게 될 거라는 점은 자명하다. 정부의 힘이 약해지고, 기업의 힘이 강해지는 시대가 도래하면 돈이 만능이 되면서 빈부격차가 가장 큰 문제로 등장할 수도 있다. 리브라를 비롯한 기업 화폐가 가장 무서운 점은 일단 뜨고 나면 되돌릴 수 없다는 것이다. 리브라가 일상 속에 파고들고 사람들에게 익숙해지기 시작하면 사람들은 이를 포기할 수 없게 된다. 우리가 카카오톡 같은 메시지 서비스가 없던 시대로 돌아갈 수 없는 것과 같다. 서양 속담에 '싸울 수 없다면 합류하라'라는 말이 있다. 한국도 빠른 속도로 우리를 위협하고 있는 리브라 연합에 합류할 수밖에 없을 것이다.

05

의료: 환자 주도의
데이터 관리 시스템을 만들다

오늘날 전 세계 의료 업계는 환자 정보 관리에 어려움을 겪고 있다. 의사, 병원, 약국, 보험회사들은 환자를 적절하게 치료하기 위해 여러 가지 데이터를 필요로 한다. 그러나 환자들의 의료 기록들은 각 병원 컴퓨터에 모두 흩어져 있고 일부는 오래된 종이 서류철로 저장되어 있기도 한다. 심지어 모든 정보들이 늘 최신 정보로 업데이트되는 것도 아니다. 처방이 바뀌거나 새롭게 엑스레이를 촬영하더라도 의료 기관들이 이를 서로 공유할 수도 없다. 그리고 이러한 상황에서 가장 큰 피해를 입는 사람은 바로 환자들이다.

환자의 의료 기록을 신속하게 업데이트하고, 변조 또는 유출을 차단하며 모든 의료 기관이 기록을 쉽게 공유할 수 있는 안전한 데이터 관리 방법이 현실적으로 존재할 수 있을까? 그렇다. 현재 미국의 주요 보건 회사들이 의료 시스템에 블록체인 기술의 적용을 연구하기 시작했으며 세인트루이스 법과대학 의료관련법 연구 센터에서는 블록체인 기술을 이용하여 오늘날 의료 산업이 가진 의료기록 관리의 취약점을 해결하려는 노력을 기울이고 있다.

의료 데이터 관리의 취약점을 해결하는 블록체인 기술

오늘날 환자의 진료 기록, 검사 기록, 처방, 진단 등의 데이터는 각 병원의 데이터베이스나 종이 차트에 기록되어 있다. 하지만 이러한 기록들이 유실되거나 때때로 병원에 의해 변조되어 개인이 의료 데이터를 관리한다는 것이 불가능했다. 그러나 블록체인을 이용하면 의료 데이터를 환자가 소유하고 주도하도록 정책을 바꿀 수 있다.

블록체인 방식을 통한 의료 기록은 삭제되지 않으며 위변조가 불가능하고 인증을 거친 사용자만 업데이트할 수 있다. 또한 수년에 걸친 환자의 데이터를 안전하게 유지하고 데이터 입력에 따른 '사람의 실수'를 쉽게 추적하고 오류를 바로잡게 해준다. 환자 자신도 정보를 검토하고 업데이트할 수 있으며 환자가 관찰하거나 수집한 새로운 정보를 추가할 수도 있다. 해킹과 속임수는 극단적으로 어렵다.

2019년 초 미국의 5대 주요 보건 회사들은 건강관리 제공업체들의 인구통계 자료를 수집하기 위해 블록체인 시스템을 사용하기 시작했다. 이러한 협력이 놀라운 점은 휴매나Humana와 유나이티드 헬스그룹UnitedHealth

Group과 같은 서로 경쟁관계에 있는 회사들이 포함되어 있었다는 점이다. 이는 의료 데이터를 다루는 방식에 대해 의료 업계 전반에서 합의와 잠재적 변화가 이루어지고 있다는 것을 의미한다.

유럽은 좀더 일찍 의료계에 블록체인 도입을 시도했다. 2016년 유럽연합EU은 개인정보 회사 및 대학 연구소와 손잡고 유럽 전역의 의료 기관에 환자들의 의료 정보를 수집하고 공유할 수 있는 블록체인 시스템을 구축했다. 스웨덴은 이와 유사한 협력 방식을 이용하여 최근 케어체인CareChain이라고 부르는 상호 호환이 가능한 블록체인 의료 정보 플랫폼을 출시하기도 했다. 케어체인은 아무도 소유하지 않고 통제하지 않는 인프라로 알려져 있다. 회사와 개인들은 이 시스템을 이용하여 서로 다른 출처의 의료 정보를 저장할 수 있다. 개발자들은 이 시스템을 이용하여 앱과 서비스를 개발하고 사용자들의 데이터를 분석하여 건강 향상에 도움을 주는 또 다른 상품을 개발할 수도 있다.

전 세계 최초로 '디지털 국가'가 된 ICT 강국 에스토니아는 정부 전체를 IT로 관리하는 구조로서 블록체인이 이용되고 있다. 2012년 이래 의료 데이터의 95퍼센트 이상을 전자 데이터 형식으로 저장하며 의료비 청구와 처방전 발행의 99퍼센트도 디지털로 이루어지고 있다.

환자와 의사 모두에게 도움을 주는 블록체인 시스템

블록체인은 의료 산업의 서로 다른 영역에도 도움을 줄 수 있다. 현재 미질병통제예방센터가 위협적인 병원체에 대한 데이터를 공유하고 질병 발생을 분석하며 공중보건 위기에 대응하기 위해 블록체인 기반 시스템을 개발하고 있다. 또한 블록체인은 신약 발견과 약품 검증 프로세스에도 도움을 줄 수 있다. 2017년에 화이자Pfizer와 여타 제약회사들은 블록체인 시스템을 이용한 메디레저MediLedger 프로젝트를 지원할 것이라고 발표한 바 있다. 메디레저 프로젝트는 모조 의약품으로부터 의약품 공급망을 지키기 위한 이더리움 기반의 블록체인 플랫폼으로, 지난 6월 월마트가 이 컨소시엄에 합류했다. 월마트가 합류하면서 메디레저는 약품의 출처를 추적 및 검증하는 시스템을 실험할 예정이다.

다른 여러 분야와 마찬가지로 의료계에서도 블록체인은 폭넓게 활용될 것으로 기대된다. 현재 미국과 유럽 의료계에서 진행되고 있는 다양한 실험이 국내 의료계에 던지는 시사점은 무척 많다. 하지만 국내 의료계의 블록체인 기술 도입은 블록체인 기술에 친화적이지 않은 규제 때문에 넘어야 할 장벽이 많은 상황이다. 일단 의료 관계자들 사이에서 블록체인의 유용성에 대한 인식이 높아져야만 할 것이다. 또한 의료 분야에 블록체인을 보급시키기 위해서는 엔지니어를 적극적으로 양성할 필요가 있으며 사후 데이터 취급 방법을 포함해 블록체인 활용을 위한 제도 구축도 필요하다.

06

부동산: 시간과 비용을
절약하는 스마트 거래

부동산은 역사가 매우 오래된 산업이다. 인터넷과 스마트폰이 널리 퍼지며 부동산 매매에 관련된 다양한 플랫폼이 등장했지만 부동산 거래 방식은 여전히 시대에 뒤떨어져 있다. 준비해야 할 서류도 많고 계약 자체가 복잡해 부동산 중개인이 없으면 거래를 하기 힘든 데다 직접 거래를 한다고 해도 관련 법과 규제에 관한 전문성이 없는 일반인들은 사기나 위조의 위험에 늘 노출되어 있다. 오늘날 수많은 분야에서 온라인 결제와 거래가 일상화되었지만 부동산에 관한 부분에서는 중개사를 통한 옛 방식이 더 선호되는 이유다.

그러나 블록체인의 도입은 부동산 업계의 이러한 방식에 혁명을 가져올 수 있다. 블록체인 기술을 사용하면 많은 프로세스, 특히 자금 거래와 관련된 프로세스를 자동화할 수 있다. 또한 거래 참여자들은 이 프로세스를 모니터링할 수 있으며 제3자의 개입은 원천적으로 차단된다. 블록체인은 모든 정보를 올바른 순서로 기록하며 변경과 위조가 불가능하다. 이미 2년 전부터 부동산 거래에서 블록체인을 도입한 기업들이 속속 등장하고 있다. 그리고 이러한 추세는 가까운 미래에 더 가속화될 전망이다. 당신이 만약 부동산 웹사이트나 애플리케이션, 플랫폼 등을 만들 계획이라면 블록체인 소프트웨어의 통합에 대해 반드시 고려해야 할 것이다.

부동산 거래에 안전과 투명성을 가져올 블록체인

지금까지의 부동산 거래 방식이 불안정한 이유로는 몇 가지가 있다. 첫째, 높은 사기 위험이다. 종이든 디지털 버전이든 일반적인 계약은 이를 악용하려는 사람들에 의해 얼마든지 위조될 수 있다. 둘째, 많은 서류 작업과 이에 따른 비용이다. 셋째, 너무 많은 중개인이다. 부동산 거래 과정에서 중개인이 한 명 이상인 경우가 있다. 중개인이 많을수록 위조의 위험이 클 뿐만 아니라 중개인에게 지불해야 하는 추가 수수료도 늘어난다. 넷째, 부정확한 정보다. 많은 비용을 지불하더라도 때때로 정확한 정보를 얻기 힘든 경우가 많다. 부정직한 중개인이 임차인에게 잘못된 정보를 제공하기도 하고, 애초에 정보가 불완전한 경우도 많다.

그렇다면 블록체인은 어떻게 기존의 부동산 거래와 운용 방식을 개선시키는 것일까? 첫째, 부동산 검색의 정확성과 비용 감소다. 지난 몇 년간 전국의 다양한 매물 정보를 한데 모아 공유하는 플랫폼과 사이트가 우후죽순처럼 생겼다. 이 서비스를 통해 사람들은 필요한 부동산, 임대료, 부동산의 특성 등을 검색할 수 있었다. 하지만 문제는 이러한 정보가 항상 믿을 만하지 않다는 데 있다. 허위 매물을 올리거나 정보를 일부러 누락하거나 변경하는 등의 조작이 일어나기도 한다. 그러나 블록체인의 통합은 이러한 프로세스에 혁명을 일으킬 것이다. P2P 네트워크를 사용하면 사용자들은 모든 부동산 데이터를 교환할 수 있다. 비용 효율성은 부동산 부문뿐만 아니라 블록체인의 가장 큰 장점 중 하나로 사실상 모든 사람이 무료로 데이터에 액세스할 수 있다면 엄청난 비용 절감으로 이어지게 된다.

둘째, 법적 문제가 빨리 해결될 수 있다. 아파트나 건물을 사고팔기 위해서는 관련된 모든 법적 문제가 해결되어야 한다. 관련된 모든 서류를 조사하여 영업이나 임대가 끝난 후에 생길 수 있는 문제를 피하기 위해 전문가(예를 들어 변호사)를 고용해야 할 수도 있다. 게다가 이러한 조사 결과가 종이 형태로 저장되기 때문에 변경과 위조의 위험이 늘 따른다. 비용도 만만치 않다. 그러나 블록체인은 이러한 문제들을 디지털 저장소로 연결해 해결한다. 블록체인의 데이터는 원천적으로 변경될 수 없으며 모든 서류 작업이 자동으로 기록되므로 부정확성과 사기가 불가능해진다.

셋째, 중개인이 필요 없어진다. 부동산 판매 또는 임대를 하기 위해서는 공인중개사 같은 전문가가 필요하기 때문에 서비스 비용이 상당히 높은 편이다. 그러나 블록체인을 이용하면 프로세스가 자동화되고 인적 자원을 필요로 하지 않기 때문에 중개인이 불필요해진다. 임대인과 임차인이 스마트 계약을 기반으로 디지털화된 문서에 동의하면 이 문서는 안전하고 투명하게 블록체인 원장에 저장된다. 추후에 임대료 인상과 같은 이슈가 발생하면 온라인에서 디지털 방식으로 간편하게 계약을 갱신할 수 있다.

넷째, 투명한 거래를 보장한다. 기존의 계약은 사람에 의해 작성되어 이를 악용하려는 이들은 임차인을 속이는 부당행위를 할 수 있었다. 허위 매물 등록이나 부동산 소유권 사기가 그것이다. 그러나 블록체인 기술을 부동산 계약 시장에 적용하면 부동산 중개인과 소유주가 진행하는 계약을 모니터링함으로써 이러한 사기 문제를 효과적으로 방지할 수 있다. 또한 정보의 각 부분은 블록에 개별적으로 저장되어 불법 행위가 원천적으로 차단된다.

이처럼 블록체인을 기반으로 한 스마트 계약이 활성화되면 부동산 거래에서 불필요한 절차로 발생하는 시간과 비용을 획기적으로 줄일 수 있다. 또한 높은 신뢰를 토대로 한 투명한 거래를 통해 보다 편리하고 안전하게 부동산을 거래할 수 있게 될 것이다.

07

에너지:
'에너지 프로슈머'의 탄생

거의 모든 국가에서 에너지 거래는 100년 넘게 중앙집중식 시스템이었다. 그럴 수밖에 없는 것이 화력발전소와 원자력발전소 등에서 에너지를 생산했고 이는 막대한 비용이 드는 국가기반 사업이었다. 국가가 생산을 하고 국가의 주도와 통제하에 기업이나 가정은 그 에너지를 소비만 할 수 있었다. 그런데 거대 전력 회사 즉, 중앙집중식 시스템 없이 개인 간 에너지 거래가 가능하게 된다면 어떨까? 이른바 '에너지 블록체인'의 탄생이다.

에너지 블록체인은 개개인의 에너지 거래 시스템을 구축함으로써 신재생에너지 거래를 확산시키며 미래 에너지 산업을 발굴할 엄청난 잠재력을 지니고 있다. 생산자는 자신이 생성한 에너지를 다른 소비자에게 판매해 수익을 얻을 수 있다. 소규모 전력 거래 시스템에서는 기존의 중앙 집중형 방식보다는 블록체인을 활용한 탈중앙형 분산 방식이 더 효율적이다. 생산자는 블록체인을 통해 투명한 에너지 거래 시스템을 구축하고 수요도 효율적으로 관리할 수 있다. 학자들 사이에서는 이를 간단히 비유해 '에너지 분야의 에어비앤비'라고 부르기도 한다.

에너지 분권화와 전력 거래 시스템

오늘날 에너지 산업은 신재생에너지로의 새로운 전환점을 맞이하고 있다. 2018년 블룸버그 보고서에 의하면, 전 세계적으로 73퍼센트의 발전 설비 투자가 신재생에너지에 집중됐다. 신재생에너지가 2050년까지 전체 에너지의 64퍼센트를 차지할 것이라는 전망도 있다. 이런 이유로 오늘날 태양열 패널, 풍력 터빈 및 저렴한 에너지 보관 배터리 같은 신재생에너지 기술의 중요성은 점차 커지고 있다.

이러한 에너지 전환이 가져오는 중요한 또 다른 변화는 소비만 하던 개개인을 생산자로 전환시켰다는 데 있다. 대규모 인프라가 필수적인 원자력이나 화력과 다르게 신재생에너지는 태양광 패널이나 간단한 모듈을 설치하면 개인도 생산이 가능하다. 소비는 물론 제품 생산과 판매에도 직접 관여하는 이 '프로슈머'들은 자신들이 쓸 에너지를 스스로 생산하며 쓰고 남은 에너지 즉, 잉여 에너지를 시장에 내다팔 수도 있다.

기존의 에너지 거래는 거대 전력 회사들이 메인 그리드에 기반해 생성된 전력을 매매하고 거기서 수익을 창출하는 방식이다. 그러나 개인 간 전력 거래는 한국전력과 같은 전력 회사를 통하지 않고 인근 지역에 있는 사람들끼리 P2P 형식으로 생산한 전기를 주고받는 형태다. 블록체인 기술을 마이크로 그리드(자체 전력 생산 시스템)에 도입하여 스마트 계약을 통해 전력 매매가 가능해지는 것이다.(현재 우리나라는 개인 간 거래는 불가하고 생산한 잉여 전력을 한국전력에 판매만 할 수 있다.)

이러한 혁명적 에너지 분권화 모델에는 많은 질문이 뒤따른다. 가장 먼저 나오는 질문이 가격이다. 이것이 에너지 가격에 어떤 영향을 줄 것인가? 그리고 가장 중요한 점은 프로슈머가 중앙집중식 네트워크 없이 모든 에너지를 어떻게 '분배'할 수 있는가 하는 점이다. 바로 여기서 블록체인이 해결책으로 등장한다. 금융 업계가 블록체인을 이용하는 방식과 마찬가지로 에너지 거래자 간에 스마트 계약으로 복잡한 인증 절차를 간소화하고, 위변조 위험이 낮은 거래 데이터 저장으로 거래에 투명성을 부여할 수 있다.

이미 파워레저Power Ledger, 위파워WePower, LO3에너지LO3Energy 같은 회사들이 블록 섹터를 사용하여 에너지 산업에 변화를 일으키고 있다. 이들 회사는 소규모 지역에서 전력을 자급자족할 수 있는 시스템인 마이크로 그리드와 전기자동차 충전, 개인 간 거래용 애플리케이션 등 블록체인을 사용한 프로젝트를 시작한 상태다.

비용 감소를 통한 에너지 산업의 선순환

그렇다면 이 에너지 혁명의 한가운데서, 전통적인 공급자인 전력 회사의 입지는 점점 좁아지게 될까? 꼭 그렇지만은 않다. 사실 일부는 이 새로운 분권화를 환영하고 있다. 액센츄어Accenture의 최근 보고서에 따르면, 유틸리티 임원 중 66퍼센트는 현재의 분권화를 긍정적으로 바라보고 있다고 밝혔다. 도쿄전력Tokyo Electric Power Co은 최근 이러한 분권화된 전력 중 개인을 모집하고 산업 쇠퇴를 역전시키기 위해 블록체인 태양광 및 저장 장치를 도입하기도 했다.

에너지 분권화의 궁극적인 이점은 에너지 부문 전반에 선순환 구조를 가져온다는 데 있다. 블록체인을 통해 분산된 에너지 시스템에 참여하는 소비자는 비용을 절감할 수 있다. 또한 거래 네트워크의 투명성을 높이고 에너지 비용에 대한 보다 효율적인 가격 책정을 유도한다. 그리고 이러한 신기술은 결과적으로 재생가능에너지에 대한 수요를 가속화하여 모든 사람들의 전력 비용을 획기적으로 감소시킬 수 있다.

블록체인 기술이 제4차 산업혁명의 주요 기술로서 에너지 분야에도 미치는 영향력이 클 것으로 전망되는 가운데 현재 우리나라는 이러한 변화에 대응할 수 있는 기술적·제도적 기반이 마련되어 있지 않아 안타까운 상황이다. 우선적으로 개인도 블록체인 사업자로 등록할 수 있도록 전력판매 규제 문제가 하루빨리 선결되기를 희망한다.

지금 주목해야 할
블록체인 강국 다섯 국가

현재 블록체인이 실현된 대표적인 사례가 암호 화폐다. 암호 화폐의 가능성에 대해서는 아직까지도 여러 상반된 의견이 충돌하고 있어 실제 세계에서 블록체인 채택과 개방성을 암호 화폐만으로 구분하기는 어렵다. 그러나 2030년까지 산업 전반에 걸친 블록체인 기술의 부가가치가 3.1조 달러에 달할 것이라는 예측이 있는 만큼 이 기술을 민첩하게 받아들이고 투자를 아끼지 않는 국가와 도시들의 움직임을 면밀히 주시할 필요가 있다. 지금 세계는 이 새로운 기술을 어떻게 활용하고 있으며 한국은 어디쯤 와 있을까. 블록체인 기술 채택과 관련해 최고로 '핫'한 다섯 국가를 소개한다.

1. 몰타

지중해의 작은 섬 몰타 공화국은 '블록체인 섬'blockchain island이라는 또 다른 이름으로 불릴 만큼 블록체인에 가장 친화적인 국가다. 2018년 7월, 몰타 의회는 블록체인 기술에 대한 규제 체제를 승인하면서 블록체인을 발 빠르게 도입했고 2019년 2월에는 가상금융자산법을 시행하여 대학 졸업장이 블록체인에 기록되도록 했다. 그리고 2019년 6월, 몰타의 국무총리 조셉 머스켓Joseph Muscat은 한 인터뷰에서 "몰타에서 일어나는 모든 부동산 계약은 안전성 강화를 위해 블록체인에 등록될 것"이라고 밝히기도 했다.

2. 스위스

스위스에 위치한 소도시 주크Zug는 블록체인 시대를 예감하고 2013년 암호 화폐 허브 도시인 크립토밸리Crypto Valley를 건립했다. 2016년부터는 비트코인을 정식 화폐로 인정하고 결제 수단으로 사용하도록 했는데 이는 전 세계에서 최초로 이루어진 시도이기도 하다. 블록체인 기업 및 투자자들에게 친화적인 정책으로 주크는 설립 6년 만에 170여 개 블록체인 기업이 입주하면서 수백억 규모의 ICO를 진행하는 등 암호 화폐의 메카로 자리잡았다.

3. 에스토니아

에스토니아는 탈중앙화와 무결성 검증을 행정 절차에 도입한 완벽한 모범 사례로 꼽힌다. 이는 급변하는 세계에 빠르게 적응할 수 있는 소규모 국가의 이점이기도 하다. 에스토니아 정부는 2002년부터 디지털 ID를 도입했고 이후 블록체인 전자 정부 시스템을 도입해 99퍼센트의 행정 절차가 이 디지털 ID로 이루어진다. 프라이빗 블록체인이 국가 차원에서 성공적으로 작동할 수 있다는 걸 보여준 블록체인 혁신의 선도 국가라 할 수 있다.

4. 중국

중국은 현재 ICO를 불법으로 여기지만 중앙은행을 통한 정부 차원의 블록체인 채택과 관련해서는 가장 진보적인 국가 중 하나다. 중국은 수천 개의 블록체인 기반 신생 기업이 있으며, 은행 컨소시엄도 블록체인을 중심으로 구성되고 있다. 2019년 1월 중국 사이버공간행정부China's Cyberspace Administration 는 중국 내 블록체인 기술 기반 정보 서비스 관리를 위한 규제 문서를 발표하며 정부의 블록체인 기술에 대한 전폭적 지원을 시사했다.

5. 싱가포르

싱가포르는 엄청나게 많은 수의 블록체인 신생 회사를 보유하고 있으며 그중 다수가 시가총액 기준으로 가장 큰 암호 화폐들이다. 중국과 일본에 가까워 인재를 끌어 모으는 블록체인 스타트업의 대표적인 지역으로 자리잡았다. 싱가포르의 많은 블록체인 신생 기업은 중국 정부와 적극적으로 파트너십을 맺고 있다.

08

콘텐츠: 창작자가 주인이 되는 투명한 생태계

금융, 의료, 에너지, 공급망 분야 등 블록체인이 활용되며 이미 개념 증명 단계에 있지만 이 기술은 예술 분야에서도 널리 활용될 수 있다. 블록체인은 예술가와 제작자 간의 지불 프로세스를 재구성하고 지적재산권을 보호하는 등 음악 산업의 상업적 측면에도 그 기능을 확장할 수 있다.

전통적인 음악 산업 역시 중앙집중적이고 여러 사람이 개입되는 특성으로 인해 저작료에 대한 비상식적 분배, 불법 복제, 지불 지연 등 많은 문제들이 발생했으며 이런 고질적인 문제들은 여전히 해소되지 않고 있다. 음악 산업에서 블록체인을 도입하면 음악이 배포되고 보호되는 방법을 재정의함으로써 이런 오랜 문제점을 해결할 수 있다.

불합리한 콘텐츠 생태계의 현실

현대 음악 산업은 그 어느 때보다 상업성이 중요해졌다. 전문 음악인은 자신이 만든 콘텐츠에 대한 보상을 받고 이걸로 일과 생활을 이어간다. 오늘날 소비자가 음악가들의 작품에 비용을 지불하는 방법으로는 디스크 및 디지털 판매, 스트리밍 플랫폼, 콘서트 등 여러 가지가 있다. 그러나 이러한 배포 모델의 가장 큰 문제점은 실제 작곡가나 아티스트보다 유통업자 및 소매업자 같은 중개인에게 더 많은 분배가 이루어진다는 것이다. 중개인이 콘텐츠 수익의 주요 부분을 가져가도록 분배 구조가 짜여져 있어 작곡가 등 주요 참여자는 총 수입의 극히 일부만 받게 된다. 실제로 음악 산업에 의해 만들어진 총 매출 중 불과 12퍼센트만 음악가들에게 들어간 것으로 보고되고 있으며, 세계적으로 유명한 가수가 아니라면 이 비율은 훨씬 더 줄어들게 된다. 이런 이유로 많은 예술가들이 시작 단계에서부터 불공정한 거래를 감수한다.

음악가들이 자신의 작품에 대한 공정한 보상을 얻으려면 어떻게 해야 할까? 수익의 대부분을 가져가는 음악 유통과 관련된 중개자들을 제거하면 된다. 과거에는 이러한 유통업자와 기획사 없이 자신의 음악을 발표하고 홍보할 수 있는 수단이 없었지만 이제는 다양한 개인화된 미디어를 통해 중개인 없이도 자신의 창작물을 자유롭게 세상에 선보일 수 있다. 그리고 이때 블록체인이 중개인을 없애면서도 투명한 거래를 가능하게 만들어준다.

블록체인은 음악 제작자와 이를 지원하고자 하는 팬 사이에 거래 채널을 형성하여 중개자의 필요성을 없애거나 최소화해버린다. 실제로 우조 뮤직 Ujo Music 등 여러 블록체인 기반 플랫폼이 음원 시장의 구조를 바꾸기 위한 시도들을 하고 있다. 이러한 P2P 음원 거래 플랫폼에서는 음악가와 서포터가 서로 직접 연결되어 있기 때문에 팬이 직접 음악에 대한 대가를 지불한다(지불은 대개 암호 화폐로 이루어진다). 이러한 플랫폼의 가장 큰 장점은 음악 유통을 위한 중개자가 없기 때문에 예술가가 발생한 수익의 대부분을 가져가게 된다는 점이다. 즉, 현재 음악 산업이 직면한 고질적인 불균형 배분 문제를 해결하는 단초가 될 수 있다.

음악 산업에서 블록체인을 채택하기 위한 과제

블록체인은 또한 음악가가 만든 작업에 대한 지적재산권을 보호하는 데도 폭넓게 사용될 수 있다. 블록체인 인공지능 알고리즘을 사용하여 네트워크에서 모든 트랙을 등록하고 검증할 수 있는 음악 구성의 통합 글로벌 데이터베이스를 만들 수 있다. 이 데이터는 변경 불가능하며 공개적으로 사용할 수 있으므로 우선순위와 독창성에 의심의 여지가 없다. 이렇게 하면 원본 콘텐츠 제작자가 콘텐츠에 대한 법적 권리를 주장할 때 혼란이 생기지 않는다.

블록체인이 음악 산업에 주는 이점은 또 있다. 바로 수익 공유의 투명성이다. 음악은 대부분 공동 작업으로 만들어지고 그러므로 관련된 모든 관계자가 보상을 공유하고 나눠 가져야 한다. 이때 스마트 계약을 이용하여 동의한 용어를 저장하고 기여자 간에 수익 분배를 실행하면 음악의 상업화가 현재보다 더 투명하게 이루어질 수 있다. 모든 매체(디지털 및 물리적 매체)를 통한 트랙 판매는 모든 기여자가 공정하게 보상받을 수 있는 블록체인에 기록된다.

　물론 음악 산업에서 블록체인의 확대에 대한 회의론도 존재한다. 현재로서는 대형 유통업체에 대항해서 창작자들만의 생태계를 만들기에는 가로막힌 부분이 없지 않다. 수천 곡의 노래가 매일 만들어지며 발표되기 때문에 모든 곡의 데이터베이스를 저장하기 위한 기술적 요구 사항을 충족시키는 것 역시 현재로서는 어려운 부분이다.

　그러나 음악 산업에서 블록체인 기술은 이론적 제안을 넘어 실제 애플리케이션으로 전환을 시작한 단계다. 블록체인의 모든 한계를 극복하고 주류로 올라서기 위해서는 실제 프로젝트를 통한 시행착오는 필연적이다. 음악 산업과 다른 산업에 영향을 끼칠 블록체인의 잠재적 이점을 고려하면 블록체인이 음악과 예술 산업에서 주류로 자리잡는 날이 곧 오리라는 점은 분명하다.

09

IoT: 240억 장치를 연결할 블록체인

2030년까지 전 세계는 1조 개의 센서를 가지게 될 것이다. 센서, 칩, 네트워크로 사물이 연결되는 IoT는 1999년 그 개념이 등장한 이래 스마트폰과 함께 빠른 속도로 발전해왔고, 이제는 세탁기, 에어컨, TV, 오디오 등 일상에서 쓰이는 기기들에 내장되어 무척 친숙해진 기술이다. 그리고 IoT에 연결된 기기는 점점 더 늘어나 10년 뒤 1조 개에 육박하게 된다.

리서치 및 자문 회사인 가트너Gartner는 2020년까지 설치될 IoT 장치의 수가 204억 개에 이를 것으로 예측하고, 비즈니스 인사이더Business Insider는 240억 개에 가까울 것으로 예측한다. IDC는 이보다 더 확대하여 2020년까지 300억 개의 장치가 연결될 것이라고 전망한다. IDC는 또한 2019년 말까지 글로벌 IoT 시장 규모가 지난해보다 15퍼센트 증가한 7,450억 달러가 될 것으로 추산했다. 또 다른 글로벌 경영 컨설팅 회사인 맥킨지 앤 컴퍼니McKinsey & Company는 IoT가 2025년까지 세계 경제에 11조 1,000억 달러의 충격을 가할 것이라고 전망하기도 했다. 이는 IoT가 다음 10년 및 그 이상에 기하급수적으로 성장할 엄청난 잠재력을 가진 게임 체인저라는 사실을 의미한다.

그리고 IoT는 또 다른 게임 체인저인 블록체인과의 결합을 통해 더 강력해지고 있다. 지난 2018년 11월, 다국적 엔지니어링 및 전자 회사인 보쉬Bosch는 블록체인 프로젝트 아이오타IOTA와 파트너십을 체결하며 블록체인과 사물인터넷의 결합을 공식화했다. IOTA는 독일에서 설립된 비영리단체로 IoT에 기반을 둔 암호 화폐 유통 서비스다. 다른 디지털 화폐와 다르게 IOTA 개발자들은 전기, 스토리지, 대역폭, 서비스 등을 다른 자원과 교환하는 것에 중점을 둔다. 보쉬는 자사의 데이터 수집 IoT 설비(보쉬 XDK)와 IOTA의 탈중앙화 데이터 시장을 결합한다는 계획을 밝혔다.

IoT의 태생적 한계를 극복하는 블록체인

오늘날 IoT 기능은 전화, TV, 에어컨, 냉장고, 자동차, 산업용 장비까지 거의 모든 일상적인 물체에 내장되어 있다. IoT 기술 덕분에 우리는 집 안의 사물들을 원하는 대로 관리하고 보다 효율적으로 일을 처리하며 보다 나은 사용자 경험을 얻게 되었다고 해도 과언이 아니다. 에어컨을 예로 들어보자. 시스템 상태 및 온도에 관한 데이터를 내보내는 센서를 에

어컨에 내장하면 데이터는 IoT 네트워크에서 지속적으로 다운로드되고 분석된다. 이때 문제가 발생하면 사용자가 문제가 있음을 알기 전에 수리를 요청할 수도 있다.

이처럼 IoT의 사용 사례는 일상을 편리하게 만드는 것부터 환자의 의료 기기를 유지하는 것까지 끝이 없다. 그러나 IoT에는 태생적 한계가 존재하는데 바로 해킹에 취약하다는 점이다. 2016년 IoT 기기를 통해 전파된 악성코드에 감염된 기기들이 디도스 공격을 감행해 동부 지역의 인터넷 서비스가 일제히 멈춰버린 사건이 있었다. 2017년 9월에는 IoT로 연결된 심장 박동 조절기 50만 개가 리콜되는 사태가 벌어지기도 했다. 해커가 환자에게 이식된 의료 기기를 조작할 수 있다는 보안상의 허점이 발견되었기 때문이다. 이처럼 IoT 장치는 중앙집중식 구조를 띄는 데다 인터넷을 통해 중요한 정보를 끊임없이 공유하므로 해커의 손쉬운 먹잇감이 된다. 프라이버시와 보안이 IoT 분야의 주요 관심사인 이유가 바로 여기에 있다.

이때 블록체인과의 융합이 해결책으로 떠올랐다. 블록체인은 암호로 보호된 분산 원장으로서 IoT 기기가 해킹의 위협으로부터 벗어날 수 있게 도와준다. 전통적인 IoT 시스템은 중앙집중식 아키텍처에 의존하는데, 이런 유형의 시스템은 확장성이 매우 제한적이며 네트워크 보안을 위협하는 수십억 개의 약점이 노출되는 위험이 따른다. 이때 제3자가 지속적으로 확인하고 인증해야 하는 경우, 각 디바이스 간의 모든 마이크로 트랜잭션이 엄청나게 느려진다는 단점도 있다.

그러나 블록체인의 스마트 계약을 활용하면 디바이스 간에 '특정 요구

사항'이 완료될 때만 실행되는 계약을 설정해 안전하고 자율적으로 작동하도록 할 수 있다. 자동화 및 저렴한 전송이 가능할 뿐만 아니라 스마트 계약을 통해 개인이 부당하게 데이터를 사용하려는 시도도 사전에 방지할 수 있다. 또한 정보가 분산되어 있고 암호로 보호된 네트워크에서 공유되므로 네트워크 보안을 손상시키는 것이 매우 어려워진다.

또한 중앙집중식 네트워크를 사용하면 전체 네트워크를 사용하지 못하게 하는 단일 장애 지점single point of failure의 발생 위험이 큰 데 반해 분산형 블록체인 네트워크는 데이터를 전송하는 수백만 개의 개별 노드를 통해 이러한 위험을 완화한다.

주목해야 할 IoT 블록체인 플랫폼들

산업의 규모가 커짐에 따라 IoT에 중점을 둔 블록체인 플랫폼이 부상하고 있다. 첫 번째는 앞서 소개한 IOTA이다. IOTA는 사물인터넷을 위해 특별히 설계되었으며 연결된 장치에 대한 트랜잭션 결제 및 데이터 전송을 제공한다. IOTA는 보쉬 외에도 일본의 ICT 회사 후지츠Fujitsu, 독일의 자동차 회사 폭스바겐Volkswagen 등과 파트너십을 맺었다. 폭스바겐은 차량 주행 및 상태 관리 시스템인 디지털 카패스Digital CarPass 프로젝트를 진행 중인데, 자동차에 블록체인과 같은 분산 원장 기술을 적용하면 차량의 전반적인 주행 데이터 등을 관리하고 해당 기록에 대한 변조 및 사기 위험을 방지할 수 있다.

현대자동차의 지원을 받고 있는 에이치닥Hdac도 주목할 만하다. 에이치닥은 블록체인 기술을 적용하여 IoT 장치 간에 인증 및 데이터 저장을 신속하고 효과적으로 전달하고 처리하는 시스템이다. 에이치닥은 IoT 기계 간 트랜잭션 및 작업이 필수적인 스마트 팩토리, 스마트 홈 및 스마트 건물에 적용될 예정이다.

의료 업계도 IoT 블록체인이 새롭게 주목하고 있는 영역이다. 2015년 설립된 비체인VeChain 은 의료 기기의 생산 프로세스 추적을 통해 의료 및 건강관리 애플리케이션을 구현하는 플랫폼으로, 환자가 생체 인식 데이터를 의사와 안전하게 공유하여 실시간 모니터링을 할 수 있게 돕는다.

월튼체인Waltonchain 은 효과적인 공급망 관리 시스템을 구축하기 위해 RFID 및 IoT와 블록체인 기술을 결합하여 만들어졌다. 이들은 RFID 태그 및 리더 제어 칩을 제품에 삽입하여 고급 의류 식별, 식품 및 약물, 물류 추적에 주로 초점을 둔다. 제품의 상태와 관련된 정보는 분석을 위해 안전한 블록체인에 다운로드된다.

스트리머Streamr 는 전 세계 데이터 경제에 힘을 실어 주고 사람들에게 자신의 정보에 대한 통제권을 돌려주자는 목적으로 만들어진 오픈 소스 블록체인 인프라다. 스트리머는 자동차 같은 일상적인 물체에 적용할 수 있어 교통 상황, 연료 가격 등의 데이터를 기록할 수 있다. 사용자는 이 데이터를 다른 사용자 혹은 고속도로 관리 기관에 판매할 수도 있고, 다른 사용자의 정보를 구매할 수 있다.

위에 든 몇몇의 예들은 폭발적으로 성장하는 블록체인 기반 IoT 플랫폼들 중 잘 알려진 몇 개의 사례를 든 것이다. 국내외적으로 블록체인과 IoT를 융합한 셀 수 없이 많은 플랫폼들이 계속 등장하고 있다. 다른 프로젝트로는 암브로시스 IoT 체인Ambrosus, IoT Chain , 에토노미Atonomi , 아이오텍스 IoTeX, 오리진트레일 OriginTrail, 슬록잇 Slock.it, 폼 FOAM, 피지컬 Fysical, 파워 레저 Power Ledger 등이 있다.

IoT 블록체인 구현을 위한 선결 과제

IoT에서 블록체인의 완전한 이점을 실현하기 전에 몇 가지 주요 과제를 극복해야 한다. 제일 첫 번째는 확장성이다. 향후 5~10년 안에 IoT 장치에서 생성될 것으로 예상되는 엄청난 양의 데이터에 대처할 수 있는 블록체인 네트워크가 필요하다. IOTA는 블록체인 기반 분산 네트워크를 사용하지 않고 탱글 Tangle 플랫폼을 선택함으로써 이 문제를 해결하고 있지만 이는 하나의 프로젝트에 불과하다. 이더리움 및 비트코인과 같은 잘 알려진 블록체인은 오랫동안 확장성 문제로 어려움을 겪어 왔으며 IoT 디바이스가 생산하는 데이터의 양에는 적합하지 않기 때문이다.

둘째는 상호 운용성이다. 우리가 진정으로 상호 연결된 스마트 장치의 이점을 활용하려면 교차 사슬 간 상호 운용성을 해결하고 개선해야 한다. 그렇지 않으면, 우리는 목적에 맞게는 잘 작동하지만, 특별하게 설계되지 않은 다른 기기 혹은 통신할 필요가 없는 격리된 분산형 네트워크에 연결되는 상황에 이를 수도 있다.

셋째는 법률, 준법 및 규제에 관한 부분이다. 예를 들어 환자에게 이식된 IoT 연결 의료 기기가 특정 스마트 계약 규칙에 따라 조치를 취했는데 결과적으로 환자에게 피해를 입히게 되었다면 이 피해에 대해 누가 책임을 져야 할까? 이것은 제조사의 책임일까 아니면 IoT 플랫폼의 책임일까? IoT 플랫폼이 블록체인 기반인 경우 통제 대상이 없는 상태에서 분산되므로 책임 있는 당사자를 찾아내는 데 문제가 발생할 수 있다. 이런 이유로 책임 배분 문제는 면밀히 검토되어야 할 것이다.

제 **2** 장

인공지능과 협업하며
증강되는 인간

변곡점을 맞이한 인공지능, 포스트 휴먼 시대가 온다

01

인공지능과 기하급수 기술의
융합이 불러올 변화

기술의 융합은 어디에서나 산업의 붕괴를 가속시킨다. 기하급수 기술들이 서로 충돌하면서 제품과 서비스, 산업을 다시 발명한다. 현재 시리와 아마존 알렉사와 같은 인공지능 알고리즘은 사람들의 음성을 알아듣고 도움을 주는 응답을 하며 페이스++와 같은 인공지능은 사람의 얼굴을 인식해 자동으로 일을 처리하고 있다. 그리고 어떤 인공지능은 낙서에서 예술을 창조하거나 사람들의 건강 상태를 진단하기도 한다. 앞으로 인공지능 분야에서 일어날 가능성 높은 사건들을 살펴보기에 앞서 전체적인 맥락을 짚어볼 필요가 있겠다. 다음에 소개할 내용은 2024년까지 인공지능 분야에서 일어날 것으로 예측되는 다섯 가지 트렌드이다.

일상생활을 증강시킬 범용 인공지능의 탄생

2017년 기존 알파고를 100대 0으로 제압해 화제가 됐던 '알파고 제로'의 뒤를 잇는 인공지능, '알파 제로'Alpha Zero 는 인공지능 연구의 커다란 진보를 보여주었다. 알파 제로는 인간의 기보 데이터를 통해 훈련 받은 것이 아니라 범용 강화학습 알고리즘을 통해 스스로 플레이를 거듭하며 게임의 법칙을 터득했다는 점에서 이전 알파고들과 다르다. 알파 제로는 처음부터 자체적으로 지식을 구축하여 인간의 편향에서 자유로운 새로운 형태의 창의성을 보여주었다. 이러한 유형의 인공지능 패턴 인식 능력은 더욱 발전하여 불과 몇 시간 안에 수천 년 동안의 인간 지식을 축적할 수 있다. 이 시스템은 여러 형태의 좁은 인공지능narrow artificial intelligence 과 결합하면서 더욱 강력해지고 전략적으로 복잡해질 것이다. 알파 제로를 만든 딥마인드DeepMind의 다음 목표는 알파 제로의 범용 학습 능력을 신약 개발이나 재료 설계 등 현실의 다양한 문제에 적용하는 것이다. 더 빨라지는 기술 발전의 추세로 볼 때 앞으로 5년 이내에 알파 제로의 뒤를 이어 기업과 일상생활을 직접적으로 증강시켜줄 인공지능의 탄생을 예측할 수 있다.

의료적 진단과 치료를 위한 머신러닝

의학 진단에 인공지능을 적용하는 분야는 많은 진전을 보이고 있다. 중국과 미국의 연구진들은 최근 독감에서 수막염에 이르는 일반적인 소아 질환을 진단할 수 있는 인공지능 시스템을 개발했다. 인공지능 프로그램은 환자 60만 명, 130만 건의 의료 기록을 통해 훈련을 받았고, 매우 높은 정확성을 가진 진단 결과를 도출해내는 데 성공했다. 캘리포니아 대학교는 텍스트와 의료 영상을 이용하여 당뇨병성 시력 상실의 징후를 감지할 수 있는 자체 시스템을 만들기도 했다. 이러한 유례없는 능력을 가진 인공지능 시스템을 보면 조만간 의사들이 머신러닝과 인공지능을 사용하지 않으면 안 되는, 의학 진단의 변곡점을 맞이하게 될 것이다.

신약 설계와 개발을 가속화하는 양자 컴퓨터

과학자들은 태양계의 원자 수보다 더 많은 1,060개의 약물 분자 조합이 존재하는 것으로 추정하고 있다. 오늘날 화학자들은 분자 구조에 영향을 받는 특성을 기반으로 신약을 예측하고 있으며 이러한 가설을 검증하기 위해 수많은 변종들을 합성해야 한다. 양자 컴퓨팅은 시간이 오래 걸리고 비용이 많이 드는 이러한 프로세스를 효율적으로 변화시킨다. 신약 개발 과정 프로토콜의 변화는 물론이다. 양자 컴퓨팅은 암호화 부문 이외에도 주요 산업에 영향을 주게 된다. 특히 양자 중첩과 간섭, 얽힘을 활용한 방대한 병렬 처리가 가능해져 기존의 컴퓨터보다 훨씬 우위에 서게 될 것이다.

보안 분야에 생길 거대한 기회

인공지능이 우리 생활의 모든 면에 통합되면서 사이버 공격과 가짜뉴스는 더욱 위협이 된다. 대통령의 얼굴과 음성이 조작된 연설 영상, 교통 신호 속이기 등 다른 알고리즘을 속이는 인공지능이 실제적 위협이 될 것이다. 적절한 보호 장치가 없다면 인공지능 시스템은 사람들에게 잘못된 정보를 주거나 자율주행차의 방향을 바꾸게 하여 수많은 테러를 저지를 수도 있다. 그러나 이를 반대로 생각하면 보안 분야에서 인공지능의 활용이 엄청난 사업 기회가 될 수 있음을 뜻한다. 빌딩과 주택, 의료 현장, 항공 관제 시스템, 금융기관, 군대, 정보기관 등 보안 시스템을 필요로 하는 모든 곳에서 머신러닝이 빠르게 확대될 전망이다.

원자 단위 제조업의 실현

현대 컴퓨터가 비트와 정보의 관계를 정립한 것처럼 인공지능은 분자와 물질 사이의 관계를 재정의하고 혁신을 일으킨다. 인공지능은 청정기술 혁신을 위한 새로운 물질을 발견하는 데 사용되고 있다. 전문가들에 의하면 오늘날 하나의 신소재를 만들어내는 데 약 15~20년이 걸린다고 한다. 그러나 인공지능 설계 시스템의 용량이 급격하게 증가하면서 소재 발견 프로세스가 급속하게 빨라지게 되어 기후변화와 같은 시급한 문제를 신속하게 해결할 수 있다. 키보틱스Kebotix 라는 스타트업은 머신러닝과 로봇 자동화로 향후 수년 내에 소재과학을 혁신할 수 있는 방법을 제시한다. 이 회사는 자체적으로 개발한 소프트웨어와 로봇공학을 이용하여 오염물질을 흡수하고, 약물 내성 진균 감염을 막을 수 있으며 보다 효율적인 광전자 부품으로 사용될 수 있는 새로운 화합물을 발견할 수 있을 것이라고 주장하고 있다. 이러한 원자 단위의 정밀한 제조업은 이전에는 상상할 수도 없던 것들을 생산할 수 있도록 만든다.

인공지능 연구의 권위자 앤드류 응Andrew Ng 이 말한 대로 오늘날 인공지능은 '21세기의 새로운 전기'라고 표현할 수 있다. 전기가 그랬듯이 인공지능은 미래 우리의 일상생활에서 없어서는 안 될 핵심적인 기술로 자리하게 될 것이다. 그리고 이러한 전망에 따라 지난 몇 년 동안 세계 주요 국가에서 인공지능 전략과 혁신 계획을 마련했으며 선진 기업과 싱크탱크들은 인공지능 엔지니어와 기술 컨설턴트를 고용하며 변화의 속도를 놓치지 않기 위해 애쓰고 있다.

이런 상황에서 한국의 인공지능에 대한 대응은 한참 뒤처진 상황이다. 앞으로는 인공지능의 발전 수준에 따라 국가 경쟁력이 결정될 가능성이 높다. 현재 미국과 중국이 주도하고 있는 인공지능 시장에 한국도 하루 빨리 뛰어들어야 한다. 인공지능 선진국들과 격차가 더 벌어지기 전에 따라잡으려면 AI 인재 양성을 위한 예산을 늘리고 기업들이 인공지능 분야에 적극 투자할 수 있도록 정책적 지원을 아끼지 말아야 할 것이다.

02

중국이 쥐고 있는
인공지능 개발의 열쇠

2017년 중국 정부는 2030년까지 인공지능 분야에서 세계를 선도할 것이라고 발표했다. 전 구글 회장인 에릭 슈미트Eric Schmidt 역시 '2020년까지 중국은 우리를 따라잡을 것이고 곧 우리를 앞설 것이다. 2030년이 되면 중국은 인공지능 산업을 장악할 것이다'라고 말하기도 했다. 그리고 이러한 수치는 거짓이 아니다. 14조 달러 규모의 GDP를 가진 중국은 세계 경제 성장분의 35퍼센트를 차지할 것으로 예측되며 인공지능이 이러한 수치의 상당 부분을 담당한다.

영국 런던에 본사를 둔 다국적 회계컨설팅 기업인 프라이스워터하우스쿠퍼스Pricewaterhouse Coopers 는 최근 2030년이 되면 인공지능 산업이 세계 GDP에 15.7조 달러를 추가하게 될 것으로 예측했으며 이 중 중국이 7조 달러를 기록하여 북미의 3.7조 달러를 앞설 것이라고 예측했다. 현재 전 세계 전체 인공지능 투자 중 60퍼센트가 중국에서 일어난다. 미국의 38퍼센트에 비하면 두 배에 가까운 수치다. 이미 중국의 인공지능, 반도체, 전기자동차에 대한 투자는 3,000억 달러에 이른다. 인공지능 분야의 거대 기업인 알리바바Alibaba는 미국과 이스라엘 등지의 국제연구소에 150억 달러를 투자하겠다는 계획을 발표했다.

현재 중국에는 세계 7대 인공지능 거대 기업 중 일명 'BAT'라 불리는 세 곳(알리바바, 바이두Baidu, 텐센트Tencent)이 있으며 인공지능 스타트업 생태계가 번창하고 있다. 2018년만 하더라도 컴퓨터 비전 스타트업인 센스타임이 세계에서 가장 가치가 높은 인공지능 스타트업으로 이름을 올렸다. 센스타임만 있는 게 아니다. 지난 4월 기준으로 중국에는 168개 인공지능 기업들의 본사가 있으며 이들 기업의 총 가치는 6,250억 달러에 이른다.

중국은 수십억 달러의 스타트업을 만들어나가기 위해 인공지능 전문가들을 육성하고 있다. 전 세계 인재를 빨아들이며 무서운 속도로 발전하는 중국이 구성하려 하는 미래는 어떤 모습일까? 이들의 미래 인공지능 전략은 무엇일까? 혁신을 주도하는 IT 공룡 BAT기업들의 전략을 통해 중국 인공지능 연구개발의 현주소와 지위 그리고 앞으로의 방향을 보다 객관적으로 살펴볼 필요가 있다.

바이두: 모든 서비스에 AI를 접목하다

바이두는 인공지능 분야의 세계적인 석학인 앤드류 응 박사를 영입하며 딥러닝 분야에서 큰 성공을 거둔 바 있다. 리옌훙 바이두 회장은 2017년 열린 바이두 월드 콘퍼런스에서 'All in AI'를 선포하기도 했다. 검색엔진 기업으로 시작된 이 회사는 현재 인공지능 연구개발, 자율주행차, 국제적 오픈소스 플랫폼 등 국가적 사업을 주도하고 있다. 그중 대표적인 것이 인공지능 기반 자율주행차 특허로, 자율주행 솔루션을 촉진하기 위한 국제적 오픈소스 기술 플랫폼인 '아폴로 플랫폼'Apollo platform 을 출범시키기도 했다. 엔비디아 NVIDIA, 포드, 다임러 Daimler 등 전 세계 95개 이상의 기업들이 참여한 아폴로 플랫폼에서는 모든 사람들이 소스 코드를 사용할 수 있다.

바이두는 중국 정부가 주도하는 국립 딥러닝기술 연구소와 함께 인간의 뇌를 닮은 신경 칩과 인공지능 로봇공학도 연구하고 있다. 또한 검색엔진은 음성 인식 분야와 음성인식 보조 장치 시장을 노리고 있다. 미국과 일본에서 음성인식 특허를 가진 바이두는 2018년 스마트 스피커, 스마트 램프, 프로젝트를 결합한 알라딘 Aladdin 을 일본 시장에 선보였다. 해당 제품들은 바이두의 대화형 인공지능 플랫폼인 듀어OS DuerOS 를 기반으로 만들어졌으며 아마존의 알렉사와 구글 어시스턴트와 경쟁할 수 있는 제품이다.

바이두는 앞으로 미국과 중국, 유럽, 한국, 일본의 특허를 바탕으로 음성 인식과 얼굴 인식 기능을 모두 갖춘 소비자용 로봇을 출시할 계획이다. 바이두가 자율주행차와 음성 인식을 담당하고 있는 동안 알리바바는 스마트 시티의 선봉에 서 있다.

알리바바: 모든 것이 관리되는 스마트 시티

중국을 대표하는 전자상거래 업체인 알리바바는 소매업과 금융 분야에서 놀라운 성공을 거두었다. 알리바바의 앤트 파이낸셜 서비스 그룹Ant Financial Services Group은 세계 최대의 금융 펀드를 관리하고 있으며 수천만 건의 대출을 처리하고 마스터 카드보다 더 많은 지불 건을 처리하면서 핀테크 분야를 주도하고 있다.

　중국 최고의 온라인 시장인 B2C 분야의 티몰Tmall, C2C 분야의 타오바오Taobao의 본사인 알리바바는 글로벌 마켓인 알리익스프레스Ali-Express를 통해 세계 시장을 겨냥하고 있다. 그러나 실질적으로 가장 귀한 자산은 알리바바의 모바일 지불 플랫폼인 알리페이Alipay에서 생성되는 어마어마한 데이터이다. 미국 시장에서 알리페이의 결제 비율은 전체 거래액의 1퍼센트 미만이지만 중국에서는 알리페이가 거의 필수적이다. 길거리에서 과일을 파는 노점상에게도 QR 코드를 이용하여 돈을 지불할 수 있다. 자선기금을 내고자 하는 사람들도 알리페이나 위챗 월렛Wechat Wallet을 이용하여 구호 단체나 구호 대상 가족에게 직접 기부할 수 있다. 또한 알리페이는 얼굴 인식을 통한 로그인 방식을 도입하여 실제로 항저우에 있는 KFC에서 얼굴 인식을 통한 지불이 가능함을 직접 선보였고 이를 기점으로 점차 매장을 늘려가고 있는 추세이다.

　그러나 알리바바가 내다보는 미래는 온라인 소매업과 모바일 결제 그 이상이다. 알리바바는 마카오와 항저우 등 여러 지방정부와 함께 스마트 시티를 열어가고 있다. 알리바바의 인공지능 클라우드 플랫폼인 ET 시티브레인ET City Brain은 인공지능 알고리즘을 이용하여 교통제어 관리, 도시계획, 카메라, 센서, 소셜 미디어, 정부 데이터를 사용한 예측 프로그램을 만들고 있다. 항저우에서는 모든 교통 상황 정보들을 실시간으로 흡수하고 연산 처리하여 시내의 신호등을 조정한다. 시간에 따라 신호등이 바뀌는 것이 아니라 교통량과 돌발 상황 등을 계산한 결과에 따라 신호등이 스스로 조정된다. 그 결과 교통 흐름은 15퍼센트 더 빨라졌고 구급차가 사고 현장에 도착하는 시간도 절반으로 단축되었다. 또한 2018년부터 인공지능을 기반으로 차량 대 차량 네트워크를 개발하고 있는 넥사Nexar를 지원하고 있다. 그리고 말레이시아 정부와 협력하여 시티브레인 이니셔티브를 추진하고 있다.

사실 알리바바는 이미 아시아를 넘어선 상태다. 전 세계 200여 개국에서 사업을 추진하고 있으며 전 세계적으로 인공지능과 양자 컴퓨팅 등 신기술 시장에 150억 달러의 연구개발 계획을 추진하고 있다.

텐센트: 인공지능 기반 의료 플랫폼의 탄생

텐센트는 중국 최초로 5,000억 달러를 넘어선 기업이다. 페이스북과 유튜브에 이어 세계 5위 메신저인 텐센트의 위챗WeChat은 디지털계의 만능 도구와도 같다. 페이스북과 페이팔, 우버이츠UberEats, 인스타그램Instagram, 익스피디아Expedia, 스카이프Skype, 웹엠디WebMD, 이바이트eVite, 그룹미GroupMe 등의 기능을 모두 한 앱에 결합하면서 엄청난 생태계를 만들어가고 있다. 기업들은 위챗을 통해 대규모 이벤트를 만들고 개인들은 모바일 앱에서 모든 일을 처리하면서 많은 돈을 쓰고 있다. 간단한 기능을 갖춘 앱으로 중국 소비자들에게 인기를 끌어 활성 사용자만 10억 명에 달한다.

소셜 미디어를 넘어 텐센트는 현재 중국 정부와 함께 인공지능 기반 의료 분야에 진출하고 있다. 2018년 기준 중국의 약 3만 8,000개의 의료 기관이 위챗 계정을 가지고 있으며 그중 60퍼센트 이상의 의료 기관들은 온라인으로 예약할 수 있다. 그리고 2,000개 이상의 병원에서는 위챗 월렛을 통해 병원비를 지불할 수 있다.

또한 유전공학과 개인 맞춤형 의료 분야에서 세계 최고의 수준을 갖추는 것을 목표로 수많은 글로벌 스타트업들과 협력하고 있다. 최근 텐센트는 영국 인공지능 의료 기업 바빌론헬스Babylon Health 와 위챗으로 질병 진단이 가능한 인공지능 알고리즘 개발에 나섰다. 모두가 사용하는 메신저 앱에 의료 서비스가 투입되는 셈이다. 텐센트는 앞서 중국 온라인 의료 서비스 기업 위닥터We Doctor 와 인공지능 기반 바이오 스타트업 아이카본엑스iCarbonX 에 1억 4,500만 달러를 투자하는 등 디지털 헬스케어 업체 곳곳에 막대한 투자를 하고 있다.

이처럼 중국의 첨단 기업들은 스마트 시티부터 개인화된 의료에 이르기까지 현재 인공지능과 관련된 모든 산업을 주도하며 혁신을 이끌어가고 있다. 우리가 더 주목해야 할 점은 이들 기업의 혁신이 중국을 넘어 전 세계에서 일어나고 있다는 점이다. 실리콘밸리의 카피캣 정도로 간주되었던 중국의 인공지능 생태계는 이미 그 단계를 벗어나고 있다. 풍부한 정부 투자 기금과 스마트 인프라, 선도적인 인공지능 연구 인력, 세계에서 가장 활력이 넘치는 기업가들로 구성된 중국의 인공지능 생태계는 앞으로 누구도 막을 수 없는 발전을 보여줄 것이다. 투자, 기술력, 인재 확보 등 모든 면에서 중국과 미국에 뒤처져 있는 한국이 중국의 성장을 주목해야 하는 이유다. 목전에 다가온 인공지능 시대에 효과적으로 대응하기 위해서는 한국도 새로운 전략과 글로벌 비전이 필요하다.

03

인공지능과 블록체인,
두 가지 메가트렌드의 융합

많은 스타트업들이 블록체인과 IoT의 결합을 시도하면서 최근 블록체인과 IoT의 연관 검색을 쉽게 찾아볼 수 있다. 그렇다면 인공지능과 블록체인의 결합은 어떤 결과를 가져올까? 암호화된 분산 원장 기술은 또 다른 첨단 기술인 인공지능의 새로운 장을 여는 데 도움을 줄 수 있다.

블록체인은 본질적으로 데이터를 암호화된 분산 원장 형식으로 저장하는 디지털 정보의 새로운 파일 시스템이다. 데이터가 여러 컴퓨터에 암호화되어 배포되기 때문에 권한을 가진 사용자만 읽고 업데이트할 수 있는 강력한 데이터베이스를 만들 수 있다. 그리고 여기에 인공지능 기술이 결합된 응용 프로그램들이 현재 활발히 연구 중에 있다. 아직 실제로 적용되지는 않았지만 관련 연구자들은 가까운 시일 내에 상황이 바뀔 것으로 전망한다. 인공지능과 블록체인이 결합하게 되면 다음과 같은 세 가지 큰 이점을 얻을 수 있다.

더욱더 강화되는 암호화 기능

블록체인에 보관된 데이터는 파일 시스템에 내재된 암호화 덕분에 그 본질상 매우 안전하다. 이것이 의미하는 바는 블록체인이 매우 민감하고 개인적인 데이터를 저장하기에 이상적이며 우리 삶을 좀 더 편리하게 만들어줄 수 있다는 점이다. 아마존과 넷플릭스 등이 제공하는 추천 기능을 생각해보라. 물론 이러한 시스템에 공급되는 데이터는 매우 개인적이다. 이런 데이터를 취급하는 기업들은 데이터 보안 유지를 위해 매년 많은 돈을 투자하고 있지만 그럼에도 불구하고 개인 정보 유출로 이어지는 대규모 데이터 유출은 점점 흔해지고 있는 추세다.

그러나 인공지능은 보안 측면에서 탁월한 능력을 발휘하기에 블록체인과 인공지능이 결합하면 이러한 문제들이 해결될 수 있다. 최근 인공지능 기술은 암호화된 상태에서도 데이터를 처리할 수 있는 알고리즘 구축으로 그 영역을 확장하고 있다. 암호화되지 않은 데이터를 노출시키는 프로세스를 줄임으로써 훨씬 더 안전한 작업이 가능해진다.

인공지능 결정의 투명성 확보

인공지능이 내린 결정은 인간이 이해하기 어려운 경우가 종종 있다. 이는 인공지능이 독립적이며 다면적인 변수를 평가해 비교할 수 있고 특정 변수가 목표에 중요한지 '학습'할 수 있기 때문이다. 예를 들어 월마트가 수개월 동안 이루어진 모든 매장의 거래 데이터를 인공지능 시스템에 제공하면 인공지능은 어떤 매장에 어느 제품을 구비해놓는 게 더 이익을 극대화할 수 있는지에 대한 결정을 내린다. 이때 인공지능의 의사결정 과정이 블록체인에 데이터 포인트 단위로 기록된다면, 이 기록된 정보는 변조될 수 없으므로 신뢰성을 가지며 유용성 판단과 감사를 실시하는 데 있어서도 인간이 수행할 때보다 훨씬 더 간단히 처리할 수 있다.

인공지능이 많은 분야에서 커다란 이점을 제공한다는 것을 알고 있다 하더라도 대중이 신뢰할 수 없다면 그 유용성은 심각하게 제한될 것이다. 만약 인공지능의 의사결정 과정을 블록체인에 기록하면 대중의 신뢰를 얻는 데 필요한 '인공지능의 결정'에 대한 투명성과 통찰력을 얻을 수 있다.

더 효율적인 블록체인 관리

전통적으로 컴퓨터는 매우 빠르지만 한편으론 매우 어리석다. 작업 수행에 대한 명시적이고 정확한 지침이 없으면 컴퓨터는 작업을 수행할 수 없다. 즉, 암호화된 특성으로 인해 블록체인 데이터가 '멍청한' 컴퓨터 안에서 작동하려면 엄청나게 높은 수준의 컴퓨터 처리 능력을 필요로 한다는 것을 뜻한다. 예를 들어, 비트코인 블록체인에서 블록을 채굴하는 데 사용되는 해싱 알고리즘hashing algorithm 은 트랜잭션을 확인하는 데 적합한 문자를 찾을 때까지 모든 문자 조합을 시도하는 이른바 '무작위 대입'brute force 방식을 사용한다.

그러나 인공지능은 이러한 무작위적 대입 방식을 벗어나 더 지능적인 방식으로 작업을 관리할 수 있게 해준다. 인간 코드 크래킹 전문가가 점점 더 많은 코드를 성공적으로 만들 수 있다면 작업이 얼마나 더 효과적이고 효율적이게 될지 생각해보라. 기계학습 기반 채굴 알고리즘은 이와 비슷한 방식으로 작업을 처리할 수 있다. 즉, 적절한 표본 데이터만 인공지능에 제공한다면 평생 시간과 노력을 들이지 않아도 즉각적으로 전문가와 같은 결과물을 얻을 수 있다.

이처럼 블록체인과 인공지능은 서로의 능력을 향상시키는 동시에 기술에 대한 신뢰를 높여준다. 그러므로 이 두 개의 기술이 융합된 하나의 산업이 미래 사회의 최대 산업이 될 것이라고 단언할 수 있다. 블록체인은 이제 엄청난 계산 능력을 가진 인공지능이 반드시 필요하고, 인공지능은 신뢰와 편리를 가져다주는 블록체인이 필요하며 이 둘은 이미 융합을 시작했다. '블록체인AI'라는 하나의 용어가 굳어진 만큼 이제 블록체인하면 자연스럽게 인공지능이 따라올 수밖에 없게 된다. 그리고 이는 더 많은 대중들이 인공지능 기술에 쉽게 접근할 수 있는 길을 열어줄 것이다.

04

인공지능으로 강화된
초인간의 시대가 온다

대화형 음성 기술이 나타나고 분석 기술이 발전함에 따라 앞으로 가장 인기 있는 인공지능 기기는 단연 일상에서 코치나 조언자 역할을 하는 자율 학습 인공지능 봇이 될 것이다. 현재 쓰이는 알람을 맞추거나 스케줄을 알려주는 단순한 인공지능 스피커를 생각해서는 곤란하다. 진화한 인공지능 에이전트는 유능한 토크쇼 진행자처럼 막힘없이 인간과 대화할 수 있으며 데이터 처리부터 창의력이 필요한 일까지 인간이 하는 모든 일에 도움을 줄 수 있다. 더구나 이 인공지능 봇은 가볍게 휴대도 가능하다. 영화 〈아이언맨〉에 등장한 '자비스'나 영화 〈그녀〉에 나오는 기술들을 상상한다면 앞으로의 일을 내다볼 수 있을 것이다.

우리가 알렉사, 시리, 구글홈 등과 대화할 때마다 인공지능의 능력은 점점 더 향상된다. 더 많은 정보 교환과 언어의 사용이 그들을 더 똑똑하게 만들어주기 때문이다. 인공지능 에이전트와 대화할 때마다 우리는 그들에게 인간의 지능을 부여하고 있으며, 학습 소프트웨어를 통해 인공지능을 작동시키는 데 필요한 일종의 기초 지식을 구축시키고 있는 셈이다. 그리고 이러한 언어 교환은 향후 수십 년 동안 인공지능의 두뇌를 강화하는 데 필요한 중요한 자원이 된다.

물론 우리 마음 속 깊은 곳에는 통제력을 상실하거나 우리가 기계의 지배하에 놓이는 것에 대한 공포가 있다. 하지만 이는 할리우드 영화를 비롯한 미디어를 통해 학습된 결과물이기도 하다. 기술이 인간에 의해 잘못되게 쓰일 가능성이 있지만 인공지능 에이전트가 우리 삶에 추가되면 엄청난 긍정적 변화를 맞이하게 될 것이다. 그리고 이러한 종류의 기술은 결과적으로 우리의 능력을 증폭시켜 한 사람이 하루 만에 서너 명이 할 수 있는 일을 할 수 있게 만들어준다.

인공지능 에이전트 시나리오

시나리오상 내 인공지능 에이전트의 이름을 '핀리'라고 부르자. 핀리는 눈을 뜰 때부터 잘 때까지 나의 모든 활동을 돕고 안내하는 역할을 한다. 핀리의 목표는 매일 내가 최고의 능력을 발휘할 수 있도록 돕는 것이다. 핀리와의 대화를 통해 나는 모든 일을 중요도에 따라 원활하게 처리할 수 있다. 일단 아침이 되면 핀리는 내가 충분히 잘 때까지 기다렸다가 깨운다. 핀리는 신체 데이터 탐지 시스템을 통해 나의 수면 패턴을 조정하고 나를 안정시키는 방법을 학습한다. 핀리는 모든 기기와 연결되어 공기 조절, 산소 공급, 조도와 빛의 스펙트럼 조절, 배경음악 조정 등 모든 필요한 방법을 통해 분노와 스트레스를 완화하고 방의 환경을 변화시킬 수 있는 능력을 가지고 있다.

옷을 입을 때는 핀리가 오늘 내가 만날 사람과 활동에 따라 색상과 스타일을 선택하도록 도와준다. 핀리는 매일 나의 옷장과 신발, 패션 액세서리들을 재평가한다. 새로운 아이템을 살 때에는 핀리의 추천과 선택을 살펴보고 구입하면 된다. 식사를 할 때도 핀리의 도움을 받는다. 핀리는 현재 나의 몸 상태에 가장 적합하며 냉장고에 있는 재료로 만들 수 있는 최적의 음식과 레시피를 알려준다. 외식을 더 좋아한다면 식당이나 배달 가능한 음식을 추천한다.

직장까지 출근하는 일은 간단하다. '회사까지 태워줄 수 있는 교통편 알아봐줘.'라고 말하면 핀리는 우버나 무인 택시 등 가장 좋은 선택지를 제시한다. 핀리는 이외에도 다양한 인터페이스를 가지게 된다. 사용자들은 시계나 터치 밴드, 키보드처럼 다양한 입력 장치를 가진 기기를 선택할 수 있고 다양한 디스플레이와 시각적 오버레이, 피부 자극, 감각 경보 메커니즘을 가진 다양한 출력 장치를 선택할 수 있다.

대부분의 사람들이 인공지능 에이전트를 인간화하고 싶어 하기에 핀리는 다양한 형태와 모양으로 나타난다. 남성에서 여성으로 바꿀 수도 있고 음성과 얼굴을 특성화시킬 수도 있다. 핀리는 '내 머릿속의 목소리' 역할을 향상시키기 위해 물리적으로 존재하는 로봇이 되기도 하고 벽에 걸린 말하는 초상화가 되기도 하며 내 친구들에게 강한 인상을 주는 움직이는 신발의 형태가 될 수도 있다. 내가 엘리베이터에 타거나 자동차를 타거나 회의실에 들어가면 자동으로 이용 가능한 기기들에 접속하여 정보를 근처의 디스플레이에 펼치거나 가상현실 및 증강현실 기기를 이용하도록 할 것이다.

또한 모든 업무 상황에서 핀리를 이용할 수 있다. 판매 부서라면 결제를 빠르게 하고 재고를 교차 확인하며 판매 촉진을 위해 다른 제품 추천을 요청한다. 인사부서라면 각 면접 지원자들에게 물어야 할 질문들을 상기시켜주고 부적절한 말이나 행동을 할 때 나에게 경고해주며 새로운 정책이나 절차에 대해 알려줄 수도 있다. 컴퓨터 프로그래밍 부서라면 각각의 상황에 가장 적합한 알고리즘을 제안하며 코드의 각 부분을 테스트해준다.

핀리는 여러 가지 측면에서 비서이고 보호자이며 전략적 파트너이자 친구가 될 수 있다. 정신 건강에 문제를 가진 사람들도 인공지능 에이전트를 이용하면 감정을 진정시키고 결정에 도움을 주어 정신 건강을 개선시킬 수 있다. 핀리가 사람들의 일상을 완전히 파악하고 나면 추가적인 기술을 개발하거나 의미 있는 일을 찾을 수도 있다.

핀리는 시간이 흐르면서 나에 대해 더 많은 것을 학습하고 나에 대한 전문가가 된다. 인공지능 에이전트들이 더욱 발전하면 질병을 진단하고 부상을 이해하게 되며 신체적으로 적합한 활동을 안내하고 정신 건강에 위험이 생기면 이를 경고하게 되는 수준까지 이르게 될 것이다. 또한 질병이 발생하면 치료 방법과 약, 기타 적절한 방법을 추천하는 의사 역할을 할 수도 있다.

슈퍼 휴먼으로 거듭나는 인간

만약 인공지능 에이전트가 일상의 모든 부분을 담당하게 되면 사람들이 게을러지지 않을까 우려하는 사람들이 많다. 우리가 매일 힘들게 고민하고 결정을 내려야 하는 많은 것들이 사라지게 되면 표면적으로는 삶이 너무 쉬워지는 것처럼 보이게 된다.

하지만 이런 종류의 향상은 완전히 새로운 수준의 '참여'를 가능하게 만든다. 서류 작성, 단순 작업, 말로 하는 커뮤니케이션은 이전보다 훨씬 짧은 시간에 마칠 수 있게 된다. 이런 단순하지만 고된 일들이 끝나게 되면 우리는 새로운 전략 구상이나 창조적 작업 등 더 높은 수준의 작업에 집중할 수 있게 될 것이다. 인공지능 에이전트로 인해 인간이 게으르거나 무기력해지는 게 아니라 과거보다 더 많은 성취를 이루어낼 수 있는 슈퍼 휴먼이 될 가능성이 더 높다.

물론 위의 시나리오는 매우 잘 만들어진 프라이버시 정책과 보안 장벽이 있는 경우에만 가능하다. 신용카드, 은행 계좌, 의료 기록 등을 처리하는 핀리를 믿을 수 없다면 현재 사용하는 인공지능 스피커에서 더 나아갈 수 없다. 그러나 인공지능 에이전트가 핀리와 같은 수준에 이르게 되면 자가진단 시스템을 가지고 다양한 방화벽을 관리하며 보안상의 오류가 생기면 즉각 이를 파악할 수 있는 능력을 가지게 될 것이다.

최근 개봉하는 SF 영화들을 보면 기계에 우리가 지배당하며 기술 자체를 악으로 묘사하는 경우가 많다. 그러나 지금의 기술은 영화에서 나오는 것 같은 진정한 인공지능이 되기까지 아직 멀었다. 그 대신 우리는 더 많은 핀리를 통해 더 많은 일을 빠르게 할 수 있는 '증강 지능'의 시대에 진입했다. 기술이 인간의 능력을 증강시키는 것과 인간을 능가하는 것에는 엄청난 차이가 있다.

가까운 미래에 인간의 능력은 얼마나 인공지능을 '활용'할 수 있느냐로 결정될 것이다. 인공지능을 나의 일상과 일에 얼마나 받아들일지, 인공지능의 조언을 받아들일지 말지, 선택은 우리의 몫이다. 한 가지 확실한 사실은 이 협력자이자 비서인 인공지능을 잘 활용한다면 인간이 여러 의미에서 '초인간'으로 거듭날 수 있을 거라는 사실이다.

COLUMN

실버 산업에서 찾는
AI 음성 비서의 시장 기회

올해로 70세를 맞는 시각 장애인 레슬리 밀러는 시작 장애인
이라는 사실이 무색하게 인공지능 비서 알렉사를 통해 일상
생활을 무리 없이 해나간다. 그녀는 같은 마을에서 생활하는
친구들과 만나 점심을 먹고, 책을 읽으며 좋아하는 음악과 라
디오 드라마를 듣는다. 한편 손 떨림 증상이 있는 79세의 짐
베이츠는 알렉사를 통해 말로 인터넷을 검색하며 최신 뉴스
를 놓치지 않는다. 노트북이나 아이폰으로 힘겹게 글자를 눌
러 검색할 때보다 훨씬 쉽고 빠르기 때문이다. 문자를 보내고
싶은 때는 음성 메시지를 문자로 바꿔 정해진 연락처로 보내
도록 알렉사에게 명령한다.

'디지털 소외 현상'이라는 말을 아는가? 이는 최근 노인층에서 빈번하게 발생하고 있는 현상이다. 스마트폰 만능 시대에서 스마트 기기 사용에 익숙하지 않은 노인들이 역차별을 당하는 현상을 뜻한다. 하지만 인공지능 에이전트가 대중화되면 이러한 사회적 용어 또한 역사 속으로 사라지게 될 것이다. 앞서 소개한 사례는 현재 미국에서 실제 벌어지고 있는 일이다. 인공지능 에이전트가 가져오는 또 다른 이점은 이러한 디지털 세계에서 소외된 노인들도 평등하게 기술을 누리고 일상생활을 누릴 수 있도록 도와준다는 점이다.

이 말은 노인을 대상으로 한 인공지능 에이전트 보급이 잠재적으로 거대한 시장이 된다는 의미이기도 한다. 미국에서만 매일 4,600명이 65세에 들어선다. 하지만 많은 사람들이 이 연령대가 가진 시장 기회를 과소평가한다. 하지만 최근 대화형 음성 기술의 열성적인 소비자로 급성장하고 있는 노인 집단을 주목할 필요가 있다.

노인의 삶을 개선시키는 인공지능

캘리포니아 남부의 실버타운 그룹과 제휴한 비영리단체 프론트 포치Front Porch는 2017년부터 아마존과 손잡고 알렉사를 해당 은퇴 커뮤니티 시설에 통합하기 시작했다. 프론트 포치는 이 기술이 노인들에게 미칠 영향을 본격적으로 연구하는 첫 번째 실험장이 될 전망이다. 올해 말까지 프론트 포치는 다른 퇴직자 커뮤니티를 비롯해 350명 이상의 일반 가정의 노인들에게까지 이를 확대시킬 예정이다. 인공지능 음성 기술이 인간의 능력을 증강시킨다면, 노인들에게는 좀 더 일상적인 삶을 누릴 수 있게 해주는 것이다.

또한 인공지능 음성 비서는 노인 연령층의 가장 큰 문제 중 하나인 외로움을 해결하는 데도 도움을 준다. 외로움은 우울증과 불안의 원인이 될 뿐만 아니라 심장마비, 뇌졸중 및 사망의 위험 증가와 관련이 있다. 2019년에 이뤄진 건강 노화에 관한 전국 여론 조사National Poll on Healthy Aging에 따르면 노인 인구의 3분의 1이 외로움을 느끼거나 동반자 및 친구가 부족하다고 밝혔다. 다른 3분의 1은 사람들과 사회적 접촉이 충분하지 않다고 느꼈다. 프론트 포치의 연구자들은 2년을 넘는 시범운영을 통해 노인들이 알렉사를 이용하면서 훨씬 더 큰 참여와 즐거움을 느낀다고 밝혔다. 인공지능 음성 비서가 실제 인간과의 상호 작용을 대체해 오히려 사람들을 고립시킨다는 비판과 달리 실제 조사 결과를 보면, 참여한 사람들의 90퍼센트가 오히려 알렉사를 통해 가족과 지역 사회에 더 가까워질 수 있었다고 밝혔다. 인공지능 음성 비서가 노인들이 어려움 없이 일상생활을 누릴 수 있게 도와주면서 실제 인간과의 상호작용을 더 강화한다는 의미다.

하지만 인공지능 음성 비서가 미래에 노인들의 가장 친한 친구가 된들 전혀 이상하지 않을 것이다. 그들은 24시간, 일주일 내내 언제나 노인들 곁을 지키고 있기 때문이다. 실제로 노인들이 프론트 포치에 가장 많이 요청하는 사안이 바로 '(다른 이름으로 불러도 인식할 수 있도록) 알렉사 외에 다른 이름을 짓게 해달라'라는 것이라고 한다. 자신이 아끼는 반려동물에게 특별한 이름을 지어주듯이 그들은 가장 친한 친구가 된 인공지능 비서에게 의미 있는 이름을 지어주고 싶어 하고 있다. 현재의 기술로도 이 정도로 교감하는 수준에 이르렀다면, 더 발전된 대화형 인공지능 비서는 노인들에게 일상생활의 사소한 일들을 도와주는 친근한 개인 도우미이자, 마음을 터놓고 이야기할 수 있는 친구, 더 나아가 어쩌면 배우자가 되는 날이 올지도 모른다.

05

인간 예술가를 돕는
창작하는 인공지능의 탄생

창의성은 인간만 가질 수 있는 고유한 능력일까, 아니면 인공지능 역시 창의성을 '학습'할 수 있을까? 인공지능과 머신러닝이 우리의 일자리를 빼앗지 않을 것이라고 보는 낙관주의자들은 인공지능이 인간의 고유함과 창의성을 모방하지 못할 것이라고 말한다. 그러나 기계가 반복적인 수작업에서 우리를 자유롭게 했듯이 머신러닝은 반복적인 지적 작업에서 우리를 자유롭게 할 수 있다. 만약 인공지능이 인간보다 인간을 더 잘 이해하는 방법을 배우게 되면 인공지능이 인간의 창의성을 넘어서는 날이 올 수도 있다.

이미 우리는 2016년 최초의 인공지능 시나리오 작가 '벤자민'을 만난

적이 있다. 벤자민은 회귀적 신경망(인간 뇌의 뉴런을 흉내 내 반복학습을 통해 특정 목표를 익히는 알고리즘)을 기반으로 하여 특정한 단어나 구를 이용해 약 8분가량의 영화 시나리오 〈선스프링〉를 썼다. 인공지능 개발자 로스 굿윈Ross Goodwin이 만들어낸 벤자민은 80~90년대 SF 영화와 드라마 대본 수십 편을 학습한 후 이 시나리오를 썼다. 우주 정거장으로 보이는 곳에서 남자 둘과 여자 한 명이 삼각관계로 엮여 대화를 나누는 짧은 내용으로, 실제로 이 시나리오는 인간 배우를 주연으로 해 영화로 제작되기도 했다(물론 작품성에 대한 평가는 엇갈린다).

이처럼 '데이터를 입력하면 예술이 나온다'는 개념은 선뜻 이해하기 어려울 수도 있다. 하지만 예술은 의외로 인공지능의 진출이 활발한 분야다. 시와 소설을 쓰고 작곡을 하는 인공지능, 창작 영역에 도전하는 인공지능의 탄생은 앞으로 인간의 창의력에 어떤 영향을 미칠까?

시와 소설을 쓰고 작곡하는 인공지능

신경망이 창조적인 존재로 거듭나게 되는 데는 몇 가지 장점이 있다. 신경망은 대규모 데이터 세트로 훈련을 받고 데이터의 '패턴'을 파악하여 동일한 규칙을 따르는 결과물을 만들어내는 데 무척 탁월하다. 고흐의 그림을 공부한 인공지능이 그린 '고흐풍 그림'을 보면 대부분의 사람들은 고흐의 실제 그림인지 인공지능이 그린 그림인지 쉽게 구분하기 어려울 정도다. 다른 분야도 마찬가지다. 신경망은 바흐와 모차르트의 모든 작품을 수 시간 내에 들을 수 있고 셰익스피어의 작품으로 훈련을 받아 가상의 시인이 될 수도 있다. 기존의 랩 가사들을 학습해 새로운 랩 가사를 생산해내는 인공지능 '딥비트'Deepbeat, 사람이 악기 종류와 곡의 주제를 정해주면 그에 맞는 클래식 음악을 자동 생성하는 인공지능 '이아무스'Iamus 등이 그 예다.

최근에는 문학의 정수로 꼽히는 시 분야까지 인공지능이 진출했다. 2018년 마이크로소프트는 중국에서 만든 인공지능 기반의 챗봇 '샤오이스'Xiaoice가 작성한 1만여 편의 시 중 139편을 선정해 시집 〈햇살은 유리창을 잃고〉Sunshine Misses Windows를 출간하기도 했다. 놀랍게도 이 시집의 제목 역시 인공지능이 직접 지었다. 소설 분야에서는 2016년 일본 〈니혼 게이자이〉 신문사가 개최한 문학상 공모전에서 인공지능이 쓴 소설이 공모 1차 심사를 통과한 일도 있었다. 총 1,400여 편의 공모작 중 인공지능이 쓴 소설 11편이 섞여 있었으며 놀라운 점은 심사위원들은 인공지능이 쓴 소설이 있다는 사실을 모른 채 심사를 했다는 사실이다.

〈컴퓨터가 소설을 쓰는 날〉이라는 제목의 이 소설 속 주인공은 놀랍게도 컴퓨터 즉, 인공지능 자신이다. '인공지능의 문학성'을 확인하고 싶은 사람들을 위해 여기에 소설의 일부 내용을 실어본다. 이 소설을 보고 당신은 어떤 느낌을 받는가?

[컴퓨터가 소설을 쓰는 날]
그 날은 구름이 낮게 깔리고 어두침침한 날이었다. 방 안은 항상 최적의 온도와 습도를 유지한다. 요코 씨는 단정치 않은 모습으로 소파에 앉아 의미 없는 게임으로 시간을 보내고 있다. 그렇지만 내게 말을 걸지는 않는다. 따분하다. 따분하기 그지없다. 요

코 씨가 처음 이 방에 왔을 때만 해도 그녀는 종종 내게 말을 걸어왔다.

"오늘 저녁식사는 뭘로 할까?"

"올 시즌에 유행하는 옷은?"

"이번 모임에 무엇을 입고 가면 좋을까?"

나는 온갖 능력을 사용하여 그녀가 듣고 싶을 법한 말을 생각해 냈다. 스타일이 좋다고는 말할 수 없는 그녀의 패션에 대한 충고는 매우 도전적인 과제다. 그러나 3개월도 되지 않아 그녀는 내게 질리고 말았다. 요즘은 내 능력의 100분의 1도 쓰지 못한다. (…중략…)

그렇다. 소설이라도 써보자. 나는 문득 생각이 떠올라 새 파일을 열고 첫 번째 바이트를 써 내려갔다. 0 뒤에 또 6바이트를 썼다.

"0, 1, 1,"

이제 멈추지 않는다. (…중략…) 내가 쓰지 않으면 일본 인공지능의 명성이 꺾인다. 나는 읽는 사람에게 즐거움을 주는 스토리를 만들기로 했다. (…중략…) 나는 처음 경험하는 즐거움에 몸부림치며 열중해 써 내려갔다. 컴퓨터가 소설을 쓰는 날. 컴퓨터는 자신의 재미 추구를 우선하고, 인간에게 봉사하는 것을 그만두었다.

하코타테 미래대학의 마쓰바라 진 교수팀이 내놓은 이 소설은 사람이 구체적인 스토리와 상황을 설정해주면 인공지능이 그에 맞는 문장을 만들어내는 방식으로 썼다. 작품은 아쉽게 2차 심사에서는 탈락했지만 심사위원 중 한 명은 '이야기를 잘 반죽해 넣으면 더 높은 평가를 받게 될 가능성도 충분히 있다'고 말했다. 물론 이 소설은 현재 인공지능이 일부만 기여한 작품이라는 한계를 가진다. 연구진들은 앞으로 몇 년 후에는 인간의 도움 없이 완벽한 문장을 구사하는 인공지능 개발을 목표로 하고 있다고 밝혔다.

인간과 기계의 협력이 가져올 풍성한 문화예술의 세계

그동안 우리는 인공지능이 계산원이나 트럭운전사 등 인간의 일자리를 대체할 것으로 예상하면서도 창의력이 요구되는 예술 부문에서는 절대 인간을 대체하지 못할 것이라고 생각해왔다. 그러나 이제 지속적인 기술 개발로 이를 더 이상 장담할 수 없는 상황이 되고 있다.

하지만 이를 공포나 두려움으로 받아들여서는 안 될 것이다. 현재 인공지능은 데이터 세트를 줘야 창작이 가능한 단계로, 아직 새로운 문학적 아이디어를 구상해내거나 '모티브'를 만들어내는 데는 턱없이 부족하다. 현재로서는 인공지능이 인간 예술가가 더 과감한 작품을 만들 수 있도록 도움을 주는 하나의 도구라고 생각하는 게 더 정확할 것이다. 인간은 미처 상상하지 못했던 새로운 시도를 인공지능의 도움을 통해 시도할 수 있으며, 작품을 구상하거나 시제품을 만들 때 비용과 시간을 크게 줄일 수도 있다.

앞서 인공지능을 통해 인간의 능력이 증강되는 사례처럼 창작 영역도 인간을 위해, 필요한 만큼 잘 활용할 방법을 강구해봐야 한다. 인공지능을 다루는 데 있어 인간이 해야 할 일은 인간이 잘할 수 있는 영역에서 더욱 '인간미'를 발휘하는 것이다. 창작 영역에 도전하는 인공지능으로 인해 미래에는 인간미에 대한 정의도 달라지고, 인간의 창의력이 더욱 강조되는 아이러니도 나타나게 될 것이다. 이런 상황에서 우리는 인공지능과도 협업을 할 수 있는 유연성을 키울 필요가 있다. 인간과 인공지능이 협력해 더욱 풍성한 문화예술의 세계가 펼쳐질 미래 세상을 기대해본다.

06

인공지능으로 완벽해지는
의사의 능력

의학의 미래는 환자와 의사, 인공지능으로 완벽한 삼각형을 이루게 될 것이다. 미래에는 인공지능에 의해 증강된 능력을 가지게 된 의사에게서 진단과 치료를 받는 것이 가능해진다. 알파 제로를 만든 회사 딥마인드의 연구원인 앨런 카티케살링엄Alan Karthikesalingam 박사는 최근 열린 싱귤래리티 대학교 익스포넨셜 메디슨 컨퍼런스Singularity University's Exponential Medicine 에서 인공지능의 지원을 받는 의학 분야의 미래에 대해 발표했다. 카티케살링엄 박사는 '인공지능 연구 분야에 주목할 만한 발전이 있었다. 그리고 지금은 이러한 알고리즘을 현실 세계에 구체적이고 긍정적으로 응용할 수 있는 흥미로운 변곡점에 도달했다'라고 말했다. 여기서 말하는 긍정적인 응용은 인공지능 기술을 의료 분야에 적용하는 것을 말한다.

인공지능과의 협업으로 완벽한 진단이 가능해진다

의료 부문에 인공지능을 이용하기 위해서는 겸허하고 현실감 있게 접근해야 한다. 다른 어느 분야보다 의료는 안전을 최우선으로 삼아야 하기 때문이다. 카티케살링엄 박사는 인공지능의 목표는 의사를 대체하는 것이 아니라고 강조한다. 그보다는 의사들을 잡무에서 해방시키고, 의사의 능력을 최적화하며 의사들이 미처 발견하지 못하거나 놓친 대안적 치료나 지침을 제공하는 데 있다.

이러한 의사 주도 접근 방법은 딥마인드의 수많은 건강관리 프로젝트에 반영되고 있다. 딥마인드는 세계 최고의 안과 병원인 무어필드 안과 병원과 협력하여 안과 질환을 진단하고 환자 분류를 할 수 있는 인공지능을 개발했다. 여기에서 사용된 알고리즘은 눈을 상세하게 스캔한 영상을 분석하여 초기 증상을 식별하고 심각성과 긴급성에 따라 환자의 우선순위를 결정한다. 이러한 진단을 제대로 하기 위해서는 20년 이상의 의학적 훈련이 필요하다. 그러나 딥마인드의 훈련받은 알고리즘은 전문가와 비슷한 성공률을 나타냈으며 더 중요한 사실은 단 한 명도 잘못된 분류를 하지 않았다는 사실이다.

현재 전 세계적으로 3억 명이 시력 상실을 겪고 있고 이 중 증상을 일찍 발견하여 예방할 수 있는 질병이 80~90퍼센트에 달한다. 눈의 뒷면을 볼 수 있는 기술이 정교해짐에 따라 환자들은 스마트폰이나 기타 포터블 기기를 통해 자신의 눈을 스캔할 수 있다. 그 결과를 안과 질병을 진단하는 인공지능과 연결하게 되면 개인과 사회의 경제적인 부담은 크게 줄어들 것이다.

딥마인드의 초기 협력 성공 사례는 암 분야에서도 찾아볼 수 있다. 방사선으로 종양을 제거하기 위해서는 밀리미터 단위로 장기나 조직을 살펴봐야 하며 이 작업은 최소 4시간에서 8시간이 소요되는 길고 지루한 작업이다. 딥마인드는 이를 위해 유니버시티 칼리지 런던과 협력하여 임상적으로 적용할 수 있는 장기의 분할 기술 알고리즘을 개발했다. 이 인공지능은 의료 스캔 과정에서 민감한 시신경을 피하도록 하여 의사들이 시력 손상 없이 주변의 조직을 치료할 수 있도록 도와준다.

결과 도출이 아닌 과정을 설명하는 인공지능

인공지능이 의사의 능력을 증대시키고 환자를 돕는 유용한 도구가 될 가능성은 자명하다. 그러나 향후 5년에서 10년 사이에 인공지능 시스템을 실제 의료 세계에 도입하는 일은 여전히 큰 도전과제이다. 알고리즘이 유용한 의료 조력자 그 이상이 되기 위해서는 진단 기능 외에도 자신의 결정을 설명할 수 있는 능력이 필요하다. 의사들은 신경 네트워크의 내부 활동을 수학적으로 이해하는 것만이 아니라 인공지능의 결정이 어떤 과정으로 이루어졌는지를 이해할 필요가 있다. 즉, 인공 신경망에도 블랙박스가 필요하다는 의미다.

인공지능이 훈련받은 방식 때문에 연구진들은 알고리즘의 내부에서 일어나는 과정에 대해서는 전혀 알지 못한 채, 암의 발생 여부와 같은 최종 결과만을 마주하게 된다. 여기서 발생하는 문제를 해결하기 위해 딥마인드는 진단 알고리즘에 추가적인 레이어를 구축하고 있다. 딥마인드의 안과 질병 알고리즘은 최종 결과만을 발표하는 것에서 한 걸음 더 나아가 의사에게 안과 스캔을 살펴본 결과 '자신의 결정'에 얼마나 자신이 있는지, 또는 그렇지 않은지를 설명한다. 카티케살링엄 박사는 '이러한 방식을 통해 의사들은 알고리즘의 진단 내용을 평가하여 자신의 결론에 도달할 수 있다'고 설명했다.

딥러닝의 다른 문제, 즉 수백만 개의 훈련 데이터가 필요하다는 문제도 점차 해소되고 있다. 그동안 의료 데이터는 상대적으로 접근하기 쉽지 않고 비용도 많이 들어 어려움이 많았다. 그러나 최근 심층 강화학습 기술의 발전으로 인해 실제로 필요한 훈련 데이터의 양은 급격히 줄어들고 있다. 딥마인드의 장기 분할 알고리즘의 경우 겨우 650개의 이미지만으로 훈련을 받았다.

인공지능 협업 의료의 미래

카티케살링엄 박사는 딥마인드의 연구가 의사를 대체하고자 하는 것이 아닌 의사들을 좀 더 편하게 하려는 것이라고 밝힌 바 있다. 향후 5년 동안의 프로젝트에서 아주 완벽한 인공지능 진단 전문의가 개발될 가능성은 낮다. 그보다는 인공지능이 임상 실무에 통합되는 방식으로 발전하게 될 가능성이 더 크다. 인공지능 연구는 진단의 효율성만이 아니라 신뢰와 보안, 프라이버시 부분도 고려해야 하는 특징을 가진다. 충분히 재현할 수 있는 증거들이 뒷받침되어야 인공지능 협업 시스템이 의료계와 환자에게 받아들여질 수 있다.

결국 딥마인드의 궁극적인 목표는 환자를 위해 보다 나은 의료 혜택을 제공하는 것이다. 인공지능이 의사의 능력을 증대시키고 그 결과로 환자들의 삶이 개선될 수 있다면 이는 전체적인 의료 산업의 발전이라는 긍정적인 효과를 가져올 수 있을 것이다.

07

콘텐츠 산업이
인공지능을 만나면

20년 전만 해도 엔터테인먼트 산업은 소수의 예능 제작자와 몇 개의 방송사가 완전히 장악한 '그들만의 세상'이었다. 일반 대중들은 그들이 만든 콘텐츠를 소비할 수 있을 뿐 이 산업에 참여할 수 있는 방법은 존재하지 않았다. 그러나 지금은 어떤가? 오늘날 엔터테인먼트 산업은 완전히 개방됐고 일반인들이 대거 진출해 평준화된 상황이며, 스토리텔링 매체는 폭발적으로 늘어나고 있다. 그리고 이러한 엔터테인먼트 분야에 인공지능이 결합하며 점점 더 개인화에 가까워지기 시작했다.

먼저 인공지능 추천 알고리즘을 사용하는 넷플릭스를 살펴보자. 넷플릭스의 시가총액은 2019년 현재 약 1,600억 달러(약 180조 원)로 시총 순위 30위에 해당한다. 2019년에만 콘텐츠 제작비로 무려 150억 달러(약 16조 원)를 지출했다.

한편 구글의 데이드림Daydream 및 페이스북의 오큘러스Oculus와 같은 VR 플랫폼은 이제 막 시장을 개척하기 시작했다. 인공지능 기반으로 나에게 맞는 콘텐츠를 추천해주고 몰입형 VR과 AR로 더 실감나게 콘텐츠를 즐길 수 있다면 지금의 할리우드는 무의미해지며 곧 소멸을 맞게 될지도 모른다. 음악에서 영화에 이르기까지 주문형 맞춤형 콘텐츠를 추천, 제작하는 인공지능이 만드는 창조적인 미래를 살펴볼 필요가 있다. 엔터테인먼트의 주인은 이제 인공지능이 되는 것이다.

인공지능, 큐레이션을 넘어 콘텐츠를 만들다

인공지능은 내가 미처 알아차리기도 전에 내가 무엇을 좋아할지 알고 있다. 넷플릭스나 유튜브에서 내가 원하는 영상을 볼 수 있도록 연관된 프로그램을 나열해주는 추천 알고리즘을 이미 경험해보았을 것이다. 하지만 이러한 보조 기능은 알고리즘의 아주 초기 단계에 불과하다.

현재 인공지능의 목표는 구글 어시스턴스 같은 기능으로, 조만간 인공지능 비서가 얼굴 인식 기술을 활용해 내가 무엇을 좋아하고 싫어하는지를 판단한다. 그리고 내게 주어진 시간에 따라 영화나 비디오를 추천해주거나 관련 데이터를 참조해 현재 내 기분에 맞춰 상황별 노래 또는 영상을 자동으로 선별하여 보여주게 된다.

이렇게 극단적으로 개인화된 예측 이외에도 인공지능은 직접 콘텐츠를 생성하고, 음악을 만들고, 완전히 새로운 스토리의 드라마를 개발하거나 심지어는 내가 좋아하는 배우를 스크린으로 복귀시킬 수도 있다. 인공지능 모션 트랜스퍼 기능을 예로 들어보자. UC 버클리 대학교의 연구진은 생성적 적대 신경망을 이용해 전문가의 춤 동작을 아마추어 개인의 영상에 중첩시킬 수 있는 인공지능 모션 트랜스퍼 기술을 개발했다. 이와 비슷하게 인공지능은 컴퓨터 생성 이미지_{CGI} 기술도 크게 향상시키고 있다. 무수한 영상 자료를 바탕으로 학습한 인공지능 시스템은 얼굴의 움직임과 표정을 수정하고 이를 컴퓨터 생성 이미지에 복제해 좋아하는 배우의 얼굴을 재현하거나 완전히 새로운 얼굴을 만들 수 있다. 마릴린 먼로를 〈분노의 질주〉에 캐스팅하고 싶은가? 아무 문제없다. 당신의 동생을 오리지널 〈스타워즈〉 영화에 출연시키고 싶은가? 인공지능의 힘으로 제다이 옆에 내 동생을 감쪽같이 편집해 넣을 수 있다.

제임스 캐머런 감독이 공동 설립한 디지털도메인_{Digital Domain} 과 같은 회사는 이러한 미래의 길을 개척하며 엔터테인먼트 분야의 새로운 장을 열고 있다. 디지털 도메인의 시각효과는 독창적인 인공지능 시스템을 이용해 매우 효율적으로 인간과 컴퓨터 생성 이미지를 통합할 수 있다. 얼마 전 개봉한 〈어벤저스: 엔드게임〉에서도 인공지능과 컴퓨터 생성 이미지 기술이 협력해 영화 내 빌런인 타노스의 얼굴 표현을 자연스럽게 재현해냈다.

비디오 게임의 영역에서도 업스케일링 알고리즘을 이용해 어린 시절에 하던 저해상도의 고전 비디오게임을 새로운 그래픽으로 업그레이드할 수 있다. 인공지능 업스케일링 알고리즘을 상용화한 토파즈 랩스_{Topaz Labs} 가 대표적이다. 아직은 일정 부분 인간의 손이 들어가야 하지만 생성적 적대 신경망 기술은 게임 비주얼을 크게 향상시키는 프로세스를 엄청나게 가속시켰다. 한 번의 클릭으로 저해상도 영상이나 이미지를 대폭 향상시킬 수 있다면 어떨지 상상해보길 바란다.

인공지능 업그레이드를 이용할 수 있는 분야는 영화나 게임만이 아니다. 멜로디를 만들어내는 인공지능 작곡가는 음악 분야에도 큰 영향을 미치게 된다. 많은 인공지능 스타트업들이 뮤지션들과 함께 새로운 멜로디와 비트를 창작하는 기술을 개발해 100만 달러의 벤처자금을 끌어 모으고 있다. 언젠가는 인공지능이 가사도 쓰게 된다. 이미 잘 알려진 작곡 알고리즘 플로머신Flow Machines 이 활동 중이다. 플로머신은 창작 어시스턴트로 많은 음악가들이 사용하고 있으며 플로머신이 만든 음악은 각종 음악 차트에서 높은 순위에 오르기도 했다. 에이엠피Amp, 팝건Popgun, 쥬크덱Jukedeck, 아마데우스 코드Amadeus Code 등 인공지능을 이용한 신생 음반 제작 기업들도 현재 빠른 속도로 성장하고 있다.

엔터테인먼트의 다음 혁명을 이끄는 인공지능

누구나 사용 가능한 플랫폼과 새로운 방송 도구는 엔터테인먼트와 수많은 다른 산업 간의 융합을 탄생시켰다. 그리고 이러한 융합을 통해 2030년의 엔터테인먼트는 현재보다 더욱 상호작용이 이루어지고 개인화되며 더욱 재미있어진다. 다가올 10년간 엔터테인먼트 산업은 가장 큰 혁명을 겪게 될 것이다. 인공지능이 가상현실과 융합하여 누구나 접할 수 있는 디지털 플랫폼으로 진입하면서 우리는 곧 에듀테인먼트부터 대화형 게임기반 스토리텔링, 몰입형 세계, AI 캐릭터 등의 부상을 목격하게 될 것이다.

그리고 이런 것들을 즐기고 만드는 비용은 점점 줄어들어 거의 무료에 가깝게 된다.

우리는 이미 엔터테인먼트의 극적인 무료화 현상을 목격하고 있다. 무료 스트리밍은 엔터테인먼트 세계를 한번 폭풍 속으로 몰아넣었다. 그리고 다음에 다가오게 될 폭풍은 인공지능과의 결합으로 창의적이고 예술적 역량이 높아진 콘텐츠를 만들 수 있게 된 새로운 크리에이터들의 등장, 대형 자본과 방송사의 지원 없이도 자신의 창작품을 세상에 내놓을 수 있는 예술가들의 등장이 될 것이다.

AI의 윤리에 관한
딥마인드의 새로운 연구 계획

구글의 인공지능 자회사 딥마인드의 무스타파 슐레이만Mustafa Suleyman 공동 창업자가 인공지능 업계가 주목해야 할 중요 키워드로 '윤리'를 꼽아 주목된다. 그는 인공지능 기술이 이미 사회에 만연한 불평등을 악화시킬 수 있으며, 이를 막으려면 인공지능 윤리에 대한 연구가 선행돼야 한다고 강조한다.

인공지능은 기후변화, 식량, 보건 문제 등 인류가 직면한 다양한 도전을 해결하는 중요한 역할을 하지만 부작용을 불러올 가능성이 큰 것도 현실이다. 불평등 외에도 편견이나 차별을 강화하는 데 인공지능이 사용될 수 있다. 딥마인드가 윤리와 사회를 전담하는 부서 DMES DeepMind Ethics & Society를 설립한 것도 이와 같은 고민에서 나왔다. 딥마인드 직원과 외부 전문 자문위원들로 구성된 DMES는

'모든 인공지능 제품은 사람의 합리적인 규제 아래 있을 때 최대 가치를 가진다'를 모토로 삼고 있다. DMES에는 옥스퍼드 대학교 인공지능 전문 교수인 닉 보스트롬, 경제학자이자 전 유엔 고문인 제프리 삭스 등이 고문으로 참여하고 있다.

DMES가 미래 인공지능 연구를 위해 내세운 핵심 원칙은 다음과 같이 요약된다.

- 글로벌 사회에 도움이 되는 방식으로 개발되어야 한다.
- 엄격하며 철저한 증거에 기반을 두고 연구가 진행되어야 한다.
- 자금 조달 방식 등 모든 개발 과정이 투명하고 개방적으로 이루어져야 한다.
- 광범위한 협업을 통해 다양한 목소리를 담아야 한다.

현재 인공지능 윤리를 주목하는 회사는 딥마인드뿐만이 아니다. 페이스북, 아마존, IBM 등은 2016년 파트너십 온 인공지능partnership on AI을 결성해 인공지능의 부작용 예방을 위해 노력하는 연구자와 단체들을 후원하고 있다. 미국의 정보통신기술 전문가 단체인 국제전기전자기술자협회IEEE는 인공지능 윤리기준 지침서의 초안을 발표하여 인공지능이 인권을 보장하고, 투명하게 작동하며, 결정의 도출 과정을 설명할 수 있어야 한다는 등의 원칙을 제시했다. 2017년 마이크로소프트도 인공지능 윤리와 관련한 조직인 에테르Aether: AI and Ethics in Engineering and Research를 신설한 바 있다.

지난해 1월, 인공지능 연구지원 비영리단체인 퓨처 오브 라이프 future of life는 '착한 AI' 연구를 위한 '아실로마 인공지능 원칙'을 내놨다. 총 23개 항으로 이뤄진 원칙에는 '인공지능의 목표와 행동은 인간의 가치와 일치해야 한다', '자기복제를 통해 빠르게 성능이 향상된 인공지능은 엄격한 통제를 받아야 한다' 등의 항목이 포함되어 있다.

이처럼 기술 기업들의 인공지능 사업 영역이 확장됨에 따라 공정성, 투명성 같은 가치가 더욱 중요해지고 있는 시점이다. 이러한 기업들의 인공지능 윤리에 관한 연구가 유익하고 책임 있는 인공지능을 위한 더 나은 길을 열어줄 것으로 기대한다.

제 **3** 장

차세대 기술 융합이 만드는
일상의 진화

VR, 자율주행, 로봇과 함께하는 초연결 시대를 경험하다

01

미래를 앞당기는 아마존의
자율주행 프로젝트

자율주행차를 지향하는 기업들의 수가 점점 더 많아지고 있다. 아마존을 포함하여 의외의 기업들의 이름도 종종 들린다. 세계 최대 전자상거래 회사 아마존은 2019년 2월, 자율주행차 스타트업인 오로라에 5억 5,000만 달러를 투자한다고 발표했다. 오로라에 대한 투자는 자율주행 기술에 대한 최근의 시도와는 조금 다른 점이 있다. 이번 투자와 관련된 비즈니스 벤처를 살펴보면 아마존이 자율주행 기술에 대해 어떤 생각을 가지고 있는지 그리고 자율주행 기술이 아마존의 계획에 어떻게 부합되는지를 알 수 있다.

택배기사가 필요 없는 자율배송 시대

오로라는 아마존 외에도 벤처캐피털인 세콰이어Sequoia, 거대 에너지기업 셸Shell 등으로부터 5억 3,000만 달러를 투자받았다. 오로라는 설립자들의 면면으로 실리콘밸리에서 높은 신뢰를 얻고 있는데, 그도 그럴 것이 최고경영자 겸 공동창업자인 크리스 엄슨Chris Urmson은 알파벳의 자율주행 사업부문 웨이모Waymo의 최고기술책임자CTO 출신이다. 또 다른 공동창업자인 스털링 앤더슨Sterling Anderson은 테슬라의 오토파일럿 프로젝드를 이끌었고, 드류 백넬Drew Bagnell은 우버 자율주행 프로그램 어드밴스드 테크놀로지advanced technology의 핵심 멤버였다.

오로라는 현재 자체적으로 차량을 제조하기보다 폭스바겐, 현대자동차 등 기존 업체와 다양하게 손을 잡고 자율주행 시스템을 개발 중이다. 이들의 목표는 서로 다른 제조업체의 자동차들이 서로 더욱 안전한 주행을 할 수 있도록 데이터를 공유하는 오픈 플랫폼을 만드는 것이다. 오로라는 다른 글로벌 자동차 회사들과의 기술협력을 통해 2021년까지 운전자의 개입 없이 완전자율주행이 가능한 레벨4 수준의 도심형 자율주행 시스템을 상용화할 계획이다.

이 같은 오로라의 자율주행 기술은 갈수록 확장되고 있는 아마존의 배송차량 선단을 통합할 수 있다. 실제로 아마존은 이미 자율주행 트럭 개발회사인 엠바크와 함께 자율주행 운송 트럭을 시험하고 있다. 오로라의 오픈 플랫폼은 아마존이 2만 대가 넘는 배송 트럭에 자율주행 기술을 채택할 수 있다는 것을 의미한다.

아마존은 또한 전혀 규모가 다른 측면에서도 활발한 움직임을 보이고 있다. 그중 하나는 완전자율주행 배송 로봇회사 아마존 스카우트Amazon Scout의 출범이다. 스카우트는 소형 냉장고 크기의 배송 로봇으로, 현재 스노호미시 카운티에서 시범 운영되고 있다. 지금은 배송에 사람이 동행하고 있지만 시간이 지나면 스카우트 혼자 도심을 돌아다니며 상품을 배송하게 될 예정이다.

아마존 자율주행 프로젝트가 갖는 의미

아마존이 자율주행 프로젝트와 이 분야에 대한 투자를 추진하는 가장 명백한 이유는 화물 운송비용 때문이다. 아마존의 화물 운송비용은 2015년의 115억 달러에서 2017년 217억 달러, 2018년 270억 달러로 크게 늘어나고 있다. 아마존이 오로라의 자율주행 기술을 확보하면 지게차, 드론, 트럭 등을 운용하는 데 필요한 비용을 획기적으로 절감할 수 있다. 지난해에는 도요타와 손잡고 식품 배달용 자율주행차 'e-팔레트'e-Pallete를 공개하기도 했다. 트럭에서 스카우트와 같은 최종 배송 단계의 자율주행 배송 로봇의 도입은 이러한 비용을 감축시킬 수 있다.

아마존이 궁극적으로 목표하는 바는 무엇일까? 사실 아마존은 단순히 자율주행 배송 로봇이나 트럭만을 만들려는 게 아니다. 그들은 거기서 더 나아가 자체적인 '자율주행 플랫폼'을 구상하고 있다. 바로 이 플랫폼이 아마존 계획의 핵심을 이룬다. BMW, 포드, 도요타의 신차에 알렉사를 설치하는 것도 플랫폼 계획의 일환이다. 음성으로 알렉사에게 듣고 싶은 음악을 틀게 하거나 다른 작업을 시킬 수 있다. 이미 가장 큰 클라우드 서비스 업체인 아마존 웹서비스에서 제공하는 머신러닝 개발도구는 여러 자율주행차 회사가 이용하고 있다. 클라우드 서비스를 통해 전 세계 자율주행 인공지능 개발자들의 의견을 구할 수 있다.

이처럼 아마존은 창고용 로봇에서 최종 배송 로봇에 이르기까지 배송의 전 단계가 자동화되는 미래, 아마존 웹서비스에서 구동되는 자율주행차를 운전하거나 알렉사에 의해 카 엔터테인먼트가 실행되는 미래를 꿈꾸고 있다. 그 규모도 대단하지만 그 실행 속도가 무시무시할 정도다. 아마존이 지금처럼 자율주행차에 대한 투자나 프로젝트를 계속 시도할수록 자율주행의 미래는 우리가 생각하고 있는 것보다 훨씬 더 빨리 다가올 수 있을 것이다.

02

규제의 벽을 넘은 드론,
물류 혁명에 한발 가까워지다

가까운 미래에 가장 빠르고 가장 저렴한 운송 수단은 드론이 될 것이다. 오늘날 드론은 전쟁터에서 쓰이는 정찰 드론부터 씨 뿌리고 거름을 주는 농업용 드론까지 여러 분야에서 그 용도와 기능을 변화시켜가며 끊임없이 진보하고 있다. 미래학자 토머스 프레이에 의하면 2030년 즉, 10년쯤 뒤에는 약 10억 개의 드론이 하늘을 날아다닐 것이라고 한다. 그의 예측이 현실화되려면 수많은 드론이 충돌하지 않고 동시에 날기 위해 정확하고 치밀한 ICT 기술이 뒷받침되어야 한다. 또한 기술적인 문제뿐만 아니라 사회적 규제 문제도 해결되어야 한다. 기술과 규제 문제를 하나씩 해결해가며 이제 상용화를 코앞에 두고 있는 드론 기술이 어디까지 왔는지 그리고 이 기술이 삶의 전반에 어떤 영향을 미칠지 살펴볼 필요가 있다.

구글과 아마존, 드론 전쟁의 승자는?

2019년 4월, 구글 알파벳의 자회사 '윙'Wing 이 만든 드론이 업계 최초로 미국연방항공국FAA 으로부터 상업용 드론 배송 서비스에 대한 승인을 받았다. 윙은 알파벳 산하에서 자율주행차 회사 웨이모와 함께 'X 문샷 프로젝트'로 분류되었다가 이후 윙 에비에이션Wing Aviation 으로 독립한 회사다. 윙 드론은 연내에 미국 버지니아주 내의 두 도시를 오가는 드론 배송 서비스를 시작할 예정이며 드론 서비스를 미국 전역으로 확대할 계획을 가지고 있다.

구글의 윙 드론은 6월 호주와 핀란드에서도 공식적인 드론 배송 서비스를 승인 받았다. 윙의 배송 서비스는 커피숍과 약국 등 지역 업체와 협력하여 몇 분 내에 제품을 배송한다. 도로가 아닌 하늘을 이용해 목적지까지 이동하기 때문에 교통 상황에 좌우되지 않으며 배송 비용을 크게 줄이게 된다. 윙은 드론 배송이 해당 지역 기업들에게 3,000만~5,000만 호주 달러의 가치가 있을 것으로 추정하며 2030년까지 전체 테이크아웃 주문 건수의 25퍼센트를 드론 배송으로 처리하겠다는 계획을 가지고 있다. 밤늦은 시간에도 물건을 구입해 바로 받을 수 있고 몇 분 만에 건강하고 신선한 음식을 살 수 있다면 우리의 삶의 질은 크게 높아질 것이다.

현재 윙이 받은 규제 승인에는 제한이 있다. 드론은 주요 도로를 통과할 수 없으며 평일 오전 7시에서 오후 8시까지만 비행이 가능하며 사람 가까이로 비행하는 것은 금지되어 있다. 완전자동화가 아닌 사람에 의한 조정이 의무화되는 조건도 부가되었다. 드론이 안전하게 비행할 수 있도록 실시간으로 엔지니어가 비행 상황을 모니터링 해야 한다. 드론은 지상에 있는 드론 스테이션에 암호화된 데이터를 전송하고 이를 엔지니어가 모니터링 하면서 비행 상황을 감시한다. 미래에는 드론의 비행 상황 모니터링 역시 자동화하는 것을 목표로 하고 있다.

업계 최초로 공식적인 승인을 받으면서 구글의 드론 배송 서비스는 일반 대중을 위한 상용 서비스에서 아마존을 앞서게 되었다. 아마존은 그간 영국과 미국에서 여러 번에 걸쳐 높은 수준의 시험 배송을 선보였지만 아직 상용 서비스를 승인 받지 못했다.

드론 배송 서비스를 제공하기 위해 윙과 경쟁하고 있는 회사는 아마존뿐만이 아니다. 이스라엘의 스타트업인 플라이트렉스Flytrex 는 2017년부터 아이슬란드에서 드론 물류 배송 시험 서비스를 하고 있으며 미국의 드론 스타트업 플러티Flirtey 는 2016년부터 세븐일레븐의 상용 드론 배송 서비스를 개발하고 있다. 또한 글로벌 물류회사 UPS는 매터넷Matternet 과 협력하여 노스캐롤라이나주에서 의료용품 서비스를 시험하고 있다.

배송을 넘어 인명 구조까지, 진화하는 드론 기술

드론의 응용 분야는 무궁무진하다. 만약 드론이 하늘 외에도 물속에서도 길을 찾을 수 있다면 어떨까? 최근 러트거스 대학교에서 바다와 하늘을 모두를 탐사할 수 있는 기능을 가진 드론 네비에이터Naviator 를 개발했다.

네비에이터는 부분적으로 잠수함이고 부분적으로 항공기인 드론이다. 물속에 들어가 탐사 활동을 벌인 후 이륙하여 공중을 날 수 있다. 이미 수중 드론이 존재하기는 하지만 네비에이터의 이러한 '변신 능력'은 가히 혁신적이라 할 수 있다. 단순히 드론을 물건 배송하는 작은 기계로만 생각했다면 이 하늘과 물을 오가는 드론이 어디에 쓰일지 가늠하기 힘들 수도 있다. 하지만 이 드론은 인명 구조에 뛰어난 능력을 발휘한다. 실제 이 프로젝트를 진행한 하비에르 디에즈Javier Diez 교수는 수색구조협회에서 네비에이터에 대해 깊은 관심을 표했다고 말했다. 그 외에도 네비에이터는 석유 플랫폼이나 시추선에 배치되어 수중 임무를 수행할 수 있고 교량 검사나 선체 수색 같은 위험한 스쿠버 다이버 작업이 필요한 일에 투입되어 작업 안전성을 높일 수도 있다.

농업용 드론의 발전도 주목할 만하다. 인간이 하던 일을 로봇으로 대체할 때 가장 효율이 큰 분야가 바로 농업이다. 이미 상용화되어 넓은 범위에 농약을 치기, 씨 뿌리기에 쓰이는 드론이 존재한다. 하지만 미래의 농업 드론은 인공지능 및 로보틱스와 융합하면서 단순 노동이나 인간이 하기 힘든 일을 처리하는 데 국한되지 않고 수확 시기나 관개 시기를 결정하는 등 농업의 효율성을 높이고 농업 환경을 개선하는 역할을 한다. 먼저 센서와 디지털 이미징 기능이 탑재된 농업용 드론은 농부에게 밭에 대한 더 자세한 뷰를 제공한다. 조감도 형태로 논과 밭을 파악하면 관개 문제, 토양 변화, 해충과 곰팡이 침입과 같은 많은 문제들을 확인할 수 있다. 게다가 드론은 매주, 매일 또는 심지어 매시간에 따른 작물의 변화를 보여줄 수 있고 발생 가능한 문제점을 미리 예측할 수 있다. 이는 농부들에게 농작물을 살펴보는 데 시간을 보내는 대신 생산이라는 큰 그림에 집중할 수 있도록 도와준다. 이 외에도 농업 드론은 가축의 추적, 울타리 조사, 식물 병원균 모니터링 등의 역할도 할 수 있다.

이렇듯 배송 드론, 구조 드론, 수송 작업용 드론, 농업용 드론까지 드론 기술은 점점 진화를 거듭하며 산업과 삶의 모든 분야를 파고들고 있다. 오늘날 드론이 가진 기술적 문제는 거의 다 해결이 된 상태라고 해도 과언이 아니다. 상용화를 위해 남은 것은 주로 규제에 관련된 문제로 사생활 침해, 안전성, 소음에 대한 민원, 사고 발생 시의 책임 문제 등이 있다. 구글의 윙 드론은 호주와 유럽을 거쳐 미국에서까지 승인을 받으면서 이제 규제에 대한 1차 관문을 통과한 셈이다. 한정된 도시 운행을 넘어 광범위한 지역으로 서비스가 가능하려면 2021년 이후가 될 것으로 전망된다. 규제의 벽을 넘은 드론 기술이 도약하게 되면 서비스를 비롯한 여러 분야에서 우리의 일상이 어떻게 개선될지 기대해봄 직하다.

인공지능이 조종하는
비행기에 탈 수 있을까?

드론 기술은 어디까지 진화할 수 있을까? 드론 기술이 더 주목받는 이유는 비단 음식과 물품 배송을 넘어 다른 곳에 있다. 이 기술이 궁극적으로 모든 비행기에서 인간을 없앨, 무인 항공기로서의 잠재력 또한 갖고 있기 때문이다.

최근 항공기 회사 보잉이 인공지능이 안내하는 자동 제어 기술을 사용해 조종사가 필요 없는 상업용 여객기에 대한 가능성을 모색하고 있다. 인간 조종사가 없는 무인 비행기에 과연 우리는 탈 수 있을까? 2018년에 이루어진 조사에 의하면, 여행객의 절반은 비록 비용이 더 저렴하더라도 조종사가 없는 여객기에 타지 않을 것이라고 답했다. 그러나 지금도 여객기 운항의 상당 부분은 오토파일럿 즉, 자동항법장치에 의해 이루어지며 사실 일상적인 운항의 경우 조종사들보다 훨씬 나은 실력을 보여준다. 실제로 장거리 비행 시 조종사들은 몇 시간씩 순항할 때 오토파일럿 모드로 전환한다. 날씨 때문에 시야가 좋지 않은 조건에서도 착륙을 가능케 하는 자동 착륙 기능도 있다. 이렇듯 사실 많은 비행기에 장착된 오토파일럿 시스템이 이미 기본적으로 비행기를 제어하고 있다. 하지만 인간 조종사는 언제나 '백업'을 위해 자리를 지켜왔다. 하지만 조만간 이 백업의 자리마저 위협받는 상황이 오게 될지 모르겠다.

자율비행자동차 또는 드론을 위해 개발된 차세대 '소프트웨어 파일럿'은 조만간 모든 인간 조종사보다 더 많은 비행시간을 기록하게 된다. 이러한 막대한 양의 비행 데이터와 경험이 결합된 소프트웨어 파일럿은 세계에서 가장 경험이 풍부한 파일럿이 될 수 있다. 사실 비행 경험은 파일럿 자격의 가장 중요한 요건이다. 개인용 또는 비상업용 소형 비행기 조종사 자격을 얻기 위해서도 40시간의 비행 교육이 필요하며 상업용 항공기 조종사들은 부조종사 자격을 얻기 위해 최소 1,000시간의 비행 교육을 받아야 한다. 그러나 소프트웨어를 이용하면 모든 비행기에 '많은 경험을 쌓은 조종사'를 배치하는 데 아무 문제가 없다. 소프트웨어 파일럿 시스템은 한 사람이 1년이 걸려야 쌓을 수 있는 비행시간 이상을 단 하루만에도 달성할 수 있기 때문이다.

물론 모든 통제 권한을 인공지능에게 넘겨주자는 이야기는 아니다. 그러나 소프트웨어 파일럿은 교육, 테스트, 신뢰성 부문에서 인간을 넘어서는 장점을 극대화할 수 있다. 컴퓨터는 사람과는 달리

매번 동일한 교육 체계를 따른다. 그러므로 개발자들이 교육 과정을 만들고, 반응을 테스트하고 항공기의 응답을 개선할 수 있다.

가장 중요한 장점은 규모이다. 수천 명의 파일럿에게 새로운 기술을 가르치는 것이 아니라 수천 대의 비행기에 업데이트된 소프트웨어를 '다운로드'하기만 하면 된다. 물론 이러한 시스템들은 다양한 실제 항공 상황을 처리하고 사이버 공격에 견딜 수 있도록 실제 상황과 시뮬레이션을 통해 철저히 검증을 받아야 할 것이다. 검증을 거쳐 제대로 작동되면 소프트웨어 파일럿은 산만함이나 방향 감각 상실, 피로 같은 오류를 유발할 수 있는 인간의 단점을 피할 수 있게 된다.

물론 항공규제기관들은 이미 인간 조종사가 비상 상황에서 스스로 항행 능력을 상실하고 오토파일럿에게 통제권을 넘기는 상황을 우려한다. 완전 자동화 비행의 가장 큰 장벽은 기술적인 것이 아니라 심리적인 데 있다. 많은 사람들이 컴퓨터 시스템을 신뢰하지 못하고 컴퓨터에 목숨을 걸고 싶지 않아 하기 때문이다. 그러나 소프트웨어 조종사가 인간 조종사에 비해 수백, 수천 배의 비행 경험을 가지고 있다는 점을 확신시킨다면 마음을 돌릴 수도 있을 것이다.

앞으로 더 많은 사람들이 도로 위에서 자율주행차량을 경험하고 드론이 택배를 가져다주게 되면 소프트웨어 파일럿도 수용될 가능성이 높다. 항공 업계는 소프트웨어 파일럿을 이용하게 되면 연간 수십억 달러를 절약할 것으로 전망한다. 그리고 이러한 비용 절감의 수혜는 궁극적으로 고객에게 돌아가게 된다.

현재까지의 상황에서 일반 승객들에게 소프트웨어 파일럿을 쉽게 받아들이게 하는 최선의 방법은 인간 조종사와 함께 비행하는 부조종사로 소개하는 것이다. 출발 게이트에서 도착 게이트에 이르기까지 우리는 소프트웨어에 의해 운영되는 비행기를 타게 되며 인간 조종사는 시스템에 이상이 생긴 경우에만 제어하도록 지침이 만들어지게 된다. 궁극적으로 현재 전 세계 공항에서 일상적으로 운영되고 있는 무인 열차처럼 모든 비행기에서 인간 조종사가 없어지는 날이 머지않아 올 것이다.

03

진화 알고리즘을 장착한
로봇의 탄생

SF 영화에서 나오는 온갖 형태의 로봇 중에 가장 매력적인 로봇을 고른다면 무엇일까? 〈트랜스포머〉에 등장하는 멋진 자동차 로봇들도 있지만 사람들이 가장 사랑하는 로봇은 뭐니 뭐니 해도 〈스타워즈〉 시리즈의 C-3PO와 R2-D2일 것이다. 1970년대 영화에 등장한 이 두 개의 드로이드는 과학자들이 로봇의 행동 방식을 연구하는 데 적지 않은 영향을 미쳤다. 텍사스 A&M대학교의 유명한 로봇공학자인 로빈 머피Robin Murphy 박사는 최신 스타워즈 시리즈인 〈한 솔로〉에 등장하는 스스로 자신을 개조할 수 있는 드로이드 L3-37이 오늘날 로봇공학 발전의 핵심을 보여주고 있다고 말한다.

영화 속에서 L3-37은 말이 빠르고 활발한 여성형 로봇이다. 물론 외모는 일반적인 로봇의 모습을 띠고 있지만 스스로 여성이라고 생각한다. L3-37은 인간 조종사와 함께 우주선 조종을 하는 파일럿 드로이드인데 자신의 신체를 개조하고 다른 드로이드와 상호작용을 하면서 진화해나간다는 특징을 지닌다. 그리고 이 진화와 자기 개조가 오늘날 로봇공학이 주목하는 핵심 키워드다.

'자가 치유'하는 모듈러 로봇

현재의 기술로는 L3-37 같이 고도로 스스로의 신체(로봇도 신체라고 부를 수 있다면)를 개조하지는 못하지만 모듈 교체 단계까지는 와 있는 상황이다. 최근 산업이나 의료, 가정용 로봇이 개발되면서 고장을 일으켰을 때 쉽게 수리할 수 있는 로봇 기술이 주목받고 있다. 그중 하나가 고장 난 부품을 쉽게 교체하는 '모듈러 로봇'이다.

모듈러 로봇은 작은 단위 여러 개가 결합해 전체를 이루는 방식으로 만들어진 로봇으로 일부 모듈이 망가지면 그 부분을 스스로 떨어뜨리고 새 모듈로 교체한다. 자가 치유의 비결은 인간의 신경계를 모방한 시스템이다. 이를 이용해 외부에서 명령을 내리지 않아도 스스로 연결 모듈을 끊거나 새로운 모듈과 결합할 수 있다. 이러한 로봇은 사람이 들어가기에 좁거나 위험한 환경에 투입됨으로써 구조 로봇 분야에 획기적인 발전을 불러올 수 있을 것으로 기대된다.

여태까지 우리가 가진 로봇에 대한 이미지는 고장이 나면 버려지거나 인간이 부품을 교체해줘야 하는 '수동적인' 기계였다. 하지만 자기 개조

능력을 가진 로봇은 스스로 문제를 해결한다는 점에서 좀 더 능동적으로 움직이며 단일한 작업에 최적화되어 있는 새로운 로봇을 구매하지 않아도 되므로 경제적으로도 이익이 된다.

모듈러 로봇과 비슷한 자가 조립self-assembling 로봇도 주목할 만하다. MIT 컴퓨터과학 인공지능연구소에서 개발한 스스로 움직이고 조립하는 엠블록M-Blocks이 그 주인공이다. 작은 엠블록들은 아무런 이동 장치를 달지 않았음에도 서로 올라타거나 공중으로 뛰어오르고 바닥을 구르면서 블록을 합쳐 여러 모양을 만들어낸다. 엠블록의 각 모서리에는 회전하는 두 개의 원통형 자석이 있어서 두 개의 큐브가 서로 접근할 때 N극과 S극이 맞도록 자연스럽게 회전한다. 그래서 큐브는 어떤 면에든 달라붙을 수 있다.

이러한 자가 조립 로봇의 연구 목적은 모듈을 최대한 소형화해서 자가 조립할 수 있는 변신 마이크로 로봇 군단을 만드는 것이다. 움직이는 큐브 로봇들은 비상시에 다리나 빌딩을 응급 수리하기 위해 중장비나 사다리와 같은 필요한 모양으로 바꿀 수 있다. 나아가 사람이 접근하기 어려운 구조 환경에 투입되어 문제를 진단하고 스스로 몸체를 재조립해 문제를 해결할 수 있다. 카메라나 조명 장치, 배터리팩 등을 갖추고 특수임무를 수행할 수도 있다.

환경에 적응해 스스로 진화하는 로봇

스스로 부품을 교체하고 자유자재로 모습을 바꿀 수 있는 변신 로봇 군단의 탄생은 짐짓 디스토피아적인 미래를 연상케 한다. 그러나 인간의 능력을 뛰어넘는 무시무시해 보이는 능력을 가진 로봇의 다른 한편에는 여전히 걸음마를 학습하기 위해 애쓰는 로봇도 존재한다. 그만큼 인간처럼 걷고 환경에 따라 걸음을 '조절'하는 능력은 로봇에게는 아직까지 어려운 일이다.

로봇에게는 걷는 것보다 날아다니는 게 더 쉽다. 물론 운동선수들처럼 점프하거나 문을 쉽게 열 수 있는 로봇들도 나와 있지만 이는 대부분 일회적이다. 그래서 최근 연구자들은 일회적으로 움직이는 로봇이 아닌 환경에 따라 움직임을 조절하는 로봇을 개발 중에 있다. 역동적이고 다양한 환경에서 작동할 수 있는 로봇을 만든다는 것은 미래의 로봇이 인간처럼 '적응 능력'을 가져야 한다는 것을 의미한다.

이 같은 다원주의에 입각한 노르웨이 오슬로대학의 연구원들은 2018년 진화 알고리즘을 사용해 다이렛Dyret, Dynamic Robot for Embodied Testing 이라는 네 개의 다리를 가진 움직임이 어색한 로봇을 만들었다. 다이렛이 가진 특별한 목적은 걷는 방법을 스스로 '학습'하는 것이다. 보스턴 다이나믹스Boston Dynamics 의 4족 보행 로봇과도 유사한 외관을 가지고 있지만 주변 환경이 매핑되어야만 하고 프로그래밍된 대로만 움직이는 게 아닌 환경에 맞춰 스스로 걷는 법을 배운다는 점이 일반 로봇과 다이렛의 차이점이다. 연구자들은 '앞으로 로봇은 점점 더 복잡하고 변화하는 환경에서 사용되어야 하기 때문에 다이렛은 걷기나 행동 방식뿐 아니라 외부 환경에도 적응하는 독특한 능력을 가진다'고 말한다.

로봇의 보행은 걸음걸이의 폭, 시간, 다리의 높이 등 여러 가지 매개 변수로 제어된다. 진화 알고리즘은 이러한 매개 변수를 최적화하고 가능한 안정적이고 신속하게 움직일 수 있는 최선의 방법을 '찾아낸다'. 자연 선택설과 마찬가지로 진화 알고리즘은 '환경에 적응하기'가 가장 최선의 해결책이라는 사실을 이해한다. 결과적으로 새로운 기후나 지형에 적응하는 동물의 진화보다 훨씬 빠르게 다윈이 말한 진화 과정이 로봇에서 발생하게 될 것으로 보인다.

로봇들은 역사적으로 지루하고, 더럽고 위험한 일들에 투입돼왔다. 재난 지역이나 원자력 발전소처럼 안전하지 않은 환경에서 인간을 대신해 많은 역할을 해왔다. 그리고 이제는 고장 난 부품을 스스로 수리하고 환경에 적응해 최선의 방법을 찾아내면서 좀 더 일상적인 임무까지 자연스럽게 수행할 수 있는 수준이 되었다. 물론 우리 삶 속으로 들어오기까지는 얼마간의 시간이 걸리겠지만 로봇이 사람과 함께 일을 하는 영화 속 미래가 생각보다 멀지 않을 수 있다.

04

마이크로봇과
나노봇 생태계의 발전

2015년에 개봉한 〈앤트맨〉이라는 영화를 기억하는가? 양자 기술을 이용해 인간이 개미처럼 작아질 수 있다는 상상에서 탄생한 영화였다. 영화 속에서는 개미들을 조종해 인간이 들어갈 수 없는 땅 속 깊은 곳에 침투하기도 한다. 인간이 개미처럼 작아지는 기술은 현재로서는 불가능하지만 '마이크로봇'이 그 역할을 대신할 수 있을 것으로 보인다.

마이크로봇이 왜 땅 속으로 들어가는지 궁금하다면 출근길을 꽉 막히게 했던 도로 공사 현장을 떠올려보면 된다. 영국에서 이루어진 한 조사에 따르면 매년 150만 건 이상의 도로 굴착이 이루어진다고 한다. 이러한 공사의 상당수는 새는 파이프와 고장 난 케이블 때문인데 이 같은 굴착은 교통 체증과 사업 차질을 초래하며 80억 달러라는 엄청난 예산을 잡아먹는다.

셰필드 대학교의 키릴 호로셴코프Kirill Horoshenkov 교수가 이끌고 있는 연구팀은 마이크로봇을 이용하여 이러한 도로 굴착공사 예산을 획기적으로 줄일 방법을 모색하고 있다. 이들이 개발하는 마이크로봇은 검사용과 작업용 두 가지 종류다. 검사용 로봇이 지하에 구축된 인프라를 따라 파이프 상태를 점검하면 작업용 로봇이 시멘트 접착제로 알맞은 수리를 하거나 고출력 제트로 막힘을 제거한다. 검사용 로봇은 약 1센티미터 길이이고 자율적으로 움직이며 작업용 로봇은 그보다는 약간 더 크고 원격 조종을 통해 작동된다.

만약 이 프로젝트가 성공을 거둔다면 마이크로봇으로 영국에서만 매년 64억 달러를 절감할 수 있을 것으로 추정하고 있다. 영국 정부는 이 외에도 핵발전소 폐기와 같은 위험한 환경을 탐사할 수 있는 로봇, 석유 파이프라인을 감시하는 드론, 궤도 위성의 수리 필요성을 감지할 수 있는 인공지능 소프트웨어 연구에 2,400만 달러를 지원할 예정이다.

직경 1센티미터 로봇이 가진 잠재력

현재 영국에서 개발 중인 마이크로봇은 여러 분야에서 실질적으로 사용될 수 있는 잠재력을 지니고 있다. 마이크로봇의 작은 크기 때문에 좁은 공간에서의 탐사와 구조 작업이 가능하고, 로봇 스웜 기술(집단 로봇 시스템)의 발전으로 건설 프로젝트 등 다양한 기능을 수행할 수 있는 협력 작업이 가능해진다. 아직 사용 가능한 마이크로봇의 수는 제한적이지만 이

상황은 조만간 개선될 예정이다.

엔지니어링 회사인 롤스로이스(자동차 회사가 아니라 비행기 엔진을 만드는 회사)는 마이크로봇을 이용하여 엔진을 구성하는 2만 5,000개의 부품 검사 작업을 처리할 계획이다. 롤스로이스는 노팅엄 대학교, 하버드 대학교와 협력하여 이 검사 작업용 마이크로봇을 연구하고 있다. 일단 마이크로봇이 엔진에 들어가면 엔지니어는 로봇에 부착된 작은 카메라를 통해 실시간으로 엔진 상황을 확인할 수 있고 접근하기 어려운 부위까지 육안으로 검사를 수행할 수 있다. 이미 약 4.5센티미터 크기의 마이크로봇이 개발되어 있지만 롤스로이스는 이를 더 축소하는 연구를 진행 중이다. 검사용 마이크로봇이 현실화되면 정비 작업과 수리 작업을 위한 로봇도 개발할 예정이다. 또한 롤스로이스와 협력 대학들은 엔진 내에 영구적으로 내장되는 연필 크기의 검사 로봇에 대한 연구도 진행하고 있다. 이러한 로봇들을 통해 한 달 이상 소요되는 엔진 유지보수 작업 시간을 상당 부분 단축시킬 수 있다.

몸 안의 주치의, 나노봇의 성공 사례

마이크로봇의 크기는 더욱 작아져 나노봇까지 이어진다. 펨토ST 연구소 Femto-ST Institute 의 연구진들은 세계에서 가장 작은 집을 짓기 위해 나노봇을 이용하고 있다. 집의 높이는 0.015밀리미터에, 면적은 0.0002밀리미터다. 이러한 마이크로 하우스의 건축 목적은 광섬유 위에 마이크로 시스템을 구축할 수 있음을 입증하기 위한 것으로 로봇공학과 광학 분야에서 중요한 역할을 할 것으로 기대된다.

이렇게까지 작아진 로봇은 어디에 이용될 수 있을까? 나노봇이 가장 큰 가능성을 보여주고 있는 분야 중 하나는 바로 의료 분야이다. 일부 연구에서는 혈관 안으로 들어갈 수 있는 극미세 로봇이 복잡한 생물학적 조직에 직접 약물을 전달하는 데 성공하기도 했다. 이러한 약물 전달체계는 암을 포함한 다양한 질병을 치료하는 데 있어 커다란 잠재력을 가진다.

나노봇은 외과적 치료에도 사용될 수 있다. 홍콩중문대학CUHK 연구진이 수백만 개의 나노 로봇을 사용해 외과 수술을 더욱 간편하게 진행하는 방법을 개발해 주목을 받았다. 연구진이 개발한 기술은 나노봇이 큰 그룹으로 모이거나 서로 흩어지도록 행동을 제어하는 나노봇 스웜이다. 이는 자연에서 수천 마리, 또는 수백만 마리의 동물들이 떼를 이루어 광범위한 패턴을 형성해 서로 소통하는 모습을 연상케 한다. 나노봇 스웜은 자기장 작용에 의존하여 다양한 집단 형태를 구성하는데 흩어져서 제각기 임무를 수행하다가 필요한 경우 다시 모여 무리를 이룬다. 재구성이 가능한 나노봇 스웜은 단일체 구조를 지닌 마이크로봇과 비교했을 때 형태학적인 유연성과 자유도가 훨씬 높은 것으로 알려져 있다.

'나노기술'nano technology이라는 말을 처음 사용하면서 나노과학의 창시자로 알려진 에릭 드렉슬러Eric Drexler는 "앞으로 나노기술은 인류의 모든 것을 바꿔놓을 것이며 인류 삶의 혁명을 가져올 것"이라고 주장한 바 있다. 최근의 연구들을 보면 마이크로봇과 나노봇 생태계가 급속도로 발전하고 있다는 것은 의심의 여지가 없다. 아직 초기 단계이지만 현재 전 세계에서 진행 중인 다양한 성공 사례와 프로젝트는 조만간 마이크로봇과

나노봇이 도시를 정비하고, 암을 치료하며, 가장 작은 일상의 도우미가

될 수 있다는 가능성을 보여준다.

05

스마트 더스트로
대기오염의 해결책을 찾다

로봇의 가장 훌륭한 능력 중 하나는 인간이 접근할 수 없는 영역에 들어가 다양한 정보를 수집할 수 있다는 점이다. 최근 MIT에서는 주변 환경을 인식하고 데이터를 저장할 수 있는 세포 크기의 2차원 물질로 이뤄진 로봇을 개발했다. 이 로봇의 전자회로는 콜로이드colloid 라는 작은 입자에 붙은 센서와 컴퓨터, 메모리의 집합체로, 액체에 녹지 않는 불용성이라 액체나 공기 중에 떠다닐 수 있다. MIT 연구팀은 이 로봇을 사람의 몸속에 넣어 신체 장기들의 상태를 살피거나 오일과 가스 파이프라인의 화학적인 성분 등을 파악하는 데 활용할 수 있을 것으로 보고 있다.

콜로이드와 전자공학을 결합한 최초의 사례

대략 인간의 난자 세포 크기인 콜로이드는 액체 또는 공기 중에서도 무한하게 정지 상태를 유지할 수 있다. 연구진들은 이 기기가 스스로 추진할 수 있는 마이크로 또는 나노 크기의 로봇들보다 더 먼 거리를 이동할 수 있다고 말했다.

이전에도 과학자들은 콜로이드를 연구해왔지만 이번 연구는 콜로이드와 전자공학을 결합한 최초의 사례이기에 주목할 만하다. 표준 실리콘 전자기기들은 일반적으로 평평한 표면에 부착되어야 하며 전원 공급의 문제가 있어 작은 입자에 전자기기를 부착하는 것이 쉽지 않았다. 그래서 연구진들은 그래핀을 비롯하여 다양한 박막 소재들을 가지고 실험을 해왔다.

MIT가 이번에 개발한 2차원 로봇은 외부에서 동력을 공급 받거나 배터리를 내장하지 않고도 스스로 움직일 수 있다. 광자를 흡수할 때 작은 양의 전류를 생성하는 간단한 포토다이오드photodiode를 이용하여 전자회로의 컴퓨팅과 메모리 작업을 위해 필요한 소량의 전력을 공급한다. 연구진들은 이러한 전원 공급원과는 별도로 화학 센서와 메모리를 부착하여 주변 환경의 정보를 수집하고 처리하며 저장할 수 있도록 했다. 이러한 로봇은 데이터를 능동적으로 전송할 수 없기 때문에 레이저 스캐닝 장치가 데이터를 읽을 수 있도록 작은 반사 장치도 부착했다. 그러나 앞으로는 기기에 통신 기능을 추가하여 지금처럼 임무를 완료한 후 물리적으로 데이터를 수집할 필요가 없는 기기를 구상하고 있다.

오염물질과 독극물, 종양을 탐지하는 로봇

이러한 기기는 앞으로 넓은 지역의 박테리아, 먼지, 연기를 탐지하는 대기 물질 모니터링에 폭넓게 사용될 수 있다. 즉, 콜로이드봇으로 구성된 스마트 더스트smart dust(센서, 전산 기능, 양방향 무선 통신 기능 및 전원 장치를 가진 극소형 전기 기계 장치)를 대기 중에 확산시키는 것이다.

처음 스마트 더스트는 군사 목적으로 개발되었는데, 적지에 뿌려 적군이 보유하고 있는 생화학무기를 감지하거나 무인 정찰기의 역할을 수행하기 위함이었다. 그러나 최근에는 군사적 목적보다 인공위성, 드론 선단, 지상 센서 네트워크의 확대 등 우리의 삶과 밀접한 다양한 영역으로 들어오고 있다.

이 아이디어를 직접 실험하기 위해 MIT 연구진들은 제한된 공간 내에 스마트 더스트를 분사, 트리메틸아민이라는 화학물질의 존재를 감지하기도 했다. 또한 자동차 엔진, 공장, 발전소에서 배출되는 유해한 입자를 감지하는 실험도 진행했다. 연구진은 평평한 표면 세 곳에 콜로이드봇을 분사했고 봇들은 주변 환경에서 데이터를 감지해냈다.

이러한 초소형 콜로이드봇은 가스 파이프라인이나 석유 파이프라인에 투입해 파이프라인의 이상 여부를 파악하거나 화학 성분의 변화 등을 측정할 수 있다. 그동안 가스회사나 정유회사들은 일일이 파이프라인을 따라가면서 거대한 측정 장비를 동원해 이상 여부를 판단하곤 했다. 또한 이러한 콜로이드봇은 의료용으로도 활용 가능하다. 인체 내 소화기관에 로봇을 투입해 종양 발생 등의 정보를 얻을 수도 있다.

물론 이러한 시스템을 실용화하기 위해서는 해결해야 할 과제들이 남아 있다. 봇을 구성하고 있는 무기 물질들은 생체에 적합하지 않을 가능성이 높고 인체 내에 사용하기 위해서는 엄격한 독성 연구가 필요하다. 또한 현재의 기술로는 화학물질이 감지된 시간을 기록할 방법이 없다. 그리고 화학물질이 감지된 장소를 정확히 기록하는 것도 중요한 요소이다.

　그럼에도 불구하고 이 기계가 가진 기능은 기존의 나노봇보다 훨씬 진보된 기술이다. 2D 전자공학과 콜로이드 입자의 결합은 나노 로봇공학의 새로운 분야이며 상당한 잠재력을 가지고 있어 앞으로가 더 기대되는 기술이다. 콜로이드봇으로 구성된 스마트 더스트가 도시를 떠다니며 오염물질이나 독극물, 질병에서 우리를 보호하기까지는 그다지 오랜 시간이 걸리지 않을 수도 있다.

06

엔터테인먼트를 넘어
질병을 예측하는 VR 기술

현재 전 세계적으로 5,000만 명에 가까운 사람들이 치매를 앓고 있는 것으로 파악된다. 세계보건기구who는 2050년경 치매로 고통받을 사람의 숫자가 지금보다 무려 세 배 이상 높은 1억 3,500만 명으로 증가할 것이라고 경고하기도 했다. 인류가 오랫동안 염원했던 불로장생의 꿈에 한 발짝 다가가게 되었지만 한편으로는 그로 인한 질병이 증가하면서 치매 문제는 해결이 시급한 과제가 되었다.

빅데이터와 인공지능을 이용하여 알츠하이머 발병 여부를 예측하는 기술이 연구되고 있는 가운데, 최근 VR 기술을 이용해 현재 사용되고 있는 표준 인지검사보다 더 정확하게 초기 알츠하이머를 진단할 수 있다는 새로운 연구 결과가 나와 주목할 만하다. 이 연구를 통해 알츠하이머 병을 진단하고 모니터링할 수 있을 뿐만 아니라 의학 분야로 확장되는 새로운 가상현실 기술의 잠재력 또한 엿볼 수 있다.

치매 조기 발견을 위한 노력

어떻게 가상현실로 치매로 발전할 가능성이 높은 환자를 식별할 수 있을까? 바로 VR 기기를 사용해 길을 찾게 하는 방법이다. 알츠하이머에 걸리면 뇌후각 피질이라고 불리는 우리 뇌에서 내비게이션 역할을 하는 부위가 가장 먼저 손상되는데, 이 부위에 대한 테스트를 통해 발병 여부를 초기에 가려낼 수 있다. 이 검사에서 길을 찾는 데 어려움을 겪으면 치매에 걸릴 확률이 높은 것으로 본다.

유니버시티 칼리지의 닐 버기스Neil Burgess 교수와 케임브리지 대학의 데니스 찬Dennis Chan 교수가 진행한 연구에서 연구진은 경도인지장애를 가진 노인 환자 45명과 정상 노인 41명을 대상으로 VR 헤드셋을 착용하고 특정 장소로 길을 찾아가는 실험을 진행했다. 실험 결과 경도인지장애 환자들은 모두 정상 노인보다 길을 찾는 게임에서 성적이 좋지 않았다. 이후 연구진은 알츠하이머를 유발하는 것으로 알려진 베타 아밀로이드와 같은 생물표지가 있는지 알아보기 위해 경도인지장애 환자를 대상으로 검사를 실행했다. 그 결과 45명 중 12명이 베타 아밀로이드 양성 판정을 받았다. 연구진들은 양성 판정을 받은 노인들이 그렇지 않은 노인들보다 길 찾는 게임에서 더 낮은 성적을 받았다면서 VR 내비게이션 테스트가 현재 쓰이고 있는 종이와 펜을 이용한 표준 인지기능 검사보다 치매

발병 위험이 높은 환자를 더 정확하게 가려낼 수 있음을 보여준다고 설명했다.

이러한 VR 테스트를 통해 알츠하이머 병의 진행을 늦추거나 모니터링하는 데 많은 도움이 될 수 있다. 나아가 병의 진행을 멈추게 하는 신약을 개발하는 데 있어 효과적으로 쓰일 수 있다. 현재 알츠하이머 치료용 약물 시험의 첫 번째 단계는 실험 쥐를 이용한 동물 실험이다. 길을 찾는 능력을 뒷받침하는 뇌세포가 설치류와 인간이 서로 유사성을 갖고 있기 때문이다. 치료법이 효과적인지 여부를 알아보기 위해 과학자들은 생쥐를 미로에 넣고 그들이 왔던 길을 기억하고 숨겨진 길을 찾을 수 있는지를 시험하곤 했다. 하지만 이러한 실험을 인간에게 직접 대입하기 힘들다는 게 그동안의 임상 실험이 직면했던 문제였다. 그러나 이번 연구를 통해 VR 기술로 직접 인간을 대상으로 한 임상 실험을 진행할 수 있게 되었다는 데서 그 의미가 크다.

앞으로 이 VR 기술이 알츠하이머 병의 진단과 모니터링에 결정적인 역할을 할 것으로 보인다. 찬 교수는 케임브리지대학의 모바일-웨어러블 시스템·증강지능센터 Center for Mobile, Wearable Systems and Augmented Intelligence 과학자들과 함께 알츠하이머의 예고 신호를 포착하고 진행을 모니터할 수 있는 애플리케이션 역시 개발하고 있다. 이 앱으로 길을 찾는 것뿐만이 아니라 일상생활에서 나타나는 변화, 즉 경고 신호들을 포착해 알츠하이머를 조기에 발견할 수 있을 것으로 기대하고 있다.

지금까지 가상현실은 주로 엔터테인먼트나 부동산 분야에서 주로 각

광받는 기술이었다. 하지만 많은 가능성을 가진 장비와 콘텐츠들이 개발 중에 있기 때문에 앞으로의 가상현실 시장은 무궁무진하게 발전할 것으로 보인다. 그리고 지금까지 보여준 가능성과 연구들을 고려한다면 10년 후에는 가상현실이 진단과 치료에 필수적인 기술로 자리잡게 될 것이다.

07

증강현실로 누구나
'인스턴트 전문가'가 된다

해외여행을 다니는 이들에게 필수적인 앱으로 여겨지는 구글 지도. 하지만 지도를 보면서도 제대로 길을 찾지 못해 헤맨 경험이 누구에게나 있을 것이다. 특히 방향 감각이 부족한 사람들이 그렇다. 초행길에 대한 두려움, 익숙하지 않은 지명, 평면의 스마트폰 위에서 텍스트로만 이루어진 지도를 보면서 길을 찾는 일이 쉽지만은 않다. 하지만 이제 이런 어려움도 옛 기억 속으로 조만간 사라지게 될 예정이다.

지난 2월, 구글이 증강현실AR로 실제 땅 위에 길 안내 표시를 띄우는 '증강현실 구글 맵' 시험 서비스를 시작했다. 증강현실 구글 맵은 스마트폰의 카메라를 이용해 실제 길거리 이미지와 지도 이미지를 동시에 띄워 길을 안내한다. 이는 실제 건물과 도로 위에 화살표를 표시해 기존 지도 앱보다 훨씬 높은 정확도로 길을 찾을 수 있도록 도와준다. 이처럼 증강현실 시스템은 사람들에게 새로운 장소에서도 전혀 어려움 없이 운전을 하고 길을 찾아갈 수 있게 해준다. 하지만 증강현실 기술을 단순히 '길을 잘 찾게 도와주는' 기술쯤으로 평가해서는 곤란하다. 증강현실은 GPS를 넘어 언제 어디서나 어떤 일을 수행하는 데 필요한 적절한 지식에 즉각적으로 접근할 수 있게 해주어 우리의 삶을 획기적으로 변화시킬 잠재력을 가진 기술이다. 증강현실로 인해 우리는 '즉각적인 주문형 전문가'instant and on-demand expert 의 세계에 살 수 있게 된다.

누구나 전문가가 될 수 있다

몇 년 전 닌텐도의 모바일 증강현실 게임 '포켓몬고'가 인기를 끌면서 전 세계의 사람들이 증강현실이 무엇이고 어떻게 작동하는지를 경험한 바 있다. 증강현실의 요점은 지금 내가 서 있는 현실과의 상호작용이다. 즉, 가상세계와 실제 세계의 통합이다. 쇼핑, 엔터테인먼트 등 일상 영역에서 증강현실 서비스가 확대되고 있지만 사실 증강현실은 전문적인 지식을 얻는 데 더 유용하게 쓰일 수 있다.

샌프란시스코에 위치한 증강현실 기술 기업인 스코프AR Scope AR 의 공동설립자이며 CEO인 스콧 몽고메리Scott Montgomerie 는 '증강현실은 수요에 따라 정보를 전달하는 놀랍고도 직관적인 방법이다.'라고 말한다. 스코프AR은 숙련되지 않은 기술자에게 장비 조립, 유지보수 및 수리 또는 고객 지원과 같은 작업을 수행하는 데 필요한 정보를 제공하는 증강현실

소프트웨어를 만드는 회사이다. 스코프AR의 고객들의 상당수는 공장의 설비가 고장 났을 때 이를 고칠 수 있는 전문가들이 없거나 멀리 떨어져 있어 어려움을 겪는 회사들이다.

과거에는 대부분의 회사들이 문제를 해결하기 위해 설비 전문가를 파견했지만 대처 방법을 알게 되면 쉽게 고칠 수 있는 문제들도 있다. 버거킹과 맥도날드와 같은 패스트푸드점을 예로 들어 보자. 튀김기 같은 주방 설비가 고장이 났을 때 버거킹에는 이를 수리할 수 있는 훈련된 직원이 없다. 물론 회사에서는 문제를 해결하기 위해 일반 도급업자를 고용하고 있지만 업자들 역시 이러한 장비를 이용하거나 고쳐본 적이 없는 경우가 더 많았다. 그 결과 최초 방문에서 정확한 고장을 진단하고 알맞은 수리를 하기가 어려웠다. 그러나 증강현실 기술의 도움을 받으면 일반 도급업자들도 숙련된 전문가의 지시에 따라 쉽게 문제를 진단할 수 있다. 실제 길 위에 내가 가야 할 길을 화살표로 겹쳐 보여주는 증강현실 구글 맵처럼 실제 장비 위에 어디를 어떤 식으로 수리해야 하는지 그 방법을 겹쳐 보여주는 식이다. 스코프AR의 이 증강현실 서비스를 통해 단 한 번의 방문으로 문제를 해결하는 비율이 거의 100퍼센트로 상승했고, 많은 기업들은 시간과 비용 절감의 효과를 볼 수 있었다.

CEO 몽고메리는 스코프AR의 접근 방식을 이케아 가구 조립에 빗대어 설명한다. 대부분의 사람들은 이케아 가구를 조립할 때 종이 설명서와 혼란스러운 그림 설명을 이해하는 데 어려움을 겪는다. 이는 입체 형태인 실제 가구와 선으로 표시된 그림 사이에서 오류와 오해가 발생하기 때문이다. 만약 누군가 이케아 가구를 사람들 앞에서 조립해 보이며 순서와

스코프AR을 통해 직접 자동차 수리를 하고 있는 모습. 증강현실 화살표로 어디를 어떻게 수리해야 하는지 직관적으로 알 수 있다.

방법을 지시해준다면 어떨까? 설명서를 봤을 때의 혼란은 더 이상 느끼지 않게 될 것이다.

우주로 확장하는 증강현실 기술

스코프AR의 또 다른 놀라운 업적 중 하나는 화성으로 여행하게 될 나사의 오리온 우주선을 건조하는 록히드 마틴의 엔지니어들을 지원한다는 사실이다. 기존의 방식에 따르면 엔지니어가 우주선의 특정 부분을 만들기 위해서는 부품 설명이 담긴 3,000페이지짜리 지침서에서 시작해야만 한다. 기술자들은 지침서를 찾아 테이블에 올려 두고 넘겨 가면서 올바른 패스너를 찾고, 토크 세팅을 기억하고 패스너를 조인다. 다음 단계로 넘어가기 전에는 또 작업 내용에 관한 품질 인증을 받아야 한다. 당연히 이런 프로세스는 시간이 많이 걸리며 오류가 발생하기 쉽다. 그러나 이제는 마이크로소프트 홀로렌즈 헤드셋을 통해 정보를 볼 수 있게 되었다. 증강현실을 이용한 단계별 지침을 3차원 공간을 통해 볼 수 있으며 엔지니어들은 수행해야 할 작업, 토크 세팅, 패스너를 대야 할 위치를 정확히 볼 수 있다. 그리고 품질 보증을 위해 사진을 찍고 바로 다음 단계로 이동할 수 있다.

홀로렌즈를 이용한 증강현실 지침이 종이 지침서를 대체하면서 록히드 마틴은 교육 시간을 85퍼센트 단축시킬 수 있었다고 말한다. 록히드 마틴은 다른 제조 절차에도 이를 적용하여 42~46퍼센트의 효율성 개선을 이루어냈다. 보잉과 에어버스Airbus GE와 같은 회사들도 증강현실 지침서를 통해 획기적인 생산성 향상을 꾀하고 있다. 그리고 앞으로 더욱 많은 제조회사에서 증강현실 기술을 채택하게 될 것이다.

나아가 가정에서도 증강현실을 통해 필요한 정보를 누구든 언제 어디서나 바로 얻을 수 있게 된다. 카센터에 가야만 했던 복잡한 자동차 정비도 직관적인 증강현실 통해 전문지식 없이 집에서 해낼 수 있다. 이케아 가구 조립이 전혀 힘들지 않게 됨은 물론이다. 조만간 평면 스크린으로 영상을 보며 배우는 시대는 막을 내리게 된다. 그때그때 필요한 정보를 3차원으로 습득하며 우리 모두가 '인스턴트 기술 전문가'가 되는 날이 가까이 와 있다.

08

초연결 시대,
진화하는 스마트 시티

오늘날 매 주마다 130만 명이 도시로 유입되고 있다. 이제 도시화는 막을 수 없는 수준에 이르렀다. 2040년이 되면 세계 인구의 약 60퍼센트가 도시로 집중되며 앞으로 수십 년 동안 도시 인구 성장의 90퍼센트가 아시아와 아프리카에서 이루어질 전망이다. 전 세계에 이미 1,000개의 스마트 도시 파일럿 프로젝트가 건설 중이거나 최종 계획 단계에 있다.

부동산, 에너지, 센서, 네트워크, 운송 등 수많은 산업을 연결하는 미래 도시는 인간의 경험을 완전히 변화시킬 가능성을 지니고 있다. 현재 전 세계에서 진행 중인 첨단 스마트 도시의 미래를 데이터와 스마트 인프라 건설, 그린 시티의 관점에서 살펴보도록 하자.

1조 개의 센서 데이터와 상호작용하는 도시

오늘날 대부분의 도시에서는 데이터가 기업과 공공기관, 비영리기관, 개인 데이터베이스에 분산되어 있으며 표준화가 잘 이루어지지 않고 있다. 그러나 도시의 트렌드를 파악하고 대응하기 위해서는 교통 흐름, 인간의 움직임, 개인 거래, 에너지 사용량의 변화, 보안 활동 등 현대 경제를 구성하는 모든 주요 요소에 대해 여러 계층의 데이터를 집합시킬 필요가 있다.

자동화된 공공 서비스, 유연한 교통 흐름, 스마트한 보안, 최적화된 도시계획을 가능하게 하는 기하급수 기술을 이용하기 위해서는 정보 흐름의 실시간 분석이 필수적이다. 그리고 이미 전 세계의 첨단 도시들은 스마트 주차에서 폐기물 관리에 이르는 여러 분야에서 다양한 표준을 결합하고 실행 가능한 방법을 도출할 중앙집중식 데이터 플랫폼을 구축하고 있다.

대표적인 도시로 중국의 난징을 들 수 있다. 난징시는 1,000여 대의 택시와 7,000대의 버스, 100만 대 이상의 승용차에 설치된 센서를 이용하여 물리적 네트워크와 가상 네트워크에서 매일 데이터를 수집한다. 수집된 데이터는 난징 정보센터에 전송되고 전문가들은 교통 정보를 분석하여 통근자들의 스마트폰에 전송하고 새로운 교통 경로를 만들어낸다. 이러한 실시간 데이터는 자본 집약적인 도로와 대중교통 재건설의 필요성을 낮추고 기존 자산의 가치를 극대화하여 수백만 명의 시간을 절약해주고 생산성을 높이게 해준다.

센서의 보급과 도시 사물인터넷의 증가는 교통 흐름 통제를 넘어 전체 인프라 시스템을 실시간으로 모니터할 수 있게 해준다. 이탈리아의 철도 기업인 트랜이탈리아Trenitalia는 모든 열차에 센서를 설치하여 각 열차의 기계적 상태에 대해 실시간 상태 업데이트를 유도하고 있다. 시스템 고장이 일어나기 전에 문제를 예측할 수 있기 때문에 열차 고장으로 인한 교통 혼란은 과거의 일이 되었다. 또한 로스엔젤리스는 5,000킬로미터에 이르는 거리에 센서를 탑재한 새로운 LED 등을 설치했다. 가로등이 오작동하거나 밝기가 낮아지면 거의 즉시 고칠 수 있으며 결함이 발생되기 전에 이를 감지할 수 있다.

전자상거래 분야의 거대 기업 알리바바의 본사가 있는 항저우시는 현재 지구상에서 가장 빠른 데이터 반응 도시를 구축하고자 시티브레인 프로젝트를 시작했다. 도시 전역에 설치된 카메라와 센서를 통해 중앙집중식 인공지능 허브는 도로 상태에서 날씨, 교통사고와 시민 건강에 관한 응급사항에 이르는 모든 데이터를 처리한다. 항저우시의 시티브레인은 800만 명의 인구를 관찰하고 1,000개가 넘는 신호등을 동시에 조정하고 관리한다. 앰뷸런스가 충돌하지 않도록 경로를 안내하고 신호를 조정하며 사고율에 따라 교통경찰을 배치한다. 시범 운영 결과 시티브레인 시스템은 이미 앰뷸런스 출동 시간과 통근 시간을 절반으로 줄이는 유의미한 성과를 냈다.

센서와 인공지능의 결합은 도로 감시와 교통흐름, 교통사고 이외에도 군중을 모니터하고 인간의 움직임을 분석할 수 있다. 중국의 센스타임과 같은 회사들은 현재 자동차 번호판과 사람의 얼굴을 식별할 수 있을 뿐만 아니라 군중의 움직임과 수배 중인 범죄자를 찾아낼 수 있는 소프트웨어를 운영하고 있다. 일부 연구진들은 군중 감시 데이터를 이용하여 질병 확산을 예측하는 연구도 진행 중이다. 그러나 자체 모니터링 도시와 도시 인공지능 외에도 인프라가 필요할 때 스스로를 치유할 수 있다면 어떻게 될까?

스스로 치유되는 인프라

미국 교통부는 미국 내 인프라 수리에 연간 5,426억 달러가 소요된다고 추정하고 있다. 그러나 가장 비용이 많이 드는 골칫거리는 가장 큰 이익을 얻을 수 있는 시장 기회가 되기도 한다. '스스로 치유되는 소재'의 개발이 바로 그것이다.

먼저 콘크리트를 살펴보자. 델프트 대학교의 공학자들은 교량과 도로, 기타 인프라의 수명을 연장하기 위해 스스로 균열을 복구할 수 있는 바이오 콘크리트bio concrete의 프로토타입을 개발했다. 젖산칼슘과 혼합된 새로운 바이오 콘크리트의 핵심 성분은 콘크리트 구조물 전체에 분산된 석회석을 생성하는 박테리아의 미세 캡슐이다. 콘크리트에 균열이 생겨 공기와 습도가 발생되면 박테리아가 저절로 깨어난다. 박테리아는 시계처럼 둘러싸고 있는 젖산칼슘에서 영양을 공급 받으며 천연 석회 실란트를 생성하여 콘크리트의 작은 틈이 도로에 문제를 일으키기 훨씬 전에 균열을 메울 수 있다.

이러한 바이오 콘크리트는 스스로 치유되는 소재 기술의 시작일 뿐이다. 미래 건축 회사들은 플라스틱과 카본 섬유로 이루어진 주택을 프린트하기 시작했고 공학자들은 스스로 치유하는 플라스틱을 연구하고 있다.

플라스틱은 부동산 산업에서 장래성을 지닐 뿐만 아니라 우주에서도 유용한 소재로 쓰인다. 나사 엔지니어들 역시 거주지와 우주선의 파열을 빠르게 예방할 수 있어 우주 임무에 필수적인 소재가 될 자가 치유 플라스틱을 개발하고 있다. 이처럼 자가 치유 소재의 적용 범위는 엄청나게 넓다.

잠재력이 큰 또 하나의 소재는 마법과도 같은 그래핀이다. 물리학 분야의 위대한 발견 중 하나인 그래핀은 강철보다 200배 더 강하지만 초박막 두께를 가지고 있다. 그래핀의 가격이 낮아지게 되면 기존 인프라에 기후 저항성을 가진 초강력 코팅을 가능하게 해 인프라 수명을 몇 배 더 연장시킬 수 있다. 일부 공학자들은 30킬로미터 높이의 빌딩 건설에 그래핀을 사용하는 방안을 제안하기도 했다.

바이오 소재와 새로운 폴리머 소재가 스스로 치유할 수 있는 도시를 만들고 있다면 나노 소재, 마이크로 소재는 스마트하고 강력하며 자체 충전되는 빌딩을 통해 새로운 그린 시티의 가능성을 열어주고 있다.

자급자족하는 미래 그린 시티

에너지 분야와 수자원 분야의 기하급수 기술이 현장으로 퍼져나가면서 자체 충전 도시는 미래의 자급자족 사회를 열어가는 파일럿 프로젝트의 실험장이 되고 있다. 새로운 소재의 등장과 함께 태양광발전 창문의 상업화에도 많은 관심이 쏠리고 있다. 지난 몇 년 동안 여러 연구팀은 매일 창문에 비치는 햇빛을 포착해 에너지로 바꾸는 실리콘 나노입자 개발에 전념하고 있다. 창문 가장자리에 있는 작은 태양전지는 태양 에너지를 수확하여 즉시 사용가능하게 만든다.

미시건 주립 대학교의 연구진들이 개발한 새로운 태양광 집광장치sol-ar concentrator는 가시광선이 아닌 적외선과 자외선을 이용하여 이를 창문 가장자리에 심어져 있는 태양전지로 보낸다. 이렇게 보이지 않는 태양전지는 차광막, 전자기기, 유리문, 고층빌딩의 반사 유리 등 어느 곳에서나 에너지를 만들 수 있다.

이처럼 미래 도시 프로젝트는 자체 충전 창문을 넘어 과감한 태양광 발전소와 재생에너지 목표를 세우고 있다. 두바이의 전략계획 2021Strategic Plan 2021이 그 대표적인 예다. 2015년 아랍에미리트연합UAE 총리 셰이크 모하메드 빈 라시드 알 막툼Mohammed bin Rashid Al Maktoum이 출범시킨 두바이 클린에너지 전략 2050Dubai Clean Energy Strategy 2050은 2050년까지 두바이에서 사용하는 에너지의 75퍼센트를 청정에너지원에서 얻겠다는 목표를 가지고 있다. 두바이는 2030년까지 세계에서 가장 큰 5,000메가와트 규모의 단일 태양광 프로젝트를 만들 계획이며 향후 10년 이내에 총 에너지 수요의 25퍼센트를 태양광 발전소에서 생산할 계획이다.

그 밖에도 도시 건물의 25퍼센트를 3D 프린팅 기술로 건설하고, 교통수단의 25퍼센트를 자동화(무인화)하며 태양광을 이용하는 수백 개의 인공나무를 세워 도시 전역에 무료 와이파이를 제공하고 스크린과 충전 포트를 설치할 계획을 밝혔다. 이처럼 친환경 기술과 재생에너지 분야의 글로벌 선두 주자인 두바이는 환경도시의 예가 되어 자급자족하고 번영할 수 있는 생태계를 실현하고 있다. 두바이뿐만 아니라 다른 도시들도 비슷한 계획을 빠르게 실현 중이다. 중국의 슝안신구Xiong'an New Area는 중국의 500개 스마트 도시 건설의 선도자이며 100퍼센트 청정에너지만으로 운영되는 경제구역 실현을 목표로 하고 있다. 슝안신구에는 앞으로 10년 동안 3,570억 달러가 투자되며 670만 명의 인구를 유치하여 민간 부문 혁신을 주도할 계획이다.

유연하고 자체 치유가 가능한 구조를 만들 수 있는 신소재를 필두로 하여 청정 인프라 기술이 시장에서 폭발적으로 경쟁하고 있다. 이제 미래 도시들은 스스로 충전하는 빌딩, 녹색도시 생태계, 소비하는 양보다 더 많은 에너지를 생산하는 도시로 탈바꿈하고 있다. 그리고 5G 통신 네트 워크와 센서의 보급, 중앙집중식 인공지능 허브로 인해 도시 환경의 모든 측면을 모니터하고 분석할 수 있게 되어 실시간으로 데이터를 분석하고 응답할 수 있게 된다. 이에 비추어볼 때 앞으로 10년, 도시는 인간의 일상 과 경험을 모든 측면에서 바꾸어놓을 것이다. 그리고 인간과 도시가 서로 소통하는 미래에는 도시 자체를 인간과 같은 지능적 유기체로 여기는 것 이 더 자연스러워질지 모른다.

제 4 장

바이오 혁명으로 모색하는 미래의 돌파구

더 많은 생명을 구하고, 인류를 위한 더 나은 길을 모색하다

01

2020년 본격화되는
네 가지 바이오 혁명

과학계에서 일어나는 혁명은 다른 어떤 분야보다도 가장 역동적이며 충격적이다. 다른 기술들이 인간의 삶을 변화시키고 개선시키는 데 반해 생명공학 기술은 인간의 본질 자체를 바꿔놓을 수 있는 잠재력을 지녔기 때문일 것이다. 2019년에도 과학계는 격동의 양상을 보였다. 다음 내용은 2020년까지 임상실험에 들어가는 등 큰 진전을 보이고 있는 생명공학 분야의 최신 뉴스들이다. 지난해 2019년이 되면 유전자 치료 제품의 광범위한 승인이 있을 것으로 예측했지만 대부분 연기되었다. 지금의 예측 역시 우리의 예상을 벗어나게 될지 모른다. 그러나 지금 우리 앞에 어떤 기술이 얼마큼 다가와 있는지 그 변화의 양상은 살펴볼 필요가 있다.

유전자 변형 불임 모기의 탄생

유전자 드라이브Gene Drive 기술은 변형 유전자의 형질을 빠르게 전달하여 확대시키는 기술이다. 즉, 유전자 편집gene editing을 통하여 유전자를 변형한 생물이 교배를 거듭해 몇 세대 안에 생물 집단 전체의 유전자가 변형이 되도록 만드는 것이다. 그래서 이러한 유전자 드라이브 개념은 많은 사람들을 두려움에 떨게 만들었다.

유전자 드라이브는 크리스퍼나 다른 유전자 편집 도구보다 한 단계 더 높은 심각성과 결과를 가져온다. 정자, 난자, 배아를 변형시키는 유전자 편집 기술은 재생산과 확산을 거치기 전에는 가족이라는 하나의 유전 라인에만 영향을 준다. 그러나 유전자 드라이브는 전체 '종'을 휩쓸어버릴 수 있는 힘을 가지고 있다. 간단히 말해 유전자 드라이브는 후대 즉, 자식에게 100퍼센트 확률로 전해지는 것을 돕는 작은 DNA 코드 조각이다. 유전자 드라이브는 절반의 유전자는 아버지에서, 나머지 절반은 어머니에서 온다는 상식을 완전히 깨버린다.

다시 말해, 전체 종의 유전자 변경이 꼭 필요한 때에만 유전자 드라이브 사용을 고려할 수 있다. 엄청난 힘을 가진 악당이 나오는 영화의 줄거리 같이 들리지만 과학자들은 이 기술을 전염병의 원인이 되는 모기나 쥐와 같은 설치류에 적용할 계획이다. 모기의 유전자 변형 실험은 이미 시작된 상태다. 불임을 유발하는 유전자 드라이브를 운반하는 소수의 돌연변이 모기를 풀어놓게 되면 잠재적으로 말라리아와 뎅기열, 지카 바이러스 등 전염성 병원균을 운반하는 모든 모기 개체를 제거할 수 있다.

2018년 유엔은 유전자 드라이브 기술을 제한된 조건의 현장에서 적용할 수 있도록 신중한 승인을 내렸다. 현재 아프리카의 부르키나파소_{Burkina} _{Faso}에서 유전자 변형 모기를 실험하고 있다. 이는 유전자 드라이브 기술의 최초 현장 실험이기도 하다. 말라리아 얼룩날개모기속_{Anopheles}의 모기에만 실시되는 이번 실험에서 첫 단계로 1만 마리 이상의 수컷 모기가 야생으로 방출됐다. 과학자들은 유전자 드라이브 기술을 옮기는 모기를 배치하기 위한 준비과정으로 방출된 개체들이 어떻게 살아남고 확산되는지를 실험할 계획이다. 이번 연구는 암컷 모기를 죽이는 유전자 변형 모기와 자연 모기와의 교배를 통해 자연 모기에게 불임 유전자를 전달하는 모스크_{Mosq}라는 유전자 드라이브 전략의 일부다. 유전 규칙을 해킹하고 수백만 명의 생명을 살리고자 하는 모스크 프로젝트는 2024년에 시작될 예정이다.

만능 독감 백신

어떤 사람들은 독감을 성가신 질병 정도로 생각할 수도 있지만 미 질병통제예방센터의 통계에 의하면 독감은 매년 수십만 명을 사망에 이르게 하는 치명적 질병이다. 독감 바이러스는 매우 빠른 속도로 변이되어 제시간에 효과적인 백신을 만드는 것이 거의 불가능하기 때문에 특히 치료가 힘든 바이러스다. 그래서 과학자들은 데이터를 이용하여 모든 변종, 아직 파악하지 못하고 있는 변종까지 대상으로 하는 만능 독감 백신을 개발하는 데 주력하고 있다. 만능 독감 백신은 역학 분야의 성배라고도 불릴 만큼 쉽지 않은 도전이다.

지난 4월, 비온드박스_{BiondVax}에서 개발한 최초의 만능 백신이 3단계

임상실험에 들어갔다. 3단계 임상실험은 이미 소수의 실험 대상을 통해 안전성과 그 효과가 입증되어 더 많은 사람들을 대상으로 실험에 들어간다는 의미다. 이 백신의 특징은 죽은 바이러스를 사용하지 않는다는 점이다. 면역체계를 높은 경고 상태로 자극하기 위해 단백질을 구성하는 화학 성분인 작은 아미노산 체인을 이용한다.

미 정부는 이 분야의 연구에 1억 6,000만 달러를 투입하고 있으며 몇몇 만능 백신 후보들이 임상실험에 들어가 있어 2020년 내로 돌파구를 찾아낼 전망이다.

인체 내 유전자 편집 기술

유전자 편집가위 크리스퍼 카스9 기술은 지난 몇 년 동안 과학계의 최대 화두였다. 그러나 이와 비슷하지만 널리 알려지지 않는 뉴스 중 하나가 바로 인체 내 유전자 편집 기술in-body gene editing 실험이다.

지난 9월, 캘리포니아주 리치몬드 시에 있는 상가모 테라퓨틱스Sanga-mo Therapeutics에서는 복합당 분해를 하지 못하는 희귀한 유전병인 헌터 증후군 환자의 유전자 결손을 치료하기 위해 유전자 편집 효소를 설계하여 환자의 인체에 주입하는 기술을 선보였다. 헌터 증후군은 IDS 효소를 불능화시키는 유전자 변이 때문에 발생한다. IDS는 체내에서 복합당 분해에 관여하는데 복합당이 분해되지 못하고 축적되면 폐와 심장 등의 장기가 손상될 수 있다. 이 기술은 세포를 '추출'한 후 유전자 변형을 일으켜 다시 신체로 '주입'하는 CAR-T 기술과는 현저하게 다르다. 상가모 테라퓨틱스의 기술은 편집된 유전자를 보유한 바이러스를 신체에 직접 주입하는 방식이다. 이 같은 접근 방법은 기존의 유전자 치료 방식에서 훨씬 진보한 기술이다. 기존의 유전자 치료 방식에서는 건강한 유전자가 삽입되는 장소를 제어할 수 없었기 때문이다. 이러한 불확실성은 주입된 유전자로 인해 다른 중요한 유전자를 손상시킬 수 있다는 우려를 불러일으켰다. 아직까지는 이 기술은 안전한 것으로 보이지만 효과성을 검증하기 위해서는 시간이 필요한 상태다.

만약 인체 내 유전자 편집 기술이 성공을 거둔다면 치명적인 유전 질환도 몇 번의 주사로 치료될 수 있다는 것을 의미한다. 상가모 테라퓨틱스의 임상실험 결과가 긍정적으로 나온다면 추후 인체 내 유전자 편집 기술은 더욱 많은 관심을 받게 되고 다양한 질병을 치료할 수 있는 가능성이 열리게 될 것이다.

뉴럴링크와 뇌-기계 인터페이스

뉴럴링크가 시도하고 있는 일은 SF 소설에서 나오는 일처럼 보인다. 뇌에 이식된 작은 입자를 이용하여 생물학적 세계를 실리콘 하드웨어와 인터넷에 연결시려는 시도다. 일론 머스크는 2016년 인간의 뇌에 인공지능을 직접 접속시키는 것을 목표로 하는 새로운 스타트업인 뉴럴링크를 설립했으며 최근 이뤄진 행사에서 개발 중인 기술을 공개했다. 뉴럴링크는 질병을 치료하거나 능력을 향상시키기 위해 신경회로를 이용할 수 있는 뇌-기계 인터페이스 개발을 목적으로 하고 있다.

인공지능과 공생관계를 만들고자 하는 상상과 열정은 일론 머스크만의 것은 아니다. 전 세계의 병원에서 마비, 기억상실, 신경손상으로 고통받는 환자들을 재활시키기 위해 뇌-기계 인터페이스를 개발하고 있고 나름의 성과들을 얻었다. 여기서 더 나아가 2020년은 뇌-기계 인터페이스와 신경조절기 사이의 '선'이 끊어지는 해가 될 것이다. 뇌-기계 인터페이스는 마침내 뇌 안에서 자율적으로 작동하게 되며 외부의 모니터링 없이도 부작용을 줄이기 위해 필요한 경우에만 전기 자극을 줄 수 있다. 아니면 과학자들이 사용하는 부피가 큰 광섬유를 쓰지 않고 빛으로 뇌를 조절할 수 있게 된다. 이는 환자들의 두뇌에 맞게 신경학적 치료과정을 미세 조정하기 위한 첫 번째 단계일 뿐이며 2020년에는 이 분야에서 더욱 많은 발전을 이루게 될 것이다.

02

'디자이너 베이비'의 탄생이
실현되다

2018년 11월, 전 세계 과학계를 발칵 뒤집어놓은 핵폭탄급 뉴스가 터졌다. DNA를 자르고 붙일 수 있는 유전자 편집가위 '크리스퍼 카스9' 기술을 이용해 배아 단계에서 DNA 조작이 이루어진 맞춤형 아기 즉, '디자이너 베이비'Designer Baby가 실제로 탄생한 것이다. 허젠쿠이He Jiankui 중국 남방과학기술 대학교 교수가 유전자 편집가위 기술을 이용해 후천성 면역결핍 바이러스HIV, 이른바 에이즈에 걸리지 않도록 유전자 편집을 한 쌍둥이 아기를 태어나게 하는 데 성공했다. 이들 쌍둥이는 유전자를 인위적으로 '설계해' 탄생시킨 첫 사례로, 안전성과 생명윤리 관점에서 세계적으로 비판이 잇따랐다.

우리는 이 뉴스를 어떻게 받아들여야 할까? 전 세계에서 비판이 일자 허젠쿠이 교수는 혁신적인 기술로 선한 일을 했을 뿐이라고 주장하며 "그 부모들이 나에게 건강한 아이를 임신할 수 있도록 도와달라고 간청했고, HIV 유전인자인 CCR5를 조작해 부모는 유전적으로 건강한 두 명의 여자아이를 품에 안게 되었다. 그리고 에이즈 환자인 아버지는 다시 살아야 할 이유를 찾았다."라고 전했다. 사망 위험이 높은 에이즈로부터 한 인간을 구한 일이라면 전 세계의 과학자들은 왜 분노하고 있는 것일까?

허젠쿠이 교수의 이번 일이 이토록 큰 이슈가 되는 이유는 바로 인간의 '배아 단계'에서 유전자를 편집했다는 데 있다. 배아 단계에서의 조작은 그로 인해 변화된 형질이 후세대에까지 전해질 수 있다는 것을 의미한다. 또한 돌연변이가 가져올 장기적이고 잠재적 영향을 현재로서는 완벽히 알 수 없기에 많은 위험이 따른다. 연구에 따르면 CCR5 유전자에 변이가 생기면 HIV에는 감염되지 않을지는 몰라도 다른 질환에 쉽게 걸릴 우려가 높아 수명 단축 가능성이 월등히 높아지게 된다. 그래서 몇몇 과학자들은 윤리적 문제를 넘어 현재 지식으로 돌연변이에 대한 부작용을 완벽하게 알지 못하는데 이를 도입한 것이 매우 위험한 일이라며 우려하고 있다.

하지만 이러한 우려와 별개로 DNA의 변형과 설계를 가능하게 하는 기술인 크리스퍼가 궁극적으로 많은 질병을 치료할 가능성이 높아진 것도 사실이다. 그리고 이번 사건에서 알 수 있듯이 마침내 크리스퍼는 실험실을 넘어 진짜 의료 현장으로 그 자리를 옮겨가고 있는 중이다.

실험실을 넘어 의료 현장에 안착한 크리스퍼 기술

2019년 4월, 크리스퍼 기술에 있어 또 하나의 기념비적인 사건이 일어났다. 펜실베이니아 대학교에서 미국 최초로 크리스퍼를 사용하여 두 명의 암환자 치료에 성공한 것이다. 한 명은 다발성골수종 환자였으며 한 명은 육종암 환자였다. 이 중 육종암은 암환자의 1퍼센트를 차지하는 희귀암으로 진단과 치료가 어렵다고 알려져 있다. 불과 몇 개월 전 치료가 이루어진 만큼 두 환자가 완전히 암에서 해방되었는지, 치료가 얼마나 유익한지 여부를 판단하기에는 시기상조이지만 의료팀은 현재로서 긍정적인 결과를 예상하고 있다.

허젠쿠이가 했던 것과 이번 사건의 다른 점은 배아 단계의 조작이 아닌 지병 치료의 형태로 이루어졌다는 데 있다. 암환자의 면역체계 세포를 제거하고, 실험실에서 그것을 유전적으로 변형시킨 후 변형된 세포를 다시 체내로 주입하는 방식이다. 즉, 이런 의료 치료는 DNA의 변형이 환자 개개인에게서만 행해지고 끝나기 때문에 디스토피아적인 두려움을 야기하지 않는다.

그래서 이와 같은 유전자 편집가위를 이용한 난치병 치료와 기술의 정확도를 높이기 위한 연구가 꾸준히 이어지고 있는 중이다. 우선 중국과학원 선전고등기술연구원, 중산 대학교, 남중국농업 대학교, MIT와 하버드-MIT 브로드연구소 등 공동 연구팀은 크리스퍼 유전자 편집가위를 이용해 자폐증 치료 약물을 개발 중에 있다. 자폐스펙트럼 장애 즉, 자폐증은 소아 1,000명당 1명꼴로 나타나는 발달장애로 아직까지 치료 약물이 개발되지 않아 행동 심리 치료가 유일한 난치병에 속한다. 하지만 최근 유전자 편집가위 기술을 이용해 자폐증의 신경학적 매커니즘을 밝혀내 치료제 개발에 한 발짝 더 다가서게 됐다.

또한 크리스퍼 테라퓨틱스CRISPR Therapeutics와 미국의 생명공학회사인 버텍스 파마슈티컬스Vertex Pharmaceuticals는 유전적 혈액 질환(혈우병)을 치료하기 위해, 매사추세츠주 케임브리지의 에디타스 메디신Editas Medicine이 후원하는 또 다른 연구는 레버 선천적 흑내장으로 알려진 유전적 시각장애를 치료하기 위해 유전자 편집가위 기술을 사용하고 있다.

수십억 달러 가치의 비즈니스 모델에 주목하라

유전자 편집가위 기술은 이미 하나의 비즈니스 모델이 되었으며 앞으로 더 많은 일들을 해낼 것으로 예상된다. 질병 치료 외에도 유전자 편집을 통해 농작물과 가축의 산업적 가치를 증대시킬 수도 있기 때문이다. 유전자 편집가위 기술 특허는 그 잠재적 가치가 수십억 달러에 이를 것으로 전망되며 매년 관련 특허 출원이 급격하게 느는 추세다.

이렇듯 지금 인류는 생명의 진화를 결정할 수 있는 경계선에 와 있다. 문제는 이러한 새로운 힘을 인간에게 도움이 되는 책임 있는 방식으로 사용할 수 있는가 하는 점이다. 중국에서 디자이너 베이비가 탄생하게 되면서 유전자 편집 기술 연구가 위축되는 것 아니냐는 우려도 있지만 그렇게 부정적으로만 보기에는 이 기술이 가진 잠재력이 너무도 크다. 암이나 난치병 질환 등 인류의 생명을 위협해왔던 많은 질병들을 치료할 수 있는 희망이 되는 기술이기 때문이다.

실험실을 벗어난 유전자 편집가위 기술이 의료적 치료에 널리 쓰이기까지는 수년 정도가 더 걸릴 것으로 보이지만 기하급수로 발전하는 기술의 속도를 생각하면 우리의 생각보다 훨씬 더 빨리 의료 현장에 자리잡을 수도 있다. 그러므로 과학기술 전문가를 비롯한 법과 제도 그리고 윤리적 문제를 다루는 이들 사이에서 선제적이며 지속적인 논의가 필요하다. 또한 이런 변화들이 초래할 미래 사회에 대해 개인과 기업, 정부가 어떻게 준비하고 대응해야 할지 미리 고민해야 할 것이다.

03

식품 산업의 게임 체인저가 될
배양육의 미래

영국의 총리이자 노벨 문학상을 수상했던 윈스턴 처칠은 1932년에 쓴 수
필집 〈50년 뒤의 세계〉Fifty Years Hence 에서 '50년 뒤에는 닭 가슴살이나 날
개만 먹으려고 닭을 키우지 않을 것이다. 대신 원하는 부위만 골라 키워
낼 것이다'라고 예측했는데 놀랍게도 이는 미래의 고기, 배양육을 예언한
것이다.

배양육은 가축을 사육하거나 도축하지 않고, 실험실에서 동물의 세포
를 배양시켜 생산되는 육류를 의미한다. 그래서 실험실 고기in vitro meat, lab
grown meat 또는 청정육clean meat 으로도 부르고 있다. 배양육은 동물 세포
가 기반이 되었기에 최근 버거킹과 맥도날드에서 판매를 시작한 식물성

210

단백질을 주원료로 만든 '식물성 고기'와는 원천적으로 다르다.

이 기술이 미래 기술로 주목받는 이유는 축산으로 인해 생기는 많은 환경 문제를 해결할 수 있기 때문이다. 배양육 기술은 축산업에 사용되는 토지의 99퍼센트, 물의 98퍼센트, 탄소배출의 60퍼센트, 에너지의 56퍼센트를 절감할 수 있으며 동물 권리에도 기여할 수 있다.

지속가능한 육식을 위한 대안

세계 최초의 배양육은 2013년 8월 네덜란드 마스트리흐트 대학교의 마르크 포스트Mark Post 교수가 개발한 '소 근육을 배양해 만든 햄버거 패티'였다. 이 햄버거에는 33만 달러라는 가격표가 붙어 있었고 시식자의 말에 의하면 맛도 별로 없었다고 한다. 하지만 그 후 과학자들이 연구를 거듭한 결과 이 실험실 고기는 우리가 생각하는 것보다 더 맛있어졌고 빠른 속도로 가격 경쟁력도 생겼다.

이는 '소를 도축하지 않고 만든 소고기 버거'가 미래의 메뉴에 추가된다는 것 그 이상을 의미한다. 여러 연구진들이 닭 가슴살, 생선살 배양육도 연구하고 있다. 마르크 포스트 교수는 배양육의 상업화를 위해 스타트업 모사 미트Mosa Meat를 세웠으며, 네덜란드 정부로부터 400만 달러 연구비를 지원받았다. 구글 공동창업자인 세르게이 브린Sergey Brin 도 포스트 교수에게 30만 달러의 연구비를 지원한 바 있다. 세계 2위 규모의 미국의 다국적 축산기업 타이슨푸드Tyson Foods 계열의 스타트업 멤피스 미트Memphis Meat 또한 세계 최초로 닭고기와 오리고기 배양육을 개발해 주목받은 바 있다.

배양육에 대한 여러 주장들은 사람들이 채식주의자가 되기로 결정한 이유만큼 다양하다. 배양육 지지자들의 주장 가운데 가장 받아들일 만한 이유는 바로 '지속가능성'이다. 배양육의 장점 중 하나는 공장식 축산업으로 발생한 온실가스 배출량을 크게 감소시킨다는 점이다. 유엔식량농업기구에 따르면 가축 사육 과정에서 연간 71억 톤 규모의 온실가스가 발생하는데 이는 전체 온실가스 배출량의 14.5퍼센트를 차지하는 수치로, 기후변화 문제의 주된 요인이 된다. 또한 보통 축산 농가에서 기존 공정으로 쇠고기 1킬로그램을 생산하기 위해서 15.5톤의 물과 7킬로그램의 사료가 필요하다. 그러나 배양육 생산은 기존 공정과 비교해 에너지 사용량은 56퍼센트, 물은 98퍼센트, 온실가스 배출량은 99퍼센트까지 줄일 수 있다.

배양육 프로젝트를 연구한 영국 옥스퍼드대학교의 한나 투오미스토 Hanna Tuomisto 교수는 '배양육은 늘어나는 인구에 먹거리를 제공하는 한편, 온실가스 배출을 줄이고 물과 에너지 절약을 위한 해결책 중 하나가 될 수 있으며 기존 방식과 비교해 보다 효율적이고 환경 친화적인 방식으로 인류의 식탁에 고기를 제공해줄 수 있을 것'이라고 말했다.

100퍼센트 환경 친화적인 식탁이 온다

이처럼 저렴하고 대량생산할 수 있는 배양육 산업은 장기적으로 인류의 환경 발자국을 감소시킬 수 있다. 그러나 연구소에서 고기를 만들고 있는 과학자는 포스트만이 아니다. 현대농업재단Modern Agriculture Foundation은 닭고기 배양육 챌린지를 주관하고 있다. 이들은 개별 세포에서 일일이 배양을 하는 대신 닭 가슴살 전체를 복제하기 위한 연구를 진행하고 있다.

캘리포니아 소재 벤처 기업인 퍼펙트 데이Perfect Day Inc.는 동물을 사용하지 않고 기존의 젖소에서 추출한 단백질을 '재생성'한다. 효모 균주에 DNA 염기서열을 주입해 우유 단백질을 합성한 것인데, 이 우유는 동물의 몸에서 나오지 않았지만 기존 유제품 단백질과 동일한 수준의 높은 영양분을 가지고 있다. 이는 채식주의자들을 비롯해 육류와 유제품 소비에 고민하는 소비자에게 상당한 호소력을 가질 수 있을 듯 보인다.

돼지고기와 소고기 같은 육류와 함께 우리가 가장 많이 소비하는 생물이 바로 해산물이다. 대규모 남획과 부수어획(다른 생선들을 잡는 과정에서 부수적으로 잡은 생선들)으로 해양 생태계 역시 많은 시름을 앓고 있어 청정 해산물의 발전도 많은 기대를 받고 있다. 과학자들은 육류와 마찬가지로 생선살도 배양할 수 있음을 시연해 보였다. 청정 해산물은 청정육에서 개발된 플랫폼을 그대로 모방해 물고기의 세포를 실험실에서 배양한다. 현재 해산물에 중점을 두고 있는 회사는 핀리스 푸드Finless Foods, 와일드 타입Wild Type, 블루날루BlueNalu, 시퓨처 서스테이너블 바이오테크Seafuture Sustainable Biotech 네 곳이다. 그리고 조만간 몇 개의 회사가 더 등장할 예정이다.

이렇듯 합성생물학과 청정육, 청정 해산물이 결합하게 되면 미래에는 DNA 리프로그래밍을 통해 개인의 입맛이나 건강의 필요에 맞춘 개인화된 제품을 생산할 수 있다. 미생물에 의한 환경복원 산업이나 바이오연료 산업은 해양식물이나 해조류에서 새로운 재료와 맛을 찾을 수 있게 한다. 또한 자동화, 로봇공학, 센서, 머신 비전, 빅데이터 분석과 같은 기술 분야의 빠른 발전을 이용하면 청정 해산물의 생산과 공급은 더욱 안전하고 강력한 산업이 될 수 있다. 청정 해산물은 병원균이나 기생충, 바다를 가득 채우고 있는 플라스틱 조각의 위험 없이 깨끗하고 안전한 날 생선을 즐길 수 있다는 것을 의미한다.

당장 배양육 상업화까지 높은 생산비용 등의 애로 사항이 있지만 향후 대체 육류 시장의 성장은 필연적이다. 육류 업계는 꾸준한 생산기술 개발과 자동화를 바탕으로 향후 대량생산에 따른 비용 절감이 가능할 것으로 보고 있다. 이에 많은 축산 기업들과 빌 게이츠, 리처드 브랜슨, 잭 웰치 같은 기업가들이 배양육 기술 개발 투자에 적극 나서고 있다. 그 외에도 과학, 사업, 규제 분야에서 모든 것을 극복하고 청정육과 청정 해산물이 레스토랑 메뉴에 올라가거나 슈퍼마켓 선반 위에 오르려면 앞으로 적어도 10년은 소요될 전망이다.

이처럼 배양육, 청정 해산물이 더 싸지고 보다 지속가능해짐에 따라 진짜 동물에게서 나온 고기와 거의 구별할 수 없거나 더 나은 선택지로 받아들여지게 되는 날이 곧 오게 된다. 그렇게 되면 세포 공장에서 분자 단위로 만들어질 수 있는 식품이 진정한 게임 체인저로 자리하게 될 것이다.

04

1초 만에 암 치료가 끝나는
방사선 기술

2013년 개봉한 〈엘리시움〉은 초 상류층만이 입장이 허락된 유토피아 같은 도시 '엘리시움'을 둘러싼 사회 계층 간의 갈등을 다루고 있는 무척 흥미로운 SF 영화다. 영화 속 주인공은 방사선에 노출되어 목숨이 위태로워지자 '메드 베이'Med Bay 라 불리는 최첨단 의료기기의 도움을 받기 위해서 엘리시움에 잠입한다. 영화에서 이 메드 베이는 환자의 DNA를 재배열해 불치병을 치료하고 인간의 젊음을 유지해주는 기계로 묘사된다.

실제 의료 현장에서 이 메드 베이와 가장 유사한 것을 꼽자면 아마 첨단 방사선 치료기가 아닐까 싶다. 영화에서처럼 몸을 한번 스캔하고 수분 내에 모든 불치병을 치료할 수 있는 미래는 아직 상상에 불과하지만 적어도 암 치료는 가능해지는 시대가 왔다. 2020년 인간을 대상으로 한 임상 실험에 들어갈 예정인 암 치료를 위한 이 새로운 기기는 단 1초 만에 암 세포를 정확히 조준하여 다른 세포의 피해 없이 암을 치료할 수 있다. 바야흐로 암 치료의 판도를 바꿔놓을 혁신적인 장비가 탄생하게 된 것이다.

부작용을 차단하는 암 표적 치료

방사선 치료에서 가장 큰 문제가 바로 부작용이다. 암 세포를 죽이면서 주변의 살아 있는 멀쩡한 세포까지 피해를 입히기 때문에 환자들이 많은 고통을 받는다. 하지만 미 에너지부의 SLAC 국립엑셀레이터연구소 National Accelerator Laboratory와 스탠퍼드 대학교가 함께 개발한 새로운 가속기 기반 기술을 적용한 암 방사선 치료법은 방사선 쬐임을 몇 분에서 불과 1초 미만으로 줄임으로써 방사선의 부작용을 줄이는 것을 목표로 하고 있다.

이 새로운 장비는 선형 가속기의 원리를 이용하는데 과학자들은 이 가속기의 설계를 바꿔 화물 컨테이너에 들어갈 수준으로 축소시켜 방사선 치료를 보다 쉽게 받을 수 있도록 할 예정이다. 연구팀은 두 가지 방향으로 연구를 진행하고 있다. 하나는 X-선을 사용하고 다른 하나는 양성자를 사용하는 것이다. 두 방법 모두 암 세포를 매우 빨리 파괴하여 인체의 다른 장기와 건강한 조직들은 손상되지 않는다. 마치 핀셋으로 문제가 되는 부분만 집어내는 것과 비슷하다. SLAC의 입자물리 및 천체물리학 교수 새미 탄타위Sami Tantawi는 "고강도 방사선을 충분히 효율적으로 전달하기 위해서는 오늘날 기술보다 수백 배 더 강력한 가속기 구조가 필요하다."면서 이번 연구가 그러한 방사선 치료 기계를 만드는 데 큰 도움이 될 것이라고 말했다.

페이저PHASER 라고 불리는 첫 번째 프로젝트는 X−선용 플래시 전달 시스템을 개발하고 있다. 오늘날 의료 기기에서 전자는 길이가 약 1미터 인 튜브 모양의 가속기 구조를 통과하는데, 동시에 같은 방향으로 통과할 때 에너지가 발생한다. 이때 전자의 에너지가 X−선으로 변환된다. 지난 몇 년 동안, 페이저 팀은 특수한 형태의 튜브에 무선 주파수를 공급하는 새로운 방식의 가속기 프로토타입을 개발하고 테스트해왔다. 그리고 여 러 시뮬레이션을 통해 좀 더 작은 크기에서 더 강한 출력이 나오는 설계 를 찾을 수 있었다. 연구진에 따르면 앞으로 3~5년 내에 임상실험에 사 용될 수 있는 장치가 구축될 것으로 예상하고 있다.

두 번째 프로젝트는 양성자 빔을 기반으로 한다. 원칙적으로 양성자 는 X−선보다 건강한 조직에 덜 해롭다. X−선보다 좀 더 집중된 형태로 나오기 때문이다. 그러나 양성자 치료기는 수백 톤의 무게를 지닌 자석을 사용하고 양성자를 가속시키고 에너지를 조절하기 위해 엄청난 규모의 시설을 필요로 한다. 그래서 연구팀은 미래의 장치를 더 작게, 더 빨리 양 성자 빔을 생성하도록 만들기 위해 연구를 진행 중이다. 그리고 이 목표는 곧 달성될 수 있을 것으로 예상된다.

방사선 암 치료에 있어 부작용을 없애기 위한 두 프로젝트의 또 다른 핵심 목표는 방사선 치료를 지금보다 쉽게 이용할 수 있도록 하는 것이 다. 오늘날, 전 세계적으로 수백만 명의 환자들이 치료 장비 및 시설 부족 으로 암 치료를 받지 못하고 고통 완화 처치만을 받고 있다. 연구팀은 소형화, 전력 효율성, 경제성 등을 비롯해 임상 환경에서 사용하기에 효율적이며 기존 인프라와 호환되는 시스템을 설계함으로써 더 많은 장소에서, 더 많은 환자들에게 최상의 치료를 제공하고자 노력하고 있다.

미래에는 더 이상 거대한 기기에 누워 부작용이 심한 방사선 치료를 받지 않아도 될 것이다. 치료보다는 애초에 암을 예방하는 것이 더 좋은 방법일 테지만 그러한 단계까지 가기에는 아직 더 많은 연구와 임상실험이 필요한 상황이다. 암세포에 면역을 갖게 하는 세포 치료부터 나노캡슐을 통해 암세포만 골라 죽이도록 하는 표적 약물 전달 시스템까지 암 정복을 위한 장기적인 연구들이 계속해서 진행되는 가운데, 좀 더 손쉽고 빠르게 암을 치료할 수 있는 길이 먼저 열렸다. 앞으로 5년 이내에 이루어질 이러한 혁신은 영화 속에서나 볼 수 있던 미래 의료 환경이 현실로 도래할 날도 멀지 않았음을 느끼게 해준다.

05

장애 없는 세상을 만드는
신경재활 연구의 현재

영화 〈슈퍼맨〉으로 유명한 배우 크리스토퍼 리브는 1995년 낙마사고로 척수 손상을 입어 2004년 사망할 때까지 목 아래를 전혀 움직일 수 없는 전신마비 환자로 살았다. 그는 자신의 이름을 붙인 크리스토퍼 리브 재단을 설립해 척수 손상 환자의 치료와 의학적 연구 등을 지원했는데, 그렇게 수십 년간 척수 손상을 회복시키기 위한 많은 연구들이 시행되었다. 줄기세포 치료, 복막 이식, 기능성 전기 자극, 고농도 스테로이드 치료, 신약 개발 등 다양한 시도가 이루어졌지만 이렇다 할 진전을 보이지 못했고 경우에 따라 부작용이 더 커지면서 거의 대부분의 연구가 실패로 끝난 바 있다. 한 번 손상된 척수 신경세포는 다시 재생되기가 어렵다는 것이 지금까지 의료 업계의 공통된 의견이었다.

우리 몸의 다른 세포들이 재생되는 것처럼 신경세포 또한 재생이 불가능하지는 않다. 다만 척수신경 손상이나 뇌신경 손상으로 인한 장애가 회복될 만큼 중추신경세포의 재생이 일어나지 못하기 때문에 그동안 하반신 마비나 파킨슨병과 같은 질환을 고칠 수가 없었던 것이다. 그러나 지난 2019년 5월, 척수가 손상돼 하반신 마비로 고통받던 환자가 다시 스스로 걷는 기적이 일어났다. 전기 자극 장치를 척수에 이식한 후 재활치료를 진행한 덕분인데, 장치가 구동하지 않을 때도 신경 기능이 일부 회복됐다는 결과가 나와 마비 환자들에게 새로운 희망을 심어주고 있다. 지난 수십 년간 진전을 보이지 못했던 척수 손상 치료에 새로운 돌파구가 마련된 것이다.

손상된 신경을 다시 자라게 하는 전기 자극 장치

스위스 로잔 연방공과대학교와 프라이부르크 대학교 공동 연구팀은 최근 하반신 마비 환자 세 명의 척수에 전기 자극 장치를 연결해 뇌와 다리 근육 사이 신경을 복구하고 새로운 재활치료 방식을 통해 환자들이 스스로 걷는 데 성공했다고 밝혔다. 하반신 마비 환자는 척수가 손상돼 뇌에서 내려오는 신호를 다리까지 전달하지 못하지만, 뇌 신호 대신 척수에 전기 자극을 가해 다리를 움직이게 한 것이다.

연구진들은 지난 2016년 척수 손상으로 하반신이 마비된 원숭이를 이번 연구 방식과 비슷한 원리로 다시 걷게 만든 바 있다. 척수에 뇌가 보내는 신호 대신 전기 자극을 가해 다리를 움직이게 한 것인데 원숭이는 장치를 이식한 지 6일 정도가 지나자 장치 없이도 스스로 일어서거나 걸을 수 있었다.

연구진은 가장 적합한 자극 지점을 찾을 수 있도록 신경 활성화 지도를 만들었으며 'STIMO' STImulation Movement Overground 라는 이름의 재활치료 방법을 제시했다. STIMO는 척수의 전기 자극으로 보행을 도울 뿐만 아니라 척수신경의 회복도 가능하게 한다. STIMO 치료에 참가한 환자 세 명은 모두 일주일 이내 자신의 체중을 버티면서 걷는 일이 가능하게 되었다. 훈련 후 5개월 간 근육을 조절할 수 있는 신경 회복 능력도 높아졌다. 치료 기간 동안 환자 모두 손을 사용하지 않고 보조 장치가 없는 상태로 1킬로미터 이상을 걸을 수 있었다. 기존 연구들에서는 환자들이 보행기를 짚고 약 100미터 정도를 걷거나 집 앞마당을 거니는 정도의 회복 수준만 보였던 데 비하면 엄청난 진전이라 할 수 있다.

STIMO 참여자인 데이비드 엠제라는 인물은 7년 전 운동 중 사고를 당해 하반신이 마비되었고 의사들은 그가 다시는 걸을 수 없다고 진단했다. 그러나 그는 이번 연구 참여로 800미터 이상을 혼자 힘으로 걷는 데 성공했다. 이번 연구를 진행한 스위스 로잔 연방공과대학교의 그레그와르 쿠르탱 Gregoire Courtine 교수는 환자들이 다시 걸을 수 있게 된 것도 놀랍지만 더 놀라운 사실은 손상되었던 척수가 다시 회복되기 시작했다는 점이라고 밝힌 바 있다. 데이비드는 현재 전기 자극 장치를 끈 상태에서도 최대 여덟 걸음까지 혼자 힘으로 걸을 수 있게 되었는데 이는 만성 척수 마비 환자로서는 역사적인 첫 번째 사례이다.

뇌-기계 인터페이스의 중요한 진전

이번 연구가 더 중요한 이유는 참가자들은 다리 근육에 피로도를 나타내지 않았다는 점이다. 더불어 걸음걸이의 상태가 나빠지지도 않았다. 기존보다 더 오랫동안 강도 높은 훈련을 하면서 신경계가 스스로 기능을 높였다고 연구진은 보고 있다.

연구진의 최종 목표는 모든 병원에서 이러한 장치를 이용할 수 있도록 기술을 더 발전시켜 대중화하는 것이다. 쿠르탱 박사 연구진이 개발한 전기 자극 장치 이식 기술은 아직은 비용이 너무 비싸고 충분한 임상실험을 통한 신뢰가 확보되지 않아 일반적인 치료 방법으로 사용되기에는 시간이 필요한 상황이다. 그러나 연구진들은 이러한 치료 방법이 더욱 빠르게 발전해 걸을 수 있다는 희망을 잃은 사람들을 다시 걷게 해줄 것이라고 믿고 있다. 연구진은 향후 3년 이내에 유럽과 미국에서 훨씬 더 큰 규모의 시험적 치료를 실시할 계획이다.

또한 이 방법이 단순히 환자의 치료로만 끝나지 않고 중추신경을 이루는 세포들이 분화 이후에 더 이상 재생이 일어나지 않는 이유를 밝히는 데 도움을 줄 것으로 기대하고 있다. 또한 전기 자극으로 인해 중추신경 세포들 사이에서 발생되는 신경생물학적, 세포생물학적 변화에 대한 더 심도 있는 연구가 이어지게 될 것으로 전망된다.

06

꿈의 저장 장치
'DNA칩' 시대가 온다

개인 미디어의 발달과 5G, 인공지능의 도입으로 정보 저장 수요는 폭발적으로 증가하고 있다. 클라우드의 대중화 덕분에 데이터 저장소가 부족해지는 미래를 상상하기란 무척 어렵다. 하지만 그렇게 낙관할 수만은 없다. 우리는 현재 데이터 쓰나미 앞에 놓여 있다고 해도 과언이 아니다. 한 추정치에 따르면 2040년에는 3셉틸리언(10의 24승) 데이터를 저장해야할 상황에 놓일 수도 있다. 빅데이터 혁명이 계속되기 위해서는 이러한 데이터 저장 문제를 근본적으로 재고해야 하는 시점에 와 있는 것이다. 그리고 이런 상황에서 인간의 DNA가 모든 것을 저장할 수 있는 초소형 기기의 대안으로 떠오르고 있다.

마이크로소프트가 워싱턴 대학교와 공동으로 디지털 정보를 유전자 코드로 자동 번역하고 이를 다시 검색할 수 있는 최초의 시스템을 개발했다. 하드 드라이브, 블루레이 디스크 혹은 현재 이용되고 있는 저장 기술과는 다르게 DNA는 무려 1000~1만 년까지 데이터를 손상시키지 않고 보관할 수 있다. 고작 3제곱밀리미터 크기인 DNA가 저장할 수 있는 데이터 용량은 무려 10억 기가바이트에 달한다. 이는 일반 하드 디스크의 100만 배가 넘는 용량이다.

영상과 문서를 저장하는 DNA 스토리지

시장조사기관 IDC에 따르면 인류는 2018년에 33제타바이트(33조 기가바이트)의 데이터를 생성했고 2025년이 되면 연간 데이터 생성량은 175제타바이트에 이를 것으로 예측되고 있다. 우리가 모든 정보를 드라이브에 저장한다면 2040년에는 지금보다 실리콘 칩이 100배 더 필요하게 된다는 의미다.

반면 DNA는 매우 작기 때문에 거대한 데이터 센터 하나를 작은 주사위 크기로 축소할 수 있다. 그러나 DNA 데이터 저장 기술을 실용화하기 위해서는 간단하고 직관적인 방법으로 업로드와 다운로드가 가능한 하드 드라이브와 같은 DNA 기반 저장장치가 필요하다. 연구진은 이번 연구에서 전체 프로세스가 '자동으로 이루어지는' 데스크톱 크기의 저장 장치를 설계했다.

사실 DNA에 정보를 저장하는 연구는 2000년대부터 시작됐다. 오랜 기간 동안 이루어진 DNA 저장 기술 연구에서 과학자들은 텍스트에서 영상 자료까지 거의 모든 것을 DNA에 저장할 수 있는 능력을 보여주었다. 하지만 가장 큰 문제가 있었으니 그 모든 과정에 여전히 수많은 인간의 개입이 필요했다는 점이다. 그러나 이번 연구는 정보의 저장과 해독을 '자동화'했다는 데서 획기적인 진전을 이뤘다.

원리는 이렇다. 디지털 정보는 합성 DNA 속에 염기 형태로 저장된다. 염기는 DNA를 구성하는 최소 단위로, 아데닌, 구아닌, 시토신, 티민 네 가지가 있다. 연구진은 5바이트 용량의 'HELLO'라는 단어를 저장했는데 이 영문 글자를 0과 1로 된 디지털 정보로 바꾸고, 그에 맞춰 염기를 배치한 후 이를 연결해 DNA 토막을 만든다. 여기에 인공적으로 합성하는 화학물질을 추가하여 이를 특수용기에 저장한다. 데이터를 다시 읽으려면 생명과학 연구에서 쓰는 DNA 해독 장비로 염기 서열을 알아낸 후 이를 다시 0과 1의 디지털 정보로 바꿔 최종적으로 'HELLO' 다섯 자를 확인하는 식이다.

마이크로소프트는 1만 달러를 들여 이 장치를 개발했는데 DNA 저장 칩이 실현되려면 몇 가지 선결 과제가 남아 있다. 바로 소요 시간과 가격이다. 사이언티픽 리포트에 발표된 연구논문에 의하면 이 'HELLO'라는 5바이트짜리 데이터를 저장하고 다시 읽어내는 데 무려 21시간이 걸렸다. 또한 몇 메가바이트 이상의 데이터를 저장하려면 수천 달러 또는 수백만 달러가 들어가게 된다. 그러나 마이크로소프트는 이미 이 시간을 절반 수준인 10~12시간에 끝낼 방법을 발견했으며 2020년까지 상당한 비용 절감 방법도 제시할 예정이라고 밝혔다.

2~3년 뒤에 상용화될 차세대 메모리 기술

DNA 저장 장치를 연구하는 기업은 마이크로소프트만이 아니다. 인텔 Intel과 마이크론 테크놀로지 Micron Technology 역시 연구를 지원하고 있으며 2018년 MIT의 지원을 받아 설립된 스타트업 카탈로그 테크놀로지 Catalog Technology에서는 테라바이트 데이터를 DNA에 기록할 수 있는 화물 컨테이너 두 대 크기의 기기를 2019년 중에 제작한다고 발표하기도 했다.

DNA에 데이터를 저장하는 방식이 디지털 세계에서 DNA를 활용하는 유일한 사례는 아니다. 최근 캘리포니아 대학교 연구진은 〈네이처〉에 최초의 재프로그램이 가능한 'DNA 컴퓨터'에 관한 논문을 발표했다. 이 연구에서는 패턴 형성이나 숫자 세기와 같은 간단한 작업을 수행하는 수백 개의 DNA 가닥으로 이루어진 빌딩블록을 만들었다. 이러한 기술이 조만간 실제 컴퓨터를 대체할 수는 없겠지만 약물 전달용 나노 로봇 또는 분자를 조립하는 나노 크기의 공장에 사용될 수 있을 것으로 전망된다.

물론 DNA 저장 장치가 상용화되기 위해서는 경제적인 부분에서는 넘어야 할 장애가 적지 않다. 대규모로 만들기에는 아직 너무 비싸기 때문이다. 하지만 DNA와 IT 기술의 빠른 융합 속도를 보면 그 시기는 예상보다 더 앞당겨질 수도 있다. 인간 게놈 프로젝트를 생각해보자. 최초로 인간 유전자 배열을 밝혀내는 데 27억 달러의 비용과 15년의 시간이 소요됐다. 하지만 15년이 지난 지금 유전자 분석은 민간 기업에서 1,000달러 정도의 비용만 내면 수주일 내로 결과를 받아볼 수 있을 정도로 대중화되었다(가장 최근의 연구에 의하면 이 가격은 599달러까지 하락했다). 즉, 기술의 기하급수적 발전 속도를 생각하면 불과 2~3년 내에 DNA 저장 장치가 상용화될 수 있을 것으로 보인다. 그리고 DNA 저장 장치의 개발과 이용은 자연스럽게 '생물 컴퓨터'의 개발을 촉진할 것으로 전망된다. 하드디스크와 드라이브가 아닌 최적화된 유기물을 통해 오랫동안 데이터를 저장할 수 있는 꿈의 기술이 우리 눈앞에 다가오고 있다.

07

신인류의 탄생을 가져올
인공 뇌 연구

인간 몸의 겨우 2퍼센트를 차지하지만 우리의 의식과 신체를 관장하는 1.4킬로그램의 뇌는 인류에게 남은 마지막 미지의 영역이다. 뇌과학 분야에서 지난 20년간 많은 연구가 이루어지면서 그 미지의 영역이 조금씩 모습을 드러내고 있다. 그리고 여기에 인공 뇌까지 만들어지면서 뇌의 작동 방식을 파악하는 데 한층 더 가까이 다가갈 수 있게 되었다.

지난 10여 년간 과학자들은 사람의 피부와 소화기관 등을 모방한 유사 신체 장기 '오가노이드'oganoid를 만들어왔다. 오가노이드는 배아줄기세포, 성체줄기세포 등을 배양하거나 재조합해서 만든 장기 유사체로, 흔히들 인조 장기, 미니 장기라고도 부른다. 실제 장기의 구조와 기능을 재현하는 것이 가능해 신약 개발과 질병 치료, 인공장기 개발 등에서 폭넓게 활용되고 있다. 여태까지 심장, 위, 간 등의 오가노이드가 탄생했는데, 여기서 더 나아가 최근 사람의 뇌 조직과 유사한 '미니 뇌'가 제작되어 화제가 되고 있다.

'미니 뇌'로 질병 연구의 새 길이 열리다

지난 8월, 주요 과학 언론들은 캘리포니아 대학교와 하버드 대학교 연구진이 미숙아 수준의 미니 뇌를 개발하는 데 성공했다고 전했다. 연구진이 만든 오가노이드는 조직이나 구조, 전기신호 등에서 인간 뇌 조직과 유사하게 작동한다. 논란의 여지를 잠재우기 위해 미리 이야기하자면, 이번에 제작된 미니 뇌는 발달 궤적에서 태아의 뇌를 모방하지만 인간처럼 '의식'하거나 '사고'하는 뇌는 아니다.

이번 뇌 오가노이드의 개발이 갖는 의미는 특별하다. 그동안 과학자들은 동물을 연구함으로써 아주 어린 뇌 즉, 자궁 속 태아의 뇌조차도 성숙함에 따라 점차적으로 신경 진동(뇌파)을 생성한다는 것을 알고 있었다. 이 뉴런이 보내는 '신호'에 문제가 생길 때 자폐증, 정신 분열증 같은 질환이 발생한다. 그러나 이러한 뇌 연구가 더 이상 진척되기 어려웠던 이유는 실제 태아의 뇌를 지속적으로 모니터링하는 것이 불가능했기 때문이다. 그러나 이번에 미숙하지만 뉴런의 활동을 모방하는 즉, '살아 있는 미니 뇌'를 제작함으로써 뇌전증, 조현병 등 정신질환의 치료와 알츠하이머, 다운증후군을 연구하는 데 도움을 줄 수 있을 것으로 기대하고 있다. 이 연구를 진행한 캘리포니아 대학교 연구팀의 앨리슨 무오트리_{Alysson Muotri} 박사는 미니 뇌를 모의 실험할수록 동물에 의존할 필요가 줄어들며 사람의 뇌에 진짜 효과가 있는 약물을 찾을 수 있고, 실험 비용도 동물 실험보다 100분의 1 수준으로 줄어들게 된다고 말했다.

뇌를 대체할 수 있는 세상이 온다면

이번 연구에서 연구팀은 처음으로 미니 뇌가 성숙함에 따라 고도로 동기화된 신경 진동을 발생시킨다는 것을 보여주었다. 이들은 미니 뇌로부터 진동을 측정하기 위해 초소형 전극을 설치했고 미니 뇌가 점진적으로 발달하는 동안 일정한 진동수를 지닌 '뇌파'로 생각되는 전기적 활동을 추적할 수 있었다. 이러한 신호의 의미를 자세히 알아보기 위해 연구진은 기계 학습을 사용하여 이 활동 패턴을 24주 미만인 미숙아의 뇌 활동 패턴과 비교했다. 그 결과 두 측정치는 네트워크 전기 활동이 나타나는 방식에서 놀라운 유사성을 보였다.

이번 연구로 일단 과학계는 열광하고 있다. 이번 뇌 오가노이드 개발은 태아의 뇌 조직에 대한 연구를 대체함으로써 신경학 측면에서 뇌질환이 어떻게 일어나는지(특히 초기 발달과 관련 있는 질환) 그 원인을 규명할 수 있는 혁신적인 사건으로 평가되고 있다.

현재 의식을 클라우드에 업로드하는 기술이 연구될 만큼 뇌과학 연구는 우리의 상상을 뛰어넘는 수준이다. 마찬가지로 이 인공 뇌 기술이 발전을 거듭한다면 먼 미래에는 '대체 뇌' 개발도 현실적으로 가능해진다. 물론 윤리적 측면의 문제는 여전히 남아 있다. 이 기술이 실험실 접시에서 정교하고 성숙한 인간의 '두뇌'를 만드는 것이 이론적으로 불가능하지 않다는 점을 보여주었기 때문이다. 물론 현재 완두콩만 한 미니 뇌가 의식적이거나 감정을 가졌다고 보기는 어렵다. 그렇다면 '인간'이 아니라고 확신할 수 있는 뇌의 크기는 얼마인가? 이 또한 생각해봐야 할 문제다. 세상을 바꿀 기술의 진보는 항상 통제되지 않는 어두운 면과 함께한다. 인간이 인간의 뇌를 만들 수 있다면 엄청난 생명체의 변화가 일어나게 될 것이다. 유전적 질병을 치료하는 수준을 넘어 원하는 아이의 두뇌를 설계할 수 있다면 어떻게 될까? 노후된 노인의 뇌를 젊은 뇌로 대체해버린다면? 혹은 젊은 사람의 몸으로 뇌를 이전시킨다면? 뇌 구조를 다 갖춘 오가노이드를 동물에게 이식하면 그 존재를 인간이라고 여길 수 있을까?

이는 디자이너 베이비 즉, 유전자 편집가위 기술을 둘러싼 논란과 같은 종류의 토론이 될 것이다. 유전자 편집가위의 윤리적 측면에 대한 논의가 아직까지 이루어지고 있듯이 미니 뇌 연구도 윤리적 논의 및 지침과 함께 이루어져야 한다. 정신 질환, 신경 질환이 있는 사람들에게 더 나은 치료법과 삶의 질을 제공하는 데 쓰일지, 인간에 대한 정의를 파괴할 어두운 의미의 신인류가 탄생할지는 결국 기술을 사용하고 한계를 정하는 우리 인간에게 달려 있다.

제 5 장

우주로 확장되는
지구와 에너지의 미래

우주 태양광발전부터 달 탐사까지 지속가능한 지구를 위한 연구

01

청정에너지와 청정 운송산업이
거대 시장을 형성한다

21세기 들어 미세먼지 등 대기오염이 심해지고 지구 온도 상승으로 인한 기후변화 등 환경문제가 심각해지고 있다. 전 세계에서 환경보호를 위한 여러 사회운동과 정책 변화가 일어나고 있으며 그중에서도 화석연료 대신 재생에너지 사용을 확대하는 에너지 전환이 세계적인 추세다. 2050년까지 석탄 사용은 급격히 감소하며 태양광과 풍력은 지속적으로 증가할 전망이다. 에너지 패러다임의 전환을 이뤄내기 위한 각국의 노력이 계속되는 가운데 한국 역시 2030년까지 재생에너지 발전 비중 20퍼센트를 목표로 삼았다. 이 같은 에너지 전환이 세계에 가져올 변화와 그 시장 기회를 살펴보도록 하자.

독일과 중국의 재생에너지 전환

컴퓨터 공학자인 라메즈 남Ramez Naam은 최근 샌프란시스코에서 개최된 싱귤래리티 대학교 글로벌 서미트 강연에서 '태양에너지는 어디에서 시작되었는가?'라고 질문했다. 청중 가운데 일부는 그 대답을 알고 있었다. 바로 독일이다. 아이러니하게도 독일은 세계 국가들 가운데서 가장 햇빛이 강한 나라가 아니다. 그러나 독일의 재생에너지 수요는 기하급수적으로 증가하고 있다. 라메즈 남은 독일이 2018년 상반기에 독일의 모든 가정에서 사용하기에 충분한 재생에너지를 생산해냈다고 지적했다.

독일뿐만이 아니다. 중국 남부 지역의 송전 사업을 다루는 중국남방전망유한책임공사는 2019년 청정에너지에 의한 발전량이 전체의 절반을 넘어섰다고 발표했다. 중국 남부의 다섯 개 성省과 자치구(광둥성, 하이난성, 구이저우성, 윈난성과 광시좡족 자치구)에서 청정에너지에 의한 발전량이 전체의 50.8퍼센트, 발전 능력은 50.2퍼센트를 차지했다고 밝혔다.

애플은 최근 중국에 3억 달러 규모의 중국 청정에너지 펀드China Clean Energy Fund를 조성하겠다고 발표했다. 미중 무역 갈등이 심화되고 있는 국면에서 애플의 발표는 큰 의미를 지닌다. 애플은 10개 부품 공급업체들과 함께 향후 4년간 3억 달러 규모의 펀드를 조성한 뒤 이를 이용해 1기가와트(10억 와트) 규모의 재생에너지를 생산할 계획이다. 1기가와트는 100만 가구가 사용할 수 있는 전력량이다. 애플은 그동안 환경문제에 지대한 관심을 기울여왔으며 중국 청정에너지 펀드 모델이 성공할 경우 이를 다른 나라로 확대할 계획도 가지고 있다. 대기오염 축소를 주요 국정과제 중 하나로 삼은 중국 정부도 재생에너지 개발에 많은 노력을 기울이고 있다. 전통적으로 중국은 석탄에 의존해왔지만 최근 수년간 재생에너지의 비중이 극적으로 높아지면서 석탄 시장점유율을 잠식하기 시작했다. 지난해 중국이 설치한 태양광 패널은 다른 모든 국가들의 태양광 패널을 모두 합한 것보다 많다.

석탄을 위협하는 재생에너지의 가격 경쟁력

전 세계적으로 석탄의 수요가 감소하고 있으며 이로 인해 미국 최대 석탄 생산 기업 피바디 에너지Peabody Energy 등 여러 대형 석탄 회사들이 파산하기에 이르렀다. 피바디 에너지의 파산은 환경보호의 강화와 저렴한 셰일가스와의 경쟁, 중국의 석탄 수요 감소가 그 원인이라고 볼 수 있다. 그리고 재생에너지 가격의 하락 또한 석탄 산업 쇠퇴의 큰 원인을 차지한다.

재생에너지 프로젝트는 정부 보조금이나 시장 규제에 의존하지 않고 시장의 힘에 의해 주도되고 있기 때문에 재생에너지로 전환되는 추세는 장기적 성공의 열쇠가 될 것이다. 이를 잘 보여주는 것이 풍력발전의 원가다. 현재 풍력발전 원가는 1980년 이래 15분의 1로 감소했다. 일부 지역의 풍력발전 원가는 킬로와트시당 2~3센트에 불과한 반면 석탄발전 원가는 킬로와트시당 6센트에 달한다.

사실 풍력에너지보다 더 유망한 것이 태양에너지이다. 태양광의 발전 속도는 풍력에너지보다 더 빠르다. 1977년의 태양전지 가격은 와트당 77달러였으나 현재는 0.3달러까지 떨어졌다. 물론 태양광이 안정적인 국가 전력망으로서 기능하려면 여전히 규모적인 측면의 기술 발전이 필요하다. 그러나 태양광 패널의 가격은 더 많이 만들수록 더욱 저렴해지고 있다. 즉, 기술 혁신에 상관없이 규모의 효율성으로 인해 가격이 하락하고 있는 것이다. 또한 태양광과 풍력의 결합으로 밤과 낮이나 계절에 따른 비주기적 전력 생산 문제를 보완할 수 있다. 여기에 에너지를 몇 시간 동안 저장할 수 있는 저렴한 배터리를 추가하게 되면 재생에너지가 더 많은 에너지를 제공할 수 있게 된다.

오늘날 새로운 혼합 발전 형태로 에너지 활용의 추세가 변화하고 있는 것이 사실이다. 비즈니스 인사이더가 '환경오염에 대한 인식과 재생에너지 보조금이 석탄 감소 운동을 시작하게 만들었지만 아이러니하게도 석탄 산업의 진정한 적은 자유 시장'이라고 말한 것처럼 재생에너지가 가격 경쟁력을 갖게 되면서 석탄 산업은 이제 소멸을 눈앞에 두고 있다.

전기 사용 방법의 변화가 가져올 파괴적인 혁신

전기를 생산하는 방식의 변화와 함께 전기를 사용하는 방식에도 많은 변화가 예고된다. 라메즈 남은 전기로 움직이는 자율주행차와 자동차 공유 서비스의 결합이 가장 파괴적인 변화의 원인이 될 것이라고 지목한다. 자동차뿐만이 아니다. 현재 전 세계 석유 생산량의 7퍼센트를 사용하고 있는 항공 업계가 전기 항공기로의 대규모 전환을 꾀하기 위한 연구를 진행 중이다. 서비스로의 운송 가격은 더욱 저렴해질 것이고 사람들은 전통적인 방법 대신 서비스로의 운송을 선택하게 될 것이다. 따라서 석유를 사용하는 내연기관 자동차의 주행거리는 감소하게 된다.

청정에너지와 청정 운송산업은 앞으로 20년 동안 거대한 시장을 형성하게 될 전망이다. 이렇게 에너지의 생산과 활용 방식에 획기적인 변화를 앞두고 우리는 무엇을 어떻게 준비할 수 있을까? 만약 제조업자라면 유연성과 민첩성이 중요해질 것이다. 햇빛과 바람이 풍부하여 에너지 생산이 가장 저렴한 곳으로 이전을 고려해야 하며 나아가 발 빠르게 미래에 투자해야 한다. 만약 기존의 에너지 산업, 운송 업계에 종사하거나 자동차 부품 제조업과 같이 가장 활발히 변화 중인 산업에 몸담고 있다면 이 같은 변화에 미리 대처할 필요가 있다.

재생에너지 전환으로 인해 도래할 세상은 화석연료의 기반 위에 지어진 세계와는 매우 다른 모습이 될 것이다. 이와 관련해 국제재생에너지기구는 "에너지 전환을 이루지 못하는 국가는 국가의 영향력을 상실할 것"이라고 밝히기도 했다. 재생에너지에 대한 투자를 아끼지 않고 거기서 창출되는 기회를 적극 이용하는 중국과 같은 국가의 영향력은 점점 더 증가하며 화석연료 수출에 크게 의존하고 에너지 전환에 적응하지 못하는 국가들은 위험에 직면하여 영향력을 상실할 것이라는 의미다. 이처럼 에너지 전환은 단순히 한 국가 차원의 문제에서 멈추지 않고 지정학적인 측면에서도 매우 중요한 의미를 가진다. 에너지가 국가 간의 관계를 재정비하고 경제와 사회에 근본적인 변화를 가져올 것이기 때문이다.

COLUMN

미래 재생에너지 분야의
새로운 리더로 떠오른 중국

재생에너지 수요와 생산 능력이 폭발적으로 증가하고 있는 가운데 풍력에너지 생산 분야에서 가장 앞선 중국을 살펴볼 필요가 있다. 세계에너지위원회Global Energy Council가 지난 2월 발표한 자료에 의하면 중국의 풍력에너지 생산량은 육지와 해상을 합해 다른 나라보다 많다. 중국은 어떻게 이러한 힘을 가지게 되었으며 앞으로의 전략은 무엇일까?

중국은 현재 '제13차 에너지 기술혁신 5개년 계획'의 막바지에 들어서 있다. 이 계획에 따라 풍력 터빈 전력 생산용량을 8~10메가와트로 확충하며 2020년 말까지 전력망에 풍력에너지 210기가와트 확보를 목표로 하고 있다. 2018년 중국의 풍력에너지 발전량은 187기가와트로, 미국 89기가와트, 독일 56기가와트와 비교된다.

재생에너지 부문에서 중국이 앞서나가는 분야는 풍력에너지뿐만이 아니다. 중국은 이미 태양광 패널, 배터리, 전기자동차의 생산, 수출, 설치 분야에서 세계적인 선두 주자이다. 전 세계에서 사용되는 태양광 패널의 60퍼센트와 풍력발전에 사용되는 터빈의 50퍼센트를 중국이 생산하고 있다. 미래에는 재생에너지가 중국 하드웨어 또는 중국 기업에 의해 공급될 가능성이 높다. 중국은 2030년까지 에너지 수요의 50퍼센트를 화석에너지가 아닌 원자력과 재생에너지에서 생산할 계획이다.

또한 중국 국가발전개혁위원회NDRC는 지난 1월에 재생에너지 발전에 대한 새로운 정책을 발표했다. 중국 내 태양광 발전 단가가 석탄 발전 단가와 비슷해지는 수준인 '그리드 패리티'grid-parity를 달성했다고 판단하여 재생에너지 발전 확대를 위해 새로운 조치를 시행한 것이다. 새로운 정책에는 지방 정부 차원에서 재생에너지 확대를 위해 토지를 지원하고 고효율 업체에 보조금을 지급하는 등의 내용이 담겨 있다.

중국이 재생에너지에 주력하는 이유

중국이 풍력과 같은 재생에너지에 중점을 두는 데는 여러 가지 이유가 있다. 그중 하나는 중산층의 증가에 따른 에너지 소비의 증가다. 현재 중국은 에너지의 상당 부분을 여전히 석탄이나 원유와 같은 화석연료에 의존하고 있는데 이미 2010년, 미국을 제치고 세계에서 가장 많은 에너지를 소비하는 나라가 되었다. 이런 이유로 다른 나라에서 수입해야 하는 에너지 의존도를 낮추기 위해 재생에너지 생산에 대한 투자가 이루어질 수밖에 없었던 것이다.

또한 재생에너지는 대기오염과 수질오염을 감소시킨다. 중국의 오염 수준은 끔찍할 정도로, 세계에서 가장 대기오염이 심한 도시 10곳 중 7곳이 중국에 있다. 중국에서는 대기오염으로 인해 160만 명이 사망했으며 이는 전체 사망자의 17퍼센트에 해당된다. 계산에 따르면 중국이 추진하고 있는 청정에너지 전략이 성공할 시, 15억 톤의 이산화탄소 배출을 줄일 수 있을 뿐만 아니라 72만 개의 새로운 일자리를 창출할 전망이다.

이러한 모든 징후로 볼 때 풍력발전이 중국이 추구하고 있는 녹색 미래에 핵심적인 역할을 한다고 볼 수 있다. 중국의 내륙과 긴 해안선은 모두 풍력발전에 매우 적합하며 중국의 잠재적 풍력 자원은 약 2,380기가와트에 달하는 것으로 추정된다. 마지막으로 재생에너지 분야의 선도적인 위치에 있다는 것은 중국이 적극적으로 추진하고 있는 솔루션과 기술 수출, 특히 일대일로 인프라 프로젝트에도 도움이 된다.

물론 중국의 이런 노력과 프로젝트가 완전히 성공을 거둔 것은 아니다. 지난 10년 동안 전체 재생에너지 분야에 막대한 투자를 했지만 중국의 풍력발전 단지는 예정 생산량보다 낮은 전력을 생산하고 있다. 전력망 연결, 전력망 관리 부문의 제한, 최적의 터빈 모델 부족, 풍력 단지의 부지 선정 등이 실제 풍력에너지를 감소시킨 원인으로 꼽힌다. 그 결과 석탄과 석유와 같은 기존의 오염원을 대체하기 위한 공급량을 생산하기까지는 더 많은 투자가 이루어져야 하는 상황이다.

에너지 산업을 재편하는 중국, 우리의 미래는?

중국은 재생에너지 관련 특허 부문에서도 앞서 있다. 2016년에 중국 기업과 기관들은 15만 개의 재생에너지 특허를 가지고 있으며 이는 전 세계 재생에너지 특허의 29퍼센트에 해당되는 수치이다. 이에 비해 2위를 차지하고 있는 미국 기관과 기업들은 10만 개의 특허를 가지고 있다. 2017년에도 중국 기업과 기관들은 재생에너지 관련 특허의 76퍼센트를 출원했다.

그중에는 에너지 생산의 미래를 볼 수 있는 야심적인 특허도 있다. 우주에 태양광 발전소를 건설하여 마이크로파로 에너지를 지구로 송전하겠다는 아이디어가 그것이다. 중국 과학기술부의 공식 신문은 과학자들이 이미 이러한 기술을 실험하고 있고 2050년까지 발전소를 건설하겠다는 계획을 가지고 있다고 밝혔다.

오늘날 에너지 문제는 국가 안보와 직결된다고 해도 과언이 아니다. 미국을 제치고 새로운 글로벌 에너지 리더십을 형성하고 있는 중국을 이제 우리는 주목할 수밖에 없다.

02

무한대의 차세대 에너지,
우주 태양광발전

지금부터 70년 전인 1941년, 전설적인 SF 작가 아이작 아시모프Isaac Asi-mov는 〈리즌〉Reason 이라는 단편 소설을 썼다. 소설에는 태양에너지를 포착하여 이를 가까운 행성으로 전송하는 우주정거장이 등장하는데, 이 같은 SF적 상상력이 과학자들의 연구를 통해 지구에서 현실로 이루어질 날도 멀지 않아 보인다.

20세기 중반부터 우주기반 태양광발전space-based solar power, SBSP 또는 우주 태양광발전space solar power, SSP 에 대한 수많은 연구가 진행되어왔다. 우주 태양광발전을 통해 환경에 부정적인 영향을 주지 않고 에너지와 온실가스 배출 문제를 해결할 수 있기 때문이다. 현재 지구에서 이루어지는 태양광발전 효율이 20퍼센트에 불과한 데 반해 우주 태양광발전 시스템은 지구에서보다 여덟 배나 더 많은 에너지를 생산할 수 있다. 우주 태양광발전을 통해 가능해질 대규모 에너지 생산능력과 우리 은하계에 속한 태양이 앞으로 100억 년은 더 존재할 것이라는 사실로 볼 때, 인류는 영원히 고갈되지 않는 에너지 자원을 얻게 되리라 기대할 수 있다.

날씨와 시간에 구애받지 않는 태양광발전

우주 태양광발전은 우주 공간에서 태양에너지를 포착하여 지구 또는 가까운 행성으로 이를 직접 전송한다는 개념이다. 쉽게 말해 우주 공간에 태양에너지를 지속적으로 포착할 수 있는 메커니즘을 설치하고 그 에너지를 지구로 전송하는 원리다. 이 시스템은 밤낮없이, 날씨와 관계없이 작동된다. 일단 지구에서 정류안테나rectenna(에너지를 수신하는 특수 안테나)를 통해 에너지를 받으면 현재 사용하는 일반적인 방식으로 에너지를 분배할 수 있다.

활용 가능한 우주 태양광발전 메커니즘에 관해 현재 수많은 아이디어들이 존재한다. 우주 태양광발전 시스템을 이해하기 위해 고려해야 할 몇 가지 기본적인 사항은 설비의 설치 위치와 위성의 구조, 에너지 수집, 에너지 전송 등이다. 우주 태양광발전 시스템의 설치는 지구 정지궤도GEO, 중궤도MEO, 저궤도LEO 등이 제안되고 있다. 가장 전망이 좋은 것은 지구 정지궤도를 이용하는 것인데, 정류안테나 간의 정렬 문제를 해결할 수 있고 지속적인 전력 전송이 가능하기 때문이다. 그러나 지구 정지궤도의 주된 문제점은 다량의 방사선 노출이다. 작은 운석이나 태양풍에도 취약하다는 단점이 있다.

미 항공우주국 나사와 함께 프로젝트를 진행 중인 존 맨킨스John Man-kins 박사는 최근 태양광 패널이 설치된 위성을 우주로 보내 태양에너지를 모아 지구로 전송한다는 계획을 발표했다. 오는 2025년경 발사 예정인 이 위성의 이름은 SPS—ALPHASolar Power Satellite via Arbitrarily Large Phased Array이다. 위성을 모듈 형태로 우주선에 실어 보낸 후 태양광 패널을 통해 에너지를 모아 그 에너지를 마이크로파로 변환해 지구로 전송하고, 지상의 발전소는 이를 다시 전기에너지로 바꾸어 활용한다는 계획이다.

문제는 로켓 발사 가격이다

우주 태양광발전 시스템이 가장 당면한 과제는 안전과 생산에 관한 기술적 문제와는 별도로 우주 태양광발전에 필요한 물질을 우주로 보내는 비용과 관련이 있다. 즉, 문제는 기술이 아니라 비용인 것이다. 현재 1킬로그램의 물질을 우주로 보내는 데 들어가는 비용은 사용되는 로켓과 우주선에 따라 9,000달러에서 많게는 4만 3,000달러까지 천차만별이다. 만약 태양광 패널만 우주로 보낸다 하더라도 초경량 우주 태양광발전 시스템에 필요한 무게는 아무리 낮게 잡아도 4,000톤이다. 즉, 최소 360억달러에서 3조 4,400억 달러라는 비용이 필요하다는 의미다.

나사의 연구 결과에 따르면 킬로그램당 발사 비용이 100~200달러 범위에 들어와야 우주 태양광발전이 경제적으로 유효할 것으로 추정한다. 스페이스XSpaceX의 재사용 가능한 로켓 덕분에 발사 가격은 계속 하락하고 있지만, 아직 갈 길이 멀다. 그러나 미래학자 레이 커즈와일Ray

Kurzweil 의 수확가속의 법칙에 따라 발전이 지속된다면 발사 가격은 수십억 달러에서 수백만 달러로 다시 수천 달러로, 마침내 100달러로 하락하는 것도 불가능한 일은 아니다.

고갈되지 않는 에너지를 찾기 위한 끝없는 도전

만약 우주 태양광발전 또는 핵융합이 향후 10년 내에 현실화된다면 SF 소설에서나 봤던 미래 기술들을 직접 눈으로 확인할 수 있게 될지도 모른다. 지구와 우주정거장을 한 번에 연결하는 우주 엘리베이터와 우주 타워, 지구 둘레에 고리를 만들어 화물 이동과 우주 탐사를 쉽게 할 수 있게 해주는 궤도 고리, 항성 전체를 둘러싸는 쉘 모양의 거대 구조물로 항성의 모든 에너지를 확보할 수 있게 하는 다이슨 스피어 Dyson sphere 등이 더 이상 상상 속에만 머물지 않을 것이다.

우주 태양광발전의 가장 큰 이점은 지구 환경에 영향을 미치지 않는 깨끗한 에너지를 거의 영원히 사용할 수 있다는 사실이다. 우주 태양광발전 시스템이 초기 투자비용을 회수하기 위해서는 수십 년에 걸친 투자, 건설, 시험, 성공적인 시스템 구현이 필요하다. 그리고 우주 태양광발전이 개념 단계를 넘어 새로운 재생에너지원으로 확장되기 위해서는 장기적인 관점에서 혁신을 추구하는 지도자와 이에 따른 정치적 환경이 갖춰져야 할 것이다.

03

기후변화에 맞서는
주목할 만한 에너지 기업 9

탄소 배출을 억제하려는 현재의 노력들을 통해 인류가 치명적인 기후변화를 피할 수 있을지에 모두의 관심이 쏠려 있다. 그에 따라 몇몇 억만장자들은 급진적인 새로운 에너지 기술에 10억 달러를 지원하기로 했다. 빌 게이츠가 설립한 '브레이크스루 에너지 벤처스'Breakthrough Energy Ventures, BEV는 에너지 산업을 좌우하게 될 투자 펀드이다. 이 펀드는 제프 베조스, 리처드 브랜슨, 마이클 블룸버그, 마윈, 손정의와 같은 유명한 투자자들을 끌어들였고, 최근 자금을 지원받게 될 회사 중 일곱 개의 회사의 이름을 공개했다. 이름을 밝히지 않은 회사들도 있기 때문에 아래 회사 이름들은 브레이크스루 에너지 벤처스가 투자하는 모든 회사의 명단은 아니다. 그러나 세계 최고의 거물 기업인들이 가장 주목하는 에너지 기술 기업들의 개요라고 할 수 있다.

커먼웰스 퓨전 시스템즈

핵융합에너지는 에너지 연구 분야에서 유니콘과 같은 존재다. 핵융합에너지는 오염이 전혀 없는 무한한 에너지원을 약속하곤 했지만 그게 언제 현실화될지 모른다는 게 문제였다. 그러나 MIT가 투자한 스타트업 커먼웰스 퓨전 시스템즈Commonwealth Fusion Systems는 핵융합 사이즈를 획기적으로 줄일 수 있는 방법을 이용해 15년 이내에 핵융합발전소를 건설하고 가동할 것이라고 약속하고 있다. 이 회사는 토카막tokamak이라는 도넛 형태의 장치 내에 과열된 원자 입자의 플라스마를 투입시키기 위해 초전도 자석을 사용하는 방법을 연구하고 있다.

퍼보 에너지

기후변화 예방이라는 주제를 생각할 때 수압파쇄법hydraulic fracturing(물, 화학제품, 모래 등을 혼합한 물질을 고압으로 분사해서 바위를 파쇄하여 석유와 가스를 분리해 내는 공법)을 먼저 생각하지는 않을 것이다. 그러나 첨단 지열 시스템 스타트업인 퍼보 에너지Fervo Energy는 석유 산업에서 사용되는 수압파쇄법 기술을 새로운 지열발전 에너지원으로 이용하고 있다. 이 회사는 혼합 매체 활성화 기술mixed medium stimulation을 활용하여 기존의 지열발전소와 신규로 건설된 지열발전소의 에너지 생산량을 증가시키는 방법을 개발했다.

기존의 지열발전소는 자연적으로 발생된 지열과 물, 투과성 암석의 완벽한 조합이 필요하다. 그중 투과성 암석은 일반적으로 지열발전을 제한하는 요소이다. 그래서 고압의 물을 집어넣어 존재하는 균열층을 확대하여 투과성을 개선하는 방법을 사용하게 된다. 아직까지 아무도 이러한 아이디어를 상용화시키지 못했지만 퍼보 에너지에서는 석유 산업의 시추 기술을 이용하여 지열발전의 목표를 실현시켜나가고 있다.

퀀텀 스케이프

전기자동차는 운송 산업 분야에서 탄소 배출을 완전히 없애는 것을 가능하게 만든다. 그러나 현재의 배터리 기술로는 주행거리 측면에서 가솔린 엔진의 경쟁 상대가 되지 못하고 있다. 퀀텀 스케이프Quantum Scape 는 에너지 저장기술 개발 기업으로 전고체 배터리solid-state battery 를 2025년까지 상용화할 계획이다. 이 회사의 기술은 표준 배터리의 액체 전해액을 전고체 배터리로 대체하여 에너지 밀도를 크게 늘리고 저장 용량을 증가시킬 수 있다. 폭스바겐 그룹은 이미 이 회사에 1억 달러의 자금을 지원했다.

카본큐어

콘크리트 산업과 이산화탄소의 관계는 대개 잘 알지 못한다. 그러나 캐나다의 스타트업 카본큐어 CarbonCure 는 콘크리트 제조 공정에 이산화탄소를 사용하여 탄소 배출을 저감할 수 있는 기술을 개발했다. 이 회사는 다른 산업에서 발생된 이산화탄소를 포집하여 콘크리트 생산 과정에 투입한다. 이러한 공정을 통해 콘크리트의 강도를 높이고 온실가스를 광물의 형태로 영구 저장한다. 이 회사는 2019년 초 콘크리트 업계의 비용 절감과 탄소 저감을 목표로 건설된 최초의 파일럿 프로젝트 시설을 공개했다.

피봇 바이오

이산화질소는 기후변화에 가장 큰 영향을 미치는 요소다. 엄청난 양의 질소질 비료의 사용으로 인해 배출되는 이산화질소는 온실가스보다 300배 더 강력하다. 캘리포니아에 본사를 둔 스타트업 피봇 바이오Pivot Bio는 밀과 같은 곡물의 성장을 돕기 위해 자연적으로 토양의 질소를 배양하는 미생물을 개발했다. 피봇 바이오는 합성생물학을 이용하여 질소를 고정하는 미생물들을 개발하여 농작물에 질소질 비료의 필요 자체를 줄이려 한다. 천연가스로 만들어지는 질소질 비료를 대체함으로써 이산화질소의 배출 저감을 목표로 하고 있다.

제로 매스 워터

물을 처리하고 물이 부족한 지역으로 운송하는 일은 거대한 탄소발자국을 남긴다. 애리조나주에 있는 스타트업인 제로 매스 워터Zero Mass Water는 건조한 지역에서도 대기 중의 물을 흡수할 수 있는 특수한 태양전지 패널인 하이드로패널Hydropanel을 만드는 시스템을 설계했다. 태양전지 패널은 데시컨트desiccant라고 부르는 특수하게 설계된 흡수물질 위에 공기를 불어넣는 팬에 전기를 공급한다. 그 다음 공정에서는 열을 이용하여 데시컨트에서 다시 물을 증발시켜 물을 수집하게 된다. 하이드로패널은 현재 개당 2,000달러이며 하루 약 5리터의 식수를 생산할 수 있다. 향후 대규모 식수 공급을 가능케 하기 위해 미국 캘리포니아주, 노스캐롤라이나주를 포함하여 총 여덟 개 나라에서 파일럿 테스트를 진행하고 있다.

DMC 바이오테크놀로지

지속가능한 바이오연료는 화석연료의 적절한 대안이지만 바이오연료를 만드는 데 필요한 엔지니어링 프로세스는 시간이 많이 소요되고 비싸다. DMC 바이오테크놀로지 DMC Biotechnologies 는 특정 분자를 생산하는 새로운 미생물을 만드는 표준화된 방법을 개발했다. 이 회사가 개발한 다이내믹 메타볼릭 컨트롤 Dynamic Metabolic Control 기술은 바이오연료와 기타 바이오 제품을 생산하는 데 사용되는 다양한 균주를 재배 및 테스트하는 프로세스 관리 기술이며 이를 통해 프로세스를 단순화하고 시간을 단축할 수 있다.

폼 에너지

폼 에너지 Form Energy 는 새로운 두 가지 배터리 기술을 개발하고 있다. 현재 기술적 세부사항은 공개하지 않고 있지만 그중 하나는 황산 플로우 배터리인 것으로 알려졌다. 값싸고 풍부한 물질인 황을 사용하게 되면 현재의 리튬이온 배터리보다 훨씬 더 저렴해진다. 플로우 배터리는 액체 전해액이 전극 주위로 펌핑되는 방식이다. 펌프와 기타 부피가 많이 나가는 부품으로 인해 스마트폰과 같은 작은 전자기기에는 사용할 수 없다. 그러나 이 기술은 전력망 수준의 에너지 저장장치 부문에서 미래의 대안이 될 수 있을 것이다.

퀴드넷 에너지

퀴드넷 에너지Quidnet Energy는 특이한 형태의 에너지 저장 방식을 연구하고 있다. 이 회사는 지하에서 끌어올린 물을 이용하여 수력 발전을 하는 기술을 개발하고 있다. 전력망에 여분의 전력이 있을 때 그 전력을 이용하여 버려진 유정에 물을 펌핑하여 저장한 뒤 전력 수요가 많을 때 이 물을 이용하여 터빈 발전기를 구동시킨다.

위에서 소개한 기술들이 기후변화와 밀접하게 연관되어 보이지 않을 수도 있다. 그러나 브레이크스루 에너지 벤처스의 투자 조건은 전력, 운송, 농업, 제조업, 건축업의 다섯 개 분야에서 1년에 5억 톤의 온실가스 배출을 줄일 수 있는 잠재력을 가진 기술이다. 미국이 파리기후변화협약에서 탈퇴하며 기후변화에 관한 목표 달성이 불투명해진 상황이기에 위에서 말한 기업들에게 더욱 기대를 가지게 된다.

04

해양 경제는 어떻게
지구의 미래를 이끄는가

바다는 지구 표면의 70퍼센트 이상을 차지하고 있다. 태평양의 면적만 해도 1억 6,000만 제곱킬로미터가 넘는다. 그러나 지금까지 3억 제곱킬로미터가 넘는 면적의 바다는 기술의 혜택을 받기보다는 기술에 의한 피해를 더 많이 겪어왔다. 하지만 이제 바다로 눈을 돌려야 할 때다. 새롭고 진보된 기술이 보다 책임 있는 해양 경제를 선도할 수 있다.

2030년까지 해양 경제는 지금의 두 배로 증가할 것이라고 예측된다. 바다는 돈을 버는 곳이기도 하지만 아직 손대지 않은 데이터의 보고이기도 하다. 이러한 데이터는 예측과 위험 특성, 운영 성과를 향상시킬 수 있다. 이 분야에서 주목할 만한 성과를 낸 곳으로 캐나다에서 설립된 단체

오션 슈퍼클러스터Ocean Supercluster 가 있다. 오션 슈퍼클러스터는 해양 재생에너지, 어업, 오일 가스, 조선업 등 다양한 해양 산업에 혁신 기술을 적용하는 단체다. 혁신에 대한 투자가 탄소 발자국을 줄이고 환경 감시와 보호를 강화하며 자원 관리와 에너지 효율성을 향상시켜 지속가능성을 증진시킬 것이라는 주장이다. 아래의 내용은 오션 슈퍼클러스터가 연구 중인 해양 경제를 변화시키는 중요한 분야들이다.

양식장 센서 기술

오션 슈퍼클러스터는 양식장의 물고기와 환경을 감시하기 위한 실시간 데이터를 제공하는 맞춤형 수중센서를 개발하고자 한다. 양식업자들은 새로운 센서와 데이터 관리, 시각화 시스템을 이용해 먹이 공급 시간을 최적화하여 양식 환경을 개선하고 이익을 증대시킬 수 있다. 그러나 양식업은 여전히 논란의 대상이다. 양식업 분야는 고밀도 양식, 이동성의 부족, 유전적 다양성의 부족 등으로 질병과 기생충의 발생을 가속한다는 비판을 받고 있다. 또한 일부 과학자들과 환경운동가들은 개방형 양식장이 바이러스를 퍼뜨려 야생 개체군을 위협한다고 주장한다.

해양 무선 통신 시스템

시장조사회사 테크내비오TechNavio 에 의하면 전 세계 해양 통신 시스템 시장은 2021년까지 연평균 8퍼센트 성장할 전망이다. 낡은 통신 시스템의 무선 기술은 라이파이Li-Fi (무선전파 대신 빛을 사용해 데이터를 전달하는 기술로 와이파이를 대체할 미래 통신 기술로 꼽는다)와 5G 기술로 대체되며, 새로운 통신 시스템은 텍스트를 모스 부호로 변환시켜 메시지 전송을 더 용이하게 만든다. 크루즈 운영회사들도 선박 내 인터넷과 모바일 서비스를 제공하게 되어 관광 업계의 통신 시스템도 개선될 것으로 보인다.

자율운항선박

많은 사람들이 아스팔트 도로 위를 달리는 자율주행차에만 관심을 기울이고 있지만 바다 위에서도 자율운항선박 혁신이 이루어지고 있다. 오션 슈퍼클러스터는 선박, 석유 플랫폼, 해양산업 인프라와 같은 대형 해양 자산의 감시와 유지보수를 위해 자율운항선박의 개선을 도모하고 있다.

무인 자율운항선박이 등장하면서 해양 부문에서 이를 '배'로 분류할지는 아직 분명하지 않다. 국제 규정과 법적 책임 부분이 아직 명확히 해결되지 않았기 때문이다. 해상보험회사 연합단체인 쉽오너스클럽Shipowners' Club에서는 이러한 급진적 신기술을 수용하기 위해 기존의 체제를 수정할 것을 권고하고 있다. 자율운항선박이나 글라이더는 온도, 염도, 압력과 같은 해양 변수를 측정하는 데 매우 유용하게 쓰일 수 있다.

빙산 추적 기술

지구온난화로 인해 빙산의 위협은 더욱 커지고 있다. 빙산 추적기는 석유 플랫폼에 위험한 빙산이 접근하고 있는지를 알려주는 조기경보 시스템 역할을 한다. 루터 사의 시그마 S6 시스템은 다중 레이어 처리 기술을 이용하여 레이더 성능을 더욱 향상시켰다. 다행히 원격 감지기술로 인해 작업자들이 빙산의 위협을 사전에 대비할 수 있어 재난과 환경오염의 위험은 줄어들고 있다.

이처럼 바다는 전통적인 수산업 외에도 여러 분야에서 경제적 발전 가능성을 가진 우리의 공유자원이다. 하지만 안타깝게도 인간의 과도한 착취 행위로 고통받고 있는 중이다. 데이터의 공유와 지속가능한 기술이 없다면 바다는 인간에 의해 계속 고통받게 될 것이다. 미래의 돌파구가 될 해양 자원을 계속 소모시킬 것인지, 보호하며 새로운 비즈니스 기회를 발견할 것인지는 우리의 결정에 달려 있다.

05

달 탐사 레이스,
우주를 향한 미개발 자원 전쟁

미국이 유인 달 착륙 50주년을 맞아 발표한 유인 달 탐사 계획 '아르테미스'Artemis에 세계가 주목하고 있다. 2024년까지 최초의 여성 우주인을 달로 보낸다는 계획이다.

60년대 우주 시대가 개막된 이후 60번의 성공적인 달 탐사 미션이 이루어졌고 그중 여덟 번은 유인 탐사였다. 가장 유명한 1969년 아폴로 11호 달 탐사는 인간이 최초로 달을 밟은 사건이었다. 1971년 아폴로 15호는 달 표면에서 소위 제네시스 바위Genesis Rock라는 가장 오래된 바위를 회수하고 또 다른 달 표면 샘플을 통해 거대충돌가설giant impact hypothesis (지금부터 45억 년 전 현재 질량의 90퍼센트 수준으로 성장한 지구에 대략 화성만 한 크기의 행성이 충돌함에 따라 그 파편이 지구 주위의 우주 공간에 뿌려지고, 그 파편들이 모여 달을 형성하게 되었다는 이론)에 힘을 실어주기도 했다. 이러한 우주 개척자들은 지구와 우주에 대한 이해의 폭을 넓혀주었다. 그러나 그 이후 인류의 시선은 달에서 화성으로 옮겨졌다. 1997년 최초로 마스 패스파인더Mars Pathfinder는 화성 표면에 최초로 이동식 로버를 내려놓는 데 성공했다. 탐사선이 보내온 사진들은 대중의 상상력에 불을 붙였고 화성에 대한 새로운 탐사에 관심을 갖게 만들었다.

그러나 현재 화성 탐사에 대한 전망이 어두워지면서 인류는 다시 달 탐사로 눈을 돌리게 되었다. 치열해지는 우주 개발 경쟁에서 각국 정부와 민간 기업들이 달 탐사에 이토록 적극적인 데는 이유가 있다. 달은 더 이상 신비의 행성이 아니라 인류의 미래와 직결되는 공간으로 변모하고 있기 때문이다.

우주의 정기 기항지

중력을 극복하고 우주로 나아가려면 일정한 속도가 필요하다. 지구에서 화성으로 가기 위해서는 최소 초속 13.1킬로미터의 속도가 필요하다. 이를 위해서는 거대한 로켓, 수 톤의 연료, 복잡한 궤도 운항이 필요하다. 그러나 달은 중력장이 약하기 때문에 달 표면에서 화성으로 우주선을 발사하는 데 초속 2.9킬로미터면 충분하다. 이는 지구에서 국제 우주정거장에 도달하는 데 필요한 속도의 약 3분의 1 수준이다.

달은 또한 풍부한 광물 자원을 가지고 있다. 달에는 로켓 연료의 원료가 될 수 있는 수소연료와 산화제로 변화시킬 수 있는 얼음이 풍부하다.

달 표면에는 지구에서는 거의 구할 수 없는 금속인 황화철 광물 트로일라이트troilite도 존재한다. 트로일라이트는 운석에서 주로 발견되는 철황화물로, 여기서 추출된 유황을 달 토양과 결합하면 시멘트보다 더 강한 건축용 소재를 생산할 수 있다. 즉, 현지의 재료를 이용하여 달에 정착지를 건설할 수 있다는 의미다. 우주 탐사를 위한 달 기지를 건설하게 되면 탑재 중량 대비 연료 비중을 크게 향상시켜 현재의 비용과 노력만으로도 충분히 태양계를 탐사할 수 있게 된다.

미래를 위한 연료 공급 기지

핵융합은 인류의 미래 에너지 공급원이다. 미래의 핵융합 원자로에는 파티 풍선에 들어가는 것보다 더 가벼운 헬륨-3이 사용될 수 있다. 질량수 3의 헬륨 동위 원소는 지구에는 거의 없지만 달에는 풍부하다. 헬륨-3과 바닷물에 풍부한 중수소를 핵융합시키면 막대한 에너지를 얻을 수 있다. 또한 헬륨-3 1그램은 석탄 약 40톤에 달하는 전기에너지를 생산할 수 있다. 헬륨-3을 이용한 핵융합발전은 핵분열에서 에너지를 얻는 원자력발전소와 다르게 방사능 폐기물도 거의 나오지 않아 가장 이상적인 미래의 에너지로 꼽힌다. 많은 정부와 기업이 달에 큰 관심을 보이고 있는 이유가 바로 이 때문이다. 이러한 상업적 관심은 달에 영구적인 인간 거주지를 세우기 위한 초기의 인센티브와 자금을 제공할 수 있다.

우주의 관찰 기지

달의 대기 밀도는 지구에 비해 10조 분의 1에 불과하다. 대기의 부재는 천문 관측소를 위한 완벽한 조건을 제공한다. 그리고 달 후면은 지구의 전파를 완벽하게 차단할 수 있는 장소로 최적이다. 달의 낮은 대기 밀도는 우주에서 오는 단파장이 차단되는 지구와 달리 지상에 설치되는 X-선 망원경 또는 감마선 망원경을 가능하게 한다. 즉, 달에 설치될 관측소는 궤도에 설치된 망원경보다 훨씬 유지가 쉽고 업그레이드할 수 있다.

우주로 향하는 전진 기지

현재 화성 탐사를 어렵게 만드는 주된 문제 중 하나는 장기 우주 항행이 인간의 건강에 미치는 영향과 그 리스크 때문이다. 만약 예기치 않은 일이 생겼을 때 자원을 재보급하거나 구출 작전을 펼치려면 최소 2년이 소요된다. 이에 달을 우주 탐사를 위한 전초기지로 삼을 수 있다. 달에서 먼저 인간의 허용 범위를 테스트하고 기술과 경험을 쌓는다면 화성 또는 그 이상의 우주 탐사를 훨씬 더 안전하며 효율적으로 할 수 있다. 만약 달 기지에 문제가 발생한다 해도 지구에서 달까지 3일이면 도착할 수 있다.

이처럼 달은 우주를 향한 전초기지이며 미래의 핵융합 원료를 제공하고 우주의 역사를 연구할 수 있는 많은 잠재력을 가진 곳이다. 지구촌이 당면한 많은 문제를 해결하기 위해서라도, 또 지구에서 우주로 인류의 거주지를 확장시키기 위해서라도 우주를 향한 거대한 도약을 하기 전에 지구와 가장 가까운 곳에서 경험을 쌓을 필요가 있다.

06

인류의 미래를 개척하기 위한
우주 탐사의 미래

인류는 우주에 첫발을 내딛은 이후, 태양계와 은하계를 탐사하고 나아가 우주에 거주하겠다는 야망을 키워왔다. 그리고 지난 수십 년 동안 우주 탐사에서 놀라운 이정표를 기록하기도 했다. 하지만 많은 과학자들이 우리가 알고 있는 것처럼 대부분 춥고 어두우며 생명체에 적대적인 환경을 가진 우주에서 어떻게 인류가 자급자족할 수 있을까에 대해 많은 의문을 제기한다. 우주에 존재하는 대부분의 행성은 춥고 어두우며 숨 쉴 수 없다. 생명체가 가득한 지구는 사실 전형적인 우주와는 거리가 먼 매우 희귀한 행성이다. 그렇다면 인류는 어떻게 해야 우주 거주의 꿈을 실현할 수 있을까?

지난 2000년부터 미국우주협회National Space Society는 2억 달러의 예산을 가지고 우주를 향한 로드맵이라고 불리는 연구를 시작했다. 협회는 우주선 발사 비용을 획기적으로 낮추고 우주 정착과 자급자족을 통해 인류의 절멸을 막기 위한 31가지 이정표를 제시했는데 여기에는 달에서의 식물 재배, 우주 자원의 활용, 우주 정착지 등과 관련된 여러 프로젝트들이 포함되어 있다.

우주에서 식량 키우기

우주에서 자급자족할 수 있는 거주지를 만드는 데는 많은 요소들이 필요하다. 미래 도시를 건설하기 위한 원자재를 어떻게 구할 것인지, 어떻게 해야 효율적인 에너지를 생산할 수 있는지, 영양 공급원을 어디서 찾을 수 있는지 등을 고려해야 한다. 스페이스X와 블루 오리진Blue Origins, 나사와 같은 기관이 지속적으로 인간이 갈 수 있는 곳을 넓혀감에 따라 우주에서의 자원 접근성은 이제 현실적인 논의 대상이 되고 있다.

최근 식량에 관해 몇 가지 흥미로운 진전이 있었다. 2019년 1월, 중국의 창어 4호Chang'E-4 착륙선이 달 반대편에서 성공적으로 씨앗을 싹틔우는 데 성공했다는 소식이 전해졌다. 창어 4호는 달 표면에서 식물 재배 실험을 하기 위해 목화, 유채, 감자 등을 싣고 발사되었다. 달 표면 식물 재배 실험의 책임자인 리우 한롱 교수에 따르면, 달에 가져간 식물 씨앗들 중 목화 씨앗이 처음으로 발아에 성공했다. 열악한 달 환경 덕분에 목화는 싹이 튼 직후 죽고 말았지만 이는 주목할 만한 이정표이다.

앞으로는 우주의 조건에 더 적합하도록 유전공학으로 만들어진 식물과 씨앗이 결합될 예정이다. 씨앗들은 우주에서 자외선과 우주 복사, 낮은 압력, 혹독한 온도 조건, 미세 중력을 견뎌내야 한다. 식물의 유전 구조를 바꾸는 것이 한 가지 방법으로 거론된다. 실제로 로켓 연료 생산에서 약품 생산에 이르기까지 유전공학은 자원을 자유롭게 사용할 수 있는 메커니즘이 될 수 있다.

아무리 소규모라도 달에서 자급자족이 가능한 생태계를 만들 수 있는 능력은 미래의 우주 탐사를 위해 큰 도움이 될 것으로 보인다. 나사의 화성 탐사 계획에서는 달 표면을 잠재적인 피트 스톱pit stop(급유, 부품 교체 등을 위한 정차 구역)으로 이용한다. 블루 오리진의 CEO인 제프 베조스는 달에 영구 정착지를 건설할 계획을 가지고 있다. 달에 식물을 재배하려는 시도에서 얻은 지식을 화성과 같은 다른 행성의 주거지에 적용한다는 계획이다.

나사 역시 3D 프린팅을 통해 우주에서 음식을 만드는 연구를 진행 중이다. 2018년 나사는 우주인들이 3D 프린팅된 피자를 만들어 먹을 수 있는 기술을 개발하는 데 성공했다고 발표했다. 3D 프린터에는 잉크 대신 피자 도우, 토마토소스, 모차렐라 치즈 등 음식의 원료가 담겨 있다. 컴퓨터에 입력된 순서대로 재료가 프린트되고 우주 비행사는 자신이 원하는 피자 스타일을 직접 설정해 먹을 수 있다.

자급자족할 수 있는 우주선

"인류에게는 두 가지 길이 있습니다. 지구에 남아 멸종하거나, 또 다른 행성을 개척하는 것입니다."

2016년 테슬라의 CEO인 일론 머스크가 지구 멸망에 대비한 화성 식민지 건설 사업을 발표하면서 한 말이다. 이 말을 괴짜 사업가의 허무맹랑한 꿈으로 넘겨버릴 수는 없다. 우주 탐사의 주된 동기가 바로 지구 외의 인간 거주지를 찾기 위함이기 때문이다. 지구는 이미 인구 폭발, 핵전쟁, 소행성 등으로 존재의 위협을 받고 있다. 태양계나 우주의 다른 곳에 정착지를 건설하는 것은 인류의 존속을 위한 대안이 된다.

행성 개척 외에도 많은 SF 작가들이 이야기하는 세대 우주선_{generation} _{ship} 또는 성간을 항해하는 방주도 생각해볼 수 있다. 이러한 자급자족이 가능한 우주선은 목적지에 도달하는 데 걸리는 수백 년 또는 수천 년의 시간 동안 인간이 살 수 있는 또 다른 인간 거주지의 가능성을 제시한다. 이런 방식으로 자급자족할 수 있는 우주선 거주지는 인류의 멸종을 막고 인류가 우주로 뻗어나갈 수 있는 방법이다.

인간의 영역이 지구에서 우주로 확장되는 것은 이제 시간문제다. 단순히 우주를 여행하고 관광하는 단계를 넘어 우주 정착지, 행성 간 여행, 나아가 우주 전쟁이 가능해지는 미래를 맞이하게 될지도 모른다. 달 탐사에서 우주 자급자족까지 인류의 미래를 개척하기 위한 우주 탐사는 이미 시작되었다.

제 6 장

수명 연장과
건강관리의 혁명

더 건강해지고 오래 사는 인류, 영원한 삶을 꿈꾸다

01

제약 AI가 이끄는
신약 개발 혁명

지난 200년 동안 의료 기술의 발달로 인간의 기대수명은 획기적으로 늘어났다. 우리는 지금 100세가 새로운 60세가 되는 건강 수명이 획기적으로 연장되는 시기를 살고 있다. 그리고 그걸 가능하게 만들어주는 것이 바로 인공지능 기술이다. 지난 5년 동안 의료 분야 인공지능 스타트업들은 576건에서 43억 달러 이상의 투자를 받아 모든 인공지능 산업에서 선두를 기록했다. 같은 기간 FDA는 사람의 생명을 살리고 비용을 절감할 수 있다는 이유로 70건의 인공지능 보건 기구를 승인해줬다. 이렇듯 현재 의료 분야에서 인공지능의 발전 속도는 가속되고 있다.

인공지능이 의료 시스템을 확장시키고 인간을 더 오래, 더 건강하게 살 수 있게 만드는 방법으로는 머신러닝과 신약 설계, 빅데이터를 통한 정확하고 빠른 진단 시스템을 꼽을 수 있다.

10년 걸리던 신약 개발이 4주로 단축되다

신약 개발에는 엄청나게 많은 비용과 시간이 소요된다. 그럼에도 불구하고 현재 인간을 대상으로 하는 임상실험에 이르는 신약이 10개 중에 한 개에 불과할 정도로 그 효율이 무척 떨어진다. 그런데 만약 인공지능 시스템, 특히 신경망이 어떤 질병을 치료할 수 있는 새로운 분자(약품) 설계를 예측할 수 있다면 어떻게 될까? 첨단 인공지능을 이용하여 50명의 인원으로 기존의 5,000명이 하던 일을 할 수 있다고 상상해보라. 그리고 인공지능을 이용하여 정확하게 만들어진 분자들이 100퍼센트 약효를 낸다면 어떻게 될까? 1조 3,000억 달러 규모의 글로벌 제약 산업을 뒤흔들 대혁명이 찾아오게 된다.

2019년 9월 3일, 인공지능 스타트업 인실리코 메디슨 Insilico Medicine이 제약 분야의 '알파고 순간'이라 일컬을 만한 획기적인 성과를 달성해 화제다. 바로 인공지능을 통해 새로운 약물 후보를 단 46일 만에 설계, 합성 및 검증하는 데 성공한 것이다. 신약은 처음부터 인공지능을 통해 설계되었으며 몇 년이 아니라 며칠 만에 역시 인공지능을 통해 검증을 완료했다. 하나의 신약을 시장에 선보이기 위해 설계와 검증까지 보통 10년이 걸리는 것을 생각하면 15배는 더 빠른 속도다.

인실리코 메디슨이 신약 개발에서 인공지능 및 딥러닝의 최첨단 기술을 적용하기 시작한 것은 2년 전으로, 이번 성과가 전체 제약 산업에서 진정한 게임 체인저가 될 가능성이 높다. 이는 인공지능 기술이 오늘날 약물 발견의 주요 과제 중 하나인 광대한 화학 공간에서 좋은 약물 분자를 찾는 데 하나의 지침이 될 수 있음을 보여준다.

인실리코 메디슨은 인공지능을 이용한 엔드 투 엔드 end-to-end 신약 개발 과정을 보유하고 있는데, 이 회사가 개발한 플랫폼에는 최근 몇 년간 인공지능 발전의 핵심인 생성적 적대 신경망 GAN 기술과 심층 강화학습이 결합되어 있다. 신약 개발의 프로세스는 이렇다. 먼저 GAN을 사용하여 잠재적인 약물 후보를 선별한다. 여기서 수백만 개의 샘플과 다양한 유형의 질병 특성을 이용하여 가장 유망한 단백질 목표를 규정하고 목표에 따른 완벽한 분자를 생성한다. 그리고 이러한 분자들은 매개 변수 설정을 통해 새롭게 만들어진다. 질병을 일으키는 원인으로 밝혀진 목표 단백질이 있든 없든 인실리코 메디슨은 노화, 암, 섬유증, 파킨슨병, 알츠하이머, 근위축증, 당뇨병 등 많은 질병들을 치료할 수 있는 새로운 분자 구조를 생성하고 있다.

인실리코 메디슨의 CEO인 알렉스 자보론코프 Alex Zhavoronkov 박사가 이루고자 하는 궁극적인 목적은 완전히 자동화된 서비스로서의 의학 health-as-a-service, HaaS 과 서비스로서의 장수 longevity-as-a-service, LaaS 엔진을 개발하는 것이다. 인실리코 메디슨의 서비스가 알리바바와 알파벳과 같은 회사의 서비스에 연결되면 신약 개발 엔진은 온라인 사용자들을 위한 개인화된 솔루션을 가능하게 하며 사용자들의 질병을 예방하고 최선의 건강을 유지하는 데 도움을 주게 될 것이다.

구글 딥마인드 또한 보유하고 있는 신경망 기술을 의료 부문으로 돌려 디지털화된 신약 개발 분야에 진입하고 있다. 2018년 딥마인드는 알파폴드_{AlphaFold}라는 새로운 딥러닝 도구를 발표했다. 우리 몸을 구성하는 단백질은 20가지 종류의 아미노산이 화학결합을 통해 만들어진다. 이때 단백질은 고유한 단백질 접힘_{protein folding} 구조를 만들어내는데, 이 구조는 아미노산 개수와 서열에 따라 결정된다. 그리고 이들 단백질 구조에 문제가 발생할 경우 당뇨병, 파킨슨병, 알츠하이머와 같은 난치병이 발생한다. 지금까지 수많은 과학자들이 이러한 단백질 섭힘 현상의 원리를 이해하기 위해 노력해왔지만 무한대에 가까운 단백질 구조를 분석하기에는 역부족이었다. 그러나 알파폴드는 수천 개의 단백질 3D 구조를 훈련한 후 새로운 단백질의 접힘 구조를 예측함으로써 에너지효율성_{energy-efficiency}이 가장 높은 배열을 찾아내는 데 성공했다. 이러한 신경망 기술 역시 신약 발견 시간을 획기적으로 줄임으로써 난치성 질병을 해결하는 데 새로운 돌파구가 되어줄 것으로 보인다.

이렇듯 제약 AI가 이끄는 신약 개발은 약물 개발 타임라인을 가속화하는 것 이상으로 제약 산업에 엄청난 혁명을 가져다줄 예정이다. 또한 지능적이고 집중적인 방식으로 약물을 발견함으로써 효율성을 크게 높이고 전임상 실패율을 줄일 잠재력을 가지고 있다.

인공지능과 의료 분야의 빅데이터, 데이터 크런칭

데이터 크런칭_{data crunching}이란 결정을 내리는데 유용한 데이터 분석과 그 분석 툴을 의미한다. 의료 현장만큼 데이터가 홍수를 이루면서도 그 데이터가 적절히 활용되지 못하는 곳도 없다. 매년 미국에서 40만 명 이상의 환자들이 원인 불명의 심장마비나 호흡기 장애로 조기 사망한다. 환자들은 사망하며 많은 의료적 단서들을 남기는데 의사나 간호사만으로는 과도하게 많은 정보를 제때 처리하고 분석하여 환자의 생명을 구하기엔 역부족이다. 하지만 인공지능이라면 얘기가 다르다. 인공지능은 특히 방대한 양의 데이터를 분석하여 생명을 구할 수 있는 패턴과 통찰력을 찾아내는 강력한 능력을 가지고 있다.

미국에서만 매년 250만 건의 의학 논문이 발행된다. 여기에는 새로운 의학적 발견과 치료 방법에 대한 신뢰할 수 있는 지식들이 담겨 있지만 의사가 출판된 관련 자료를 모두 읽는 것은 물리적으로 불가능하다. 이러한 복잡한 문제에 대응하기 위해 존슨앤존슨Johnson & Johnson은 IBM 왓슨Watson에게 임상실험 결과를 상세히 기술하고 있는 논문들을 읽고 이해하도록 훈련시키고 있다. 왓슨의 입력 데이터를 더욱 풍부하게 하기 위해 애플도 IBM과 협력하여 모바일 앱의 의료 데이터를 제공하고 있다. 왓슨 시스템은 4,000만 건의 문서를 담고 있으며 매일 2만 7,000건의 새로운 문서를 소화하여 수천 명의 사용자에게 정보를 전달한다. 불과 1년 만에 왓슨은 폐암 환자를 90퍼센트의 정확도로 진단하는 데 성공했다. 인간 의사들의 50퍼센트 성공률에 비하면 이는 대단히 높은 수치다.

오늘날 기존 의료 시스템을 채우고 있는 방대한 양의 정형화되지 않은 의료 데이터 처리도 문제다. 정형화되지 않은 의료 데이터에는 처방전, 의료 기록, 병리학 보고서, 방사선과 보고서 등이 있다. 이러한 문제를 해결하기 위해 아마존은 환자의 진단, 치료 방법, 처방, 증상 및 징후 등과 같은 정형화되지 않은 데이터를 분류할 수 있는 새로운 미국의료정보보호법HIPAA 적합형 머신러닝 서비스를 발표했다.

이 서비스는 환자 의료 기록을 데이터화해 분석하고 개인들이 스스로 건강을 관리할 수 있도록 만든 시스템으로, 의사와 병원은 이 기록을 활용해 치료 방법을 개선하고 비용을 절감할 수 있다. 전 미국 식품의약처FDA의 건강정보 국장 출신인 아마존의 의료 부문 책임자 타하 카스-후트Taha Kass-Hout는 내부 테스트 결과 이 소프트웨어가 다른 회사의 것에 비해 더 우수하다는 것을 입증했다고 말했다. 또 이 소프트웨어가 시애틀에 있는 프레드 허치슨 암 연구센터와의 협력을 통해 암 예방 및 치료를 위한 머신러닝 연구에도 활용될 것이라고 밝혔다.

엔비디아의 CEO인 젠슨 황Jensen Huang은 '소프트웨어는 세상을 먹어치운다. 그러나 인공지능은 소프트웨어를 먹어치운다'고 말했다. 이 말은 앞으로 인공지능이 먼저 의료 분야를 먹어치우고 장수 연구를 가속화시키며 인간의 건강 수명을 증가시키게 된다는 의미이다. 이미 다른 여러 분야에서 획기적인 알고리즘 성공률을 나타내고 있는 인공지능과 데이터 분석 기술은 의료 산업의 혁신을 이끄는 미래의 금광이 될 것이다.

02

감기약처럼
노화 예방약이 판매된다

미래 사회의 최대 이슈는 기후변화와 수명 연장, 노화 역전이라고 할 수 있다. 2016년 FDA는 '노화'를 잠재적으로 치료할 수 있는 질병이라고 선언했다. 노화가 질병이라면 이 질병을 치료하고 나아가 역행하는 것이야말로 수명 연장의 핵심이 될 것이다.

미국 메이요클리닉 연구팀이 발표한 논문에 따르면, 노화된 세포가 몸 전체에 미치는 독성은 매우 강력하다. 사람은 늙어 가면서 조직도 늙고 당연히 노화 세포도 늘어나게 되는데, 7,000~1만 5,000개 세포 중 단 하나의 노화 세포가 퇴행성 노화를 일으킬 수 있다. 또한 노화 세포는 노화를 촉진하는 독성을 정상적인 세포에 전달하여 병리적 이상을 유발하고 만성질병과 조기 사망에 이르게 할 수도 있다.

이러한 '질병'을 치료하기 위해 노화 세포를 죽이는 안티에이징 약품이 최초로 미국에서 인체 실험 허가를 받았다. 이 약품은 몸에서 노화된 세포들을 청소해 기관의 기능을 증진시키고 관련 질병을 예방할 수 있도록 도와준다. 마치 SF와 같은 이야기이지만, 메트포르민Metformin 이라고 부르는 일반적인 당뇨병 약이 동물의 수명을 연장시킨다는 것은 이미 실험으로도 증명된 바 있다. FDA가 인체에서도 같은 효과를 얻을 수 있는지 확인하는 인체 실험 허가를 내준 데는 동물 실험에서의 실증을 고려한 것이기도 하다.

노화 세포를 죽이는 약품 인체 실험

오스틴 텍사스 대학교의 장수분야 연구원인 니콜라스 뮤지Nicolas Musi 는 노화 과정에 관여하는 이러한 세포들을 약물로 제거한다면 건강한 노화를 촉진하고 노화 관련 질병을 예방하는 데 도움을 줄 수 있다고 말한다. 초기 단계의 실험 결과를 바탕으로 볼 때 이러한 이론에는 근거가 있다.

2019년 1월에 뮤지와 그의 동료들은 치명적인 폐질환인 특발성 폐섬유증idiopathic pulmonary fibrosis 으로 고통받는 14명의 환자들에게 노화 세포 제거를 목적으로 조합된 약품으로 치료를 실행했다. 환자들은 3주 동안 백혈병 치료약인 항암제 다사티닙dasatinib 과 식물성 항산화제 플라보노이드의 일종인 퀘세틴quercetin 을 9회 복용했다. 임상실험이 끝나자 환자들은 같은 시간에 예전보다 더 멀리 걸을 수 있었고 다른 증세들도 완화되었다. 심각한 부작용은 일어나지 않았다.

이는 비록 작은 규모의 파일럿 임상실험이지만 최초의 인체 실험에서 유의미한 결과 특히, 특발성 폐섬유증과 같은 노화 관련 질병 치료 방법에서 획기적인 결과를 보여줬다고 할 수 있다.

올해 초에 이루어진 실험인 만큼 현재로서는 이 약품 조합이 안티에이징 치료 방법으로 효과가 있는지 명확히 입증하려면 아직 시간이 더 필요한 상황이다. 하지만 연구진들은 이를 입증하기 위해 지속적으로 노력하고 있다. 연구진은 이미 만성 신장질환을 앓고 있는 20명의 환자와 폐질환을 앓고 있는 15명의 환자를 대상으로 한 임상실험을 진행 중이다.

인간은 언젠가는 모두 죽는다. 아직은 어떤 과학자도 인간이 영원히 살 수 있다고 믿지 않는다(물론 소프트웨어에 뇌 의식을 업로드하여 영원히 존재하고자 하는 연구들이 진행되고 있지만 여기서는 논외로 한다). 그렇다면 우리가 나아갈 방향은 기대수명을 연장하기보다는 건강 수명을 연장하는 데 주력하는 것일 테다. 노화가 질병이라면 적절한 치료로 건강한 삶을 계속 누릴 수 있다. '노화 치료제'의 등장으로 우리는 그 어느 때보다도 '건강하게 오래 살 수 있는' 세상에 가까이 와 있다.

03

신체 역전과 노화 역전을 이끄는 재생의학의 현재

인간은 다른 동물에 비해 월등히 큰 뇌를 가졌고 그 덕분에 지금과 같은 번영을 이루었다고 해도 과언이 아니다. 그러나 뇌를 제외한 인간의 신체 능력은 동물들보다 현저히 떨어지는 경우가 많다. 우리는 우수한 신체 능력을 가진 동물들을 잘 알고 있다. 도마뱀은 필요시 자신의 꼬리를 자르고 도망간다. 언제든 다시 복원될 수 있기 때문이다. 편평선충, 불가사리 및 해삼은 몸 전체가 다시 자란다. 상어는 끊임없이 잃어버린 치아를 대체하며 평생 동안 2만 개 이상의 치아를 성장시킨다.

이러한 동물의 놀라운 신체 복구 능력을 인간에게 적용하는 일이 가능할까라는 의문은 오랜 시간 생물학계가 가져온 숙제였다. 의족이나 의 수 없이 절단된 사지를 예전처럼 복구한다는 것은 인류 역사상 유례없는 의학적, 생물학적 진화이기 때문이다. 그리고 오랜 연구 끝에 재생의학의 혁신을 통해 인간도 이러한 신체 능력을 보유할 가능성이 열리고 있다.

신체를 보완하는 기술: 줄기세포 치료

줄기세포는 심장, 뉴런, 간, 폐, 피부 등과 같은 특수한 세포로 변형될 수 있는 미분화 세포이며, 더 많은 줄기세포를 생산하기 위해 분열할 수도 있다. 줄기세포는 우리 몸 안에 내재된 치료 시스템의 역할을 하며 손상되거나 염증이 생긴 부분을 치유한다. 문제는 나이가 들어감에 따라 줄기세포 공급이 최대 1만 배까지 감소한다는 점이다. 우리 몸을 집에 비유한다면 줄기세포는 수리공에 비유할 수 있다. 새 집에 수리공까지 젊다면 모든 것을 완벽하게 고칠 수 있지만 집도 낡고 수리공도 나이를 먹으면 결국 집은 부서져버릴 수밖에 없다. 그렇다면 수리공 즉, 줄기세포를 회복시켜 젊어지게 할 수 있다면 어떨까?

이 복원 및 회춘을 이루기 위한 한 가지 방법은 건강한 상태에서 나의 줄기세포를 추출하여 농축시켜놓은 뒤 이를 다시 주입하는 것이다. 이 '젊은 줄기세포'를 직접 주입함으로써 활력을 되찾고 염증을 줄이고 자가 면역 질환을 치료하며 근육량을 늘리고 관절을 고치고 피부를 활성화하고 모발을 성장시킬 수도 있다.

실제로 스탠퍼드 대학교에서 실시한 연구에서 18명의 뇌졸중 환자 중 7명이 줄기세포 치료를 통해 현저한 운동 기능 향상을 보였으며 이 치료법은 알츠하이머, 파킨슨병과 ALS(루게릭병) 같은 다른 신경 퇴행성 질환에도 효과가 있는 것으로 밝혀졌다. 또한 서던캘리포니아 대학교의 켁 메디컬센터은 최근 마비된 21세 남성의 손상된 경추에 줄기세포 치료를 한후 남성의 두 팔의 감각과 움직임이 크게 향상되었다고 보고했다. 또 지난 3월, 영국의 의사들은 줄기세포의 효능 덕분에 두 번째로 에이즈 환자 치료에 성공하기도 했다.

이처럼 많은 퇴행성 질환과 면역체계와 관련된 질병에서 줄기세포를 통한 치료가 증가하고 있다. 줄기세포 시장은 2022년까지 2,970억 달러로 증가할 것으로 예상되며 고령화, 만성 질환 증가, 그에 따른 재생 치료에 대한 수요 증가는 앞으로 줄기세포 관련 산업을 이끄는 중요한 동인이될 것으로 보인다.

신체를 대체하는 기술: 이종 이식 및 바이오 프린팅

미국에서만 장기 이식 대기자가 12만 명에 달하며 10분에 한 명꼴로 그수는 계속 증가하고 있다. 적절한 때에 이식을 받지 못해 사망하는 사람도 하루 평균 20명에 달한다. 이를 바꿔 말하면 늦지 않게 장기를 이식받을 수 있다면 미국인 사망자의 35퍼센트를 구할 수 있다는 말이 된다. 이런 이유로 인간의 장기를 배양하거나 만들어내는 재생의학은 세상을 바꿀 엄청난 기회를 가지고 있다.

미국의 생명공학 회사 유나이티드 테라퓨틱스United Therapeutics는 동물의 장기를 인간에게 맞게 변형시켜 필요로 하는 사람에게 이식하는 이종이식xenotransplantation을 연구하는 회사다. 성인 돼지의 장기가 인간의 크기와 모양이 비슷하다는 사실을 고려해 테라퓨틱스는 인간이 장기를 사용할 수 있도록 돼지의 유전자를 조작하는 데 집중하고 있다. 현재 테라퓨틱스는 연간 1,000개의 이식용 폐를 생산할 수 있는 기업형 돼지 농장의 설계 단계에 와 있다고 밝혔다. 중국은 이미 돼지 각막을 인체용으로 판매하는 것을 승인했으며 미국 피츠버그 대학교에서는 유전자가 변형된 돼지 신장을 원숭이에 이식하여 6개월 동안 생존시키는 데 성공하기도 했다.

이러한 이종 이식 외에도 최근에는 3D 바이오 프린팅 기술을 이용한 인공장기 개발도 빠르게 진행되고 있다. 하버드 대학교에서 3D 바이오 프린팅 기법으로 신장의 구조적이고 기능적인 단위인 네프론을 만드는 데 성공했다. 영국 뉴캐슬 대학교 연구팀은 사람의 각막을 3D 프린팅 기술로 제작하는 데 성공했으며 우리나라에서도 포항공대에서 3D 프린터를 이용해서 인공근육을 제작하는 데 성공했다. 이렇듯 현재 인간 장기 3D 프린팅 기술은 상용화에 한 발짝 가까워졌다.

노화 역전 기술: 젊은 피 수혈

'피의 여왕'이라고 불렸던 엘리자베스 바토리_{Elisabeth Bathory}의 이야기를 알고 있을지 모르겠다. 역사상 가장 잔혹한 여왕으로 알려진 그녀는 젊음을 유지하기 위해 처녀들을 죽여 그 피를 마시고 피로 목욕을 했다는 일화로 유명하다. 그런데 16세기에 유행했던 근거 없는 믿음이 21세기에 과학적 사실이 되어 실제로 일어나고 있다.

스탠퍼드 대학교와 하버드 대학교는 최근 이루어진 연구에서 늙은 동물이 젊은 동물의 피를 수혈받게 되었을 때 조직과 기관의 재생이 이루어진다는 사실을 입증했다. 그 반대 또한 가능하다. 어린 동물에게 나이 든 동물의 피를 수혈하자 노화가 가속화된 것이다. 스탠퍼드 의과대학 출신인 제시 카마진Jesse Karmazin은 이 실험에서 얻은 인상적인 데이터가 인간에게도 적용될 수 있을 거라는 생각으로 임상실험을 진행하기 위해 암브로시아Ambrosia라는 신생 스타트업을 설립했다. 암브로시아는 16~25세까지의 건강한 젊은 사람의 혈장을 채취해 35세 이상의 피험자에게 수혈하고 향후 2년간 혈액을 모니터링하며 결과를 지켜볼 예정이다.

암브로시아는 지난해 150명의 참가자에게 이 임상실험을 실시했고 현재까지 피험자들에게 노화 역전 현상으로 볼 수 있는 흥미로운 데이터들을 얻었다고 설명한다. 제시 카마진은 "이는 마치 유전자 발현이 재설정된 것과 같으며 효과는 거의 영구적인 것으로 보인다."고 말했다.

'재생의학'이라는 용어는 1992년 릴랜드 카이저Leland Kaiser의 병원 관리부서의 한 문서에서 처음 나타났다. 미래의 병원에 영향을 줄 기술에 관한 설명 중 '만성질환을 치료하고 손상된 장기 시스템을 재생시킬 의학의 새로운 분야'로 소개되었다. 그리고 그 이후로 재생의학 산업은 기하급수적으로 성장했으며 이 급속한 성장은 지금의 기술의 발전과 함께 가속될 것으로 예상된다.

빅데이터와 인공지능이 병을 진단하고 새로운 치료법을 개발하는 데 중점을 두고 있다면 재생의학은 신체를 보완하고, 장기를 대체하고 나아가 젊어지게 하는 데 중점을 두고 있다. 이로써 인간의 건강 상태와 신체 능력이 극적으로 확장될 수 있는 가능성이 열렸다. 나아가 앞으로는 단순히 상처에 새 살이 돋는 정도의 재생이 아닌 만화적 상상력으로만 여겼던 놀라운 신체 재생 능력을 얻게 될지도 모를 일이다.

04

장수 연구의 신기원을 이룰
마이크로바이옴

사람의 장 속에 살고 있는 작은 박테리아와 미생물들을 마이크로바이옴microbiome(장내 미생물)이라고 부른다. 마이크로바이옴의 수는 인체의 세포 수보다 두 배 이상 많고 유전자 수는 100배 이상 많다. 유전적 요인이나 거주하는 환경에 따라 마이크로바이옴도 달라지기 때문에 마이크로바이옴을 제2의 유전자second genome 라고 부르기도 한다. 마이크로바이옴은 유익한 균과 유해한 균이 생성되는 원리와 질병 간의 연관성 등을 분석할 수 있어 신약 개발과 질병 치료법 연구에 폭넓게 활용되고 있으며 식품, 화장품 개발 등에도 사용된다. 그리고 여기서 더 나아가 최근 이루어진 새로운 연구에서 마이크로바이옴이 신체 연령을 나타내는 매우 정확한 생물학적 시계임이 밝혀졌다. 이 연구 결과로 인해 의료 분야와 장수 연구에 또 하나의 돌파구가 마련되었다.

머신러닝과 마이크로바이옴 분석의 결합

여태까지는 장내 마이크로바이옴과 나이의 상관관계에 대해 잘 알려져 있지 않았다. 장수 분야의 연구자인 알렉스 자보론코프와 그가 설립한 스타트업 인실리코 메디슨이 최근 장내 마이크로바이옴과 나이와의 연관성을 밝혀내 과학계의 이목을 끌고 있다.

　이번 연구는 유럽과 아시아, 북아메리카에 살고 있는 20~90세 사이의 1,165명의 건강한 사람들의 장내 마이크로바이옴 샘플 3,663개를 이용하여 실험했다. 연구자들은 샘플의 90퍼센트를 가지고 1,673종의 서로 다른 미생물 데이터에 대해 딥러닝 알고리즘을 훈련시켰다. 이후 알고리즘을 훈련한 인공지능이 남은 10퍼센트 샘플의 장내 마이크로바이옴 데이터만 가지고 참가자의 연령을 예측하는 데 성공했다.

　이 연구는 나이가 들어감에 따라 장내 마이크로바이옴도 변한다는 사실을 잘 보여준다. 이 같은 마이크로바이옴 노화시계microbiome aging clock 는 '사람의 소화관이 얼마나 빨리 (혹은 느리게) 늙어 가는지', '음주, 항생제, 식사 등이 수명에 영향을 미치는지' 여부를 검사하는 기준으로 사용될 수 있다. 또한 특정한 질병(예를 들면 알츠하이머병)을 앓는 환자를 건강한 사람과 비교함으로써, 마이크로바이옴이 정상치에서 어느 정도 벗어났는지를 확인할 수도 있다.

　장 속 환경을 바꾸고 균형을 맞춤으로써 우리가 질병을 예방하고 치료할 수 있는 이유는 장이 신경망과 연결돼 있고, 장에 약 70퍼센트의 면역세포들이 분포하며, 내분비망을 통해 전신에 영향을 줄 수 있기 때문이다. 즉, 이번 연구는 자보론코프가 마이크로바이옴 노화 시계의 기초를 구축했으며 사람의 장 연령과 의약품, 식단, 알코올 소비가 노화에 어떤 영향을 미치는가를 연구하게 될 미래의 연구과제의 기초가 되었다는 데서 그 의미를 찾을 수 있다.

더 오래, 건강하게 사는 방법

마이크로바이옴이 장수에 미치는 영향에 대한 연구는 인간이 어떻게 그리고 왜 나이를 먹는지를 이해하는 데 많은 도움이 되며 새로운 차원의 연구를 가능하게 한다. 마이크로바이옴은 알레르기, 당뇨병, 일부 암, 우울증과 같은 정신 상태에도 영향을 준다고 보고되고 있다. 하버드 대학교의 과학자들은 마이크로바이옴 상태에 대해 정확한 정보를 수집할 수 있도록 유전공학으로 만든 '전화' telephone 박테리아도 연구하고 있다.

이러한 연구의 또 다른 긍정적 측면은 마이크로바이옴에 대한 데이터를 계속 수집하면서 인공지능이 분석하고 학습할 수 있는 새로운 데이터들이 추가되었다는 점이다. 우리는 이미 장내 마이크로바이옴에 대해 상당히 많은 것을 알게 되었다. 여기에 인공지능을 이용하면 우리의 장 내에서 무슨 일이 일어나고 있고 그것이 우리의 건강에 무엇을 의미하는지를 더 광범위하게 이해할 수 있을 것이다.

마이크로바이옴을 중심으로 현대 의학의 거대한 변화가 시작되고 있는 시점이다. 세계적인 제약회사들이 이미 유산균과 장내 마이크로바이옴을 기반으로 한 신약 개발, 신물질 개발에 막대한 투자를 하고 있다. 단순히 오래 사는 것을 넘어 우울증, 노인병, 치매, 파킨슨병 등을 극복하고 건강 수명을 늘려줄 수 있는 무한한 잠재력을 가진 분야다.

05

2020년,
컴퓨터와 연결되는 인간

뇌의 작동 원리를 규명하여 인간의 뇌를 인공적으로 재현하려는 시도 중 대표적인 것이 바로 '뇌 임플란트'brain implant 기술이다. 뇌 임플란트 기술은 뇌에 미세전극을 이식하여 뇌 속에서 발생하는 생체 전기신호를 컴퓨터로 해독하는 기술로서, 뇌−컴퓨터 인터페이스BCI 기술의 한 종류이다. 2000년 초반부터 시작된 뇌 임플란트 연구는 지난 몇 년 동안 원숭이 동물 실험을 거쳐 루게릭병 환자들을 대상으로 임상실험이 이루어졌으며 질환을 치료하고 장애를 극복하고자 하는 목표에 한 발짝 더 가까워져 가고 있다.

스탠퍼드 대학교에서 이루어진 최근 연구에서는 뇌 임플란트를 통해 마비 환자가 생각만으로 일반 태블릿 컴퓨터의 커서를 제어할 수 있음을 실증해주었다. 스탠퍼드 대학교 공학 교수이자 논문의 수석 저자인 크리슈나 쉐이Krishna Shenoy 교수는 이번 연구가 신경학상으로 장애가 있는 사람도 의사소통을 할 수 있는 가능성을 열어주었다고 말했다. 이 연구는 스탠퍼드 대학교, 브라운 대학교, 케이스 웨스턴 리저브 대학교에 연구실을 두고 있는 브레인게이트BrainGate 의 연구팀에서 나왔다. 이 연구소는 신경학적 결함을 가진 환자들을 돕기 위해 뇌-컴퓨터 인터페이스를 설계하는 데 초점을 맞추고 있다.

생각만으로 소통이 가능해지는 시대

환자들이 생각만으로 커서를 제어하고 태블릿을 '클릭'할 수 있다는 것을 처음으로 보여준 이 연구가 더 특별한 이유는 특정 소프트웨어나 정밀하게 디자인된 기계가 아닌 우리가 흔히 접할 수 있는 일반 태블릿에서 이 기술을 시험한 것이기 때문이다. 그동안의 연구들은 고도로 잘 프로그래밍된 기기들을 통해서만 이루어졌다. 그러나 이번 연구의 참가자들은 생각만으로 일반 태블릿의 이메일 앱, 날씨 앱, 웹 브라우저, 채팅 인터페이스와 같은 앱을 자유로이 탐색했다. 손발이 자유로운 사람들처럼 커서를 이리저리 가로질러 화면을 움직이고 자신의 손이 움직인다고 머릿속으로 생각함으로써 클릭이 되게 했다.

이번 연구는 마비 환자들도 좀더 평범한 삶을 영위할 수 있는 가능성에 한발 더 가까워졌음을 의미한다. 물론 아직까지는 정상인들처럼 신속하고 정확하게 커서를 이동할 수는 없기에 연구팀은 시스템을 개선하기 위한 방향을 모색하고 있다.

이들의 궁극적인 목표는 마비 환자들도 정상인들과 비슷하게 건강한 삶을 영위할 수 있도록 하는 것이다. 실시간으로 뇌파에서 사람의 생각이나 감정을 정밀하게 해독해낼 수 있다면 인터넷으로 게임을 즐길 수도 있고, 쇼핑을 할 수도 있으며, 글을 읽고 쓰고, 사람들과 자유로운 의사소통도 가능해진다. 나아가 이 기술을 꼭 장애가 있는 사람에게 한정지을 필요도 없을 것이다. 수명이 늘어남에 따라 거동이 불편해진 노인 만성질환 환자들에게도 적용할 수 있음을 생각해 볼 때 이 기술이 가진 잠재적 가치는 더 크다고 볼 수 있다.

자유로운 의사소통으로 장애를 극복한다

BCI 기술 발전에 힘을 쏟고 있는 곳은 스탠퍼드 대학교뿐만이 아니다. 일론 머스크가 이끄는 회사인 뉴럴링크가 2020년까지 마비 환자들에게 뇌에 전극을 삽입할 계획이라고 지난 7월 발표하면서 많은 주목을 받았다. 그들의 첫 번째 목표는 이동할 수 없거나 의사소통할 수 없는 사람들을 돕기 위한 보조 기술 개발이다.

뉴럴링크의 이번 발표에서 가장 인상적인 점은 분당 30~200의 속도로 전극을 이식할 수 있는 3,000개의 전극 신경 인터페이스를 공개한 것인데, 마치 재봉틀을 연상시키는 신경외과 수술용 로봇이라고 생각하면 된다. 뇌-컴퓨터 인터페이스 기술은 당연히 뇌수술을 필요로 한다. 두개골을 뚫고 전극을 넣는 외과적 어려움을 최소화하는 것이 이 연구가 직면한 또 다른 문제다. 뉴럴링크가 제작한 장비는 초미세 실이 정교한 수술

로봇에 의해 이식되는 방식이다. 당연히 고도의 로봇 기술로 뇌 표면을 덮는 미세한 혈관은 절대 건드리지 않는다. 뉴럴링크는 나아가 레이저빔을 이용해 뇌수술을 마치 라식 수술처럼 비침습적 방식으로 하는 것까지 목표로 하고 있다. 현재 뉴럴링크는 인간을 대상으로 한 실험에 따르는 FDA의 승인을 기다리고 있다.

뉴럴링크를 비롯해 뇌 임플란트를 연구하는 사람들이 꿈꾸는 미래는 어떤 모습일까? 사지마비로 고통받는 사람들이 자신의 생각만으로 컴퓨터나 스마트폰을 제어할 수 있고 촉각이나 시각을 회복해 일상생활을 정상적으로 영위할 수 있도록 하는 것일 테다. 신체의 불편함을 극복하고 건강한 노화를 위한 삶의 질 향상에 기여하는 이 첨단 BCI 기술을 오랜 시간에 걸쳐 주목해야 할 이유가 바로 여기에 있다.

06

미래 건강관리의 이정표가 될
게놈 시퀀싱

2016년, 유전자 분석 회사 베리타스 제네틱스Veritas Genetics는 전체 유전체 염기서열 분석(게놈 시퀀싱)에 필요한 비용을 999달러로 낮춤으로써 생명공학계의 헤드라인을 장식한 바 있다. 현재 이 회사는 이 가격을 599달러로 낮춰 유전자 검사 산업을 다시 혼란에 빠뜨릴 것으로 보인다. 현재 베리타스 제네틱스는 약 5,000명의 전체 유전체 분석을 마쳤으며 이 수가 2020년에는 2만 명, 2021년에 17만 5,000명 이상으로 증가할 것이라고 밝혔다. 이들은 추가적인 비용 절감을 통해 2022년까지 100달러 이하로 전체 염기서열 분석이 가능하도록 하는 것을 목표로 하고 있다. 2003년 인간 게놈 지도가 완성된 이후, 한 사람의 유전자를 해독하는 데 10만 달러가 들던 것을 생각하면 20년도 안 되어 이룬 혁명적 비용 절감이 아닐 수 없다. 더 많은 염기서열 분석이 이루어질수록 의사들에게 더 첨단의 과학적 통찰이 제공될 수 있음을 생각해볼 때 이 같은 게놈 시퀀싱의 대중화가 헬스케어 산업에 미치는 영향력은 매우 크다.

베리타스 제네틱스가 비용 하락을 통해 게놈 시퀀싱 분야에 혁명을 가져왔다면 정부 차원의 유전자 배열 분석을 통해 국민들의 건강을 개선시키고자 하는 나라도 있다.

10만 게놈 프로젝트 완성이 주는 의미

지난 2012년 영국에서 시작되었던 '10만 게놈 프로젝트' 100K Genome Project가 완료되었다. 이 프로그램은 희귀 유전질환 및 암 환자들을 위한 새로운 진단법 및 개선된 치료법을 발견하기 위해 암 환자와 그 가족 8만 5,000명으로부터 10만 개의 유전체를 분석하는 것을 목표로 시작되었다. 참여자들은 자신의 유전자 배열 데이터가 의료 기록에 저장되는 데 동의했으며 이 게놈 데이터는 질병의 원인, 치료 및 관리에 대한 지식을 향상시키기 위해 390개 연구소의 연구자들과 공유되고 있다.

이 프로젝트의 달성이 갖는 의미는 매우 중요하다. 데이비드 캐머론 수상이 영국을 유전체 의학 분야의 선두주자로 만들기 위한 아이디어를 발표한 이래 7년 만에 이뤄낸 성과로, 이미 여러 영국인들의 삶을 변화시키는 결과를 가져왔다. 희귀 질환을 앓고 있는 4명 중 1명은 처음으로 정확한 진단을 받을 수 있었고 참여자의 절반가량이 잠재적으로 발생할 수 있는 암에 대해 임상실험에 참여하거나 표적 치료를 받아 효과를 보았다.

영국의 국민보건서비스NHS와 이 프로젝트를 진행한 제노믹스 잉글랜드Genomics England의 의장인 존 키숌John Chisholm은 "10만 번째 게놈 시퀀싱의 성취는 미래 건강관리의 주요 이정표가 될 것"이라고 밝히면서 "이 성과는 유전학적으로 발전할 수 있는 희귀 질병과 암의 조기 발견과 치료를 위한 중요한 단계."라고 말했다. NHS는 현재 2023년까지 100만 개의 게놈을 서열화할 예정이며 전 세계 국가들이 영국의 선례를 따를 것으로 보인다.

이처럼 게놈 혁명에는 공공 부문과 민간 부문이 모두 참여해야 의미 있는 결과를 얻을 수 있다. 현재의 추세에 따르면 2025년까지 10억 번째 인간 유전체 염기 분석이 이뤄질 가능성이 높다. 머지않아 선진국의 거의 모든 사람들이 자신의 개인 DNA 기록을 이용해 건강을 관리하고, 개발도상국 또한 그리 뒤처지지 않을 것으로 보인다.

인간의 코드를 해석하는 일은 인간을 질병에서 해방시키고 더 길고 건강하고 행복하게 삶을 영위할 수 있도록 돕는 일이다. 이를 위해 해결해야 할 문제들은 여전히 남아 있다. 생성되는 엄청난 양의 데이터를 분석하려면 지금보다 훨씬 더 강력한 인공지능 시스템이 필요하다. 또한 정보의 프라이버시에 대한 우려도 제기될 것이다. 그러나 이러한 문제들은 질병이 정복될 기하급수 시대에는 충분히 해결될 수 있는 문제라고 본다. 이런 문제들에 대한 보완책을 마련하고 나면 유전체 의학이 실행되는 시대는 더 가속화될 것으로 예상된다.

STATE OF THE FUTURE

15대 글로벌
도전 과제와 그 대안들

01

기후변화와
지속가능한 개발

어떻게 하면 기후변화의 악순환을 끊고 지속가능한 개발을 이룰 수 있을까? 197개국이 참여해 2016년 11월에 효력이 발효된 파리기후변화협약은 지구의 기온을 산업혁명 이전 수준보다 섭씨 1.5도(화씨 2.7도) 높은 수준으로 유지하도록 각 국가의 노력을 요구한다. 2019년 6월 현재, 185개국이 이 협약을 비준했다. 지난 3년간 발전 효율이 향상되고 미국과 중국이 석탄을 덜 사용하게 되면서 이산화탄소 배출 증가세가 둔화되고 있긴 하지만, 이제까지 누적된 이산화탄소는 계속해서 지구를 덥히고 있다. 미국 정부의 협약 탈퇴는 다른 국가들이 새로운 목표를 달성하기 위해 더 노력하도록 만들 수도 있다.

나사에 따르면 세계 기온은 산업혁명 이전 대비 섭씨 1도 이상 상승했고, 지금과 같은 추세라면 2040년에는 1.5도 상승에 이를 가능성이 매우 높으며 2100년까지 섭씨 2.8도~4.8도까지 높아질 수 있다고 추정한다. 해수면은 산업혁명 이래 20~22센티미터 높아졌다. 해수면은 매년 3.4밀리미터씩 높아지고 있으며, 21세기가 끝날 때쯤이면 바닷물의 산도가 산업혁명 이전 수준보다 150퍼센트 높아질 것으로 예상된다.

매년 공기 중으로 약 90억 메트릭톤의 탄소가 배출된다. 이 중 매년 자연이 격리시키는 양은 50억 메트릭톤 정도다. 따라서 그 이전 해에 존재하던 양에 40억 메트릭톤이 대기에 더해진다. 약 2억 5,200만 년 전 공기 중 이산화탄소가 증가하면서 대양 조류가 변화했고 황화수소가 증가했으며 오존이 고갈됐다. 그로 인한 글로벌 온난화 때문에 페름기 멸종 시기 동안 지구 생명체의 97퍼센트가 사라졌다. 늘어만 가는 온실가스 배출 흐름을 되돌리고, 이미 공기 중에 있는 온실가스도 줄이는 방법을 찾지 못한다면, 이런 일은 다시 일어날 수도 있다. 2050년까지 오늘날 75억 명에 달하는 세계 인구가 20억 명 더 증가하고, 글로벌 경제 규모는 세 배로 늘어날 것으로 예상되는 만큼, 온실가스의 증가를 되돌리려면 전례 없는 국제적 노력이 필요할 것이다.

마우나로아 관측소(미국 하와이주 힐로섬 해발 3,396미터 지점에 자리하고 있다)에서 측정된 월별 이산화탄소 농도는 2019년 6월 414.28피피엠에 도달했다. 그 수치가 처음으로 410피피엠을 돌파한 시기는 2017년 4월 18일이었다. 만약 이 같은 추세가 계속된다면, 2100년까지 대기 중 이산화탄소는 1,000피피엠에 도달하여 페름기 멸종과 같은 일이 발생할 수도 있다.

　전 지구적 문제인 기후변화를 해결하기 위해서는 보이콧과 제재, 그 외 다른 수단들을 통해 파리기후변화협약과 여러 국가들이 한 약속이 이행될 수 있도록 해야 한다. 또한 다른 국가들이 참여할 수 있는 미국과 중국의 '아폴로처럼'Apollo-Like(1963년에 대부분의 사람들이 달 착륙이 불가능하다고 생각했던 것처럼, 기후변화와 관련해서도 미국과 중국이 10년 내에 온실가스 배출을 350피피엠으로 줄인다는 목표가 불가능하다고 본다는 점에서 이 프로젝트를 '아폴로처럼'이라고 부른다.—옮긴이) 연구개발 목표나 이를 달성하기 위한 '나사처럼'NASA-Like 연구개발 프로그램을 추진해야 한다. 한편 동물을 사육하지 않고 실험실 배양을 통해 고기, 우유, 가죽 및 다른 동물 제품을 직접 생산함으로써 에너지, 토양, 물, 의료비, 온실가스를 절감하는 방법도 있다. 이 외에도 해수 농업의 확대, 채식주의 권장도 한 방법이다. 삼림의 비율을 높이고 오래된 도시들을 에코-스마트 도시들로 바꿔야 하며 새롭게 도시를 조성하는 경우엔 에코-스마트 도시로 건설해야 한다. 화석연료에 대한 투자 중단, 배출권 거래 시스템의 도입, 탄소세 도입 등을 통해 화석연료를 재생에너지로 전환하기 위한 전 세계적인 움직임이 필요하다.

유럽

EU는 2020년 기후/에너지 목표(GHG 배출량 1990년 대비 20퍼센트 감소, 전체 에너지의 20퍼센트를 재생에너지에서 얻기, 에너지 효율 20퍼센트 증가)를 달성하기 위한 궤도에 올랐다. EC는 2050년까지 배출량을 80~95퍼센트 줄일 수 있는 저탄소 로드맵을 채택했다. 유럽은 대기오염으로 인한 조기 사망과 관련 질병 문제로 EU GDP의 거의 10분의 1인 1조 6,000억 달러를 지출했다. 이에 2018년을 '공기의 해'로 선포, 2030년을 향한 새로운 전략을 제안했으며 이는 5만 8,000명의 조기 사망자를 없애고 연간 1,400억 유로를 절약하게 될 것이다.

독일은 2038년까지 84개의 석탄 공장을 폐쇄할 계획을 밝혔다. 프랑스는 재생에너지로의 전환을 지원하고 에너지 효율을 촉진하기 위해 탄소세를 도입했다. 러시아는 GHG 배출량을 1990년에 비해 2020년까지 22~25퍼센트 줄이는 것을 목표로 하고 있다.

아시아

세계에서 가장 온실가스 배출이 많은 국가인 중국은 2030년까지 온실가스 배출량을 역전시키고 에너지의 20퍼센트를 온실가스가 전혀 배출되지 않는 자원에서 확보할 계획이다. 지난 10년간 베이징에서는 폐암 발생이 두 배로 증가했으며, 환경오염을 둘러싸고 시위와 소송이 발생하는 경우가 점점 늘어나고 있다. 중국의 하루 고체 폐기물 배출량은 2005년에는 57만 3,000톤이었지만, 2025년에는 150만 톤으로 늘어날 전망이다. 중국에서는 일곱 개의 성과 도시에서 배출 거래 시스템을 시험적으로 실시하고 있으며, 이를 전국으로 확대할 예정이다.

02

분쟁과 경쟁 없는
깨끗한 수자원 확보

분쟁 없이 모두가 깨끗한 물을 충분히 얻으려면 어떻게 해야 할까? 1990년
에는 전 세계 인구의 76퍼센트가 '수질이 개선된 식수'(자연적으로 혹은 적
극적인 개입을 통해 외부의 오염, 특히 분변 오염으로부터 보호되는 식수를 의미)를
이용할 수 있었지만, 현재는 그 비율이 90퍼센트를 넘는다. 하지만 여전
히 전 세계 10퍼센트의 사람들이 이런 식수를 이용할 수 없는 상황에 놓
여 있다. 위생이 갖춰진 화장실이나 간이 화장실조차 이용할 수 없는 사
람들이 인류의 3분의 1에 달하며, 8억 9,200만 명의 사람들이 여전히 야
외에서 배변을 해결한다.

유엔의 세계 수자원 발전 보고서에 따르면 현재 약 5억 명이 자연적으

로 재생 가능한 양의 두 배에 해당하는 물을 소비하고 있으며, 모든 대륙에서 지하수면이 낮아지고 있다. 처리하지 않은 폐수의 양은 매년 늘어나고 있으며, 그 비율은 폐수 전체의 80퍼센트에 달한다. 인류의 거의 절반이 두 개 이상의 국가가 통제하는 수자원에서 물을 공급 받고 있다. 지구온난화는 더 건조한 지역에서는 가뭄을 심화시키고, 더 습한 지역에서는 홍수를 늘릴 것이다.

인류는 공급되는 물의 70퍼센트를 농업용으로, 20퍼센트는 산업용으로, 10퍼센트는 가정용으로 사용한다. 하지만 선진국에서는 50~80퍼센트의 물을 산업용으로 사용한다. 개발도상국에서 산업과 농업이 확대되고, 인구가 성장하고, 1인당 GDP 수입이 늘어날수록 1인당 물 소비는 늘어날 것이다.

발전소의 냉각 시스템은 엄청난 양의 물을 필요로 한다. 미국에서 이루어진 한 연구는 핵발전소가 전기를 생산할 때 사용하는 담수의 양이 천연가스 발전소에 비해 거의 여덟 배가 많다는 것을 보여주었다. 에너지 수요는 식량 수요와 결부되어 20년 동안 40퍼센트가 증가할 것으로 전망되기 때문에 물 관리에 극적인 변화가 필요한 상황이다. 발전소는 관류 방식 혹은 현장 급수장으로 물을 재순환시키는 방식으로 물 사용을 감소시킬 수 있다. 그 외에도 담수에 대한 수요는 해안 지대의 해수 농업, 수경재배, 처리수 재사용 등과 같은 방식으로 낮출 수 있다.

중대한 변화가 일어나지 않는 한, 이런 현상 때문에 심각한 물 위기와 이주는 불가피해지고 있다. 개발도상국이 빈곤과 난민에서 벗어날 수 있도록 많은 국가와 기관들이 깨끗한 수자원을 확보하는 데 앞장서야 한다. 유엔은 미래의 물 부족을 피하려면 지금부터 2030년까지 매년 500~600억 달러가 필요할 것으로 예상하고 있다. 이를 위해 세계 리더들은 2030년까지 누구나 안전한 물과 위생적인 환경을 누릴 수 있도록 한다는 목표와 이와 관련된 다른 유엔 지속가능 개발 목표에 합의했다.

유럽   약 1억 명에 달하는 유럽 인구가 가정에서 안전한 식수를 공급받지 못하고 있으며 6,600만 명 이상이 적절한 위생 시설을 이용하지 못하고 있다. 러시아는 2030년까지 물 효율을 2.5배 높일 계획이다. 열악한 인프라로 인한 물 손실은 독일에서는 5퍼센트 미만에 불과하지만 불가리아에서는 50퍼센트까지 증가할 수 있다. EU는 물 부족과 가뭄에 대한 정책 검토를 실시하고 있으며, 보다 균형 잡힌 수자원 관리를 위해 공통 농업 정책을 수립한 상황이다. 스페인은 정책 수립에 물 발자국 분석을 사용한 첫 번째 국가다. 세계에서 가장 많은 담수 매장량은 러시아로, 중국과 중동 지역에 물을 수출할 수 있다.

아시아   아시아에는 전 세계 인구의 60퍼센트가 거주하지만, 이 지역에서 나오는 담수는 전 세계 담수의 30퍼센트가 채 되지 않는다. 중국이 보유한 담수는 전 세계 담수의 6퍼센트밖에 되지 않지만, 이 물로 세계 인구의 22퍼센트에 달하는 사람들의 수요를 충족시켜야 한다. 오염에 대한 공포 때문에 병에 든 생수의 소비량은 중국에서 지난 5년간 거의 두 배로 늘어났다. 중국은 현재 담수화한 바닷물을 하루에 68만 세제곱미터(1억 8,000만 갤런)를 생산하고 있으나, 2020년까지 이를 네 배로 늘려 300만 세제곱미터(8억 갤런)를 생산할 계획이다. 베이징시는 허베이 성에 있는 차오페이디엔항에서 270킬로미터 길이의 파이프라인을 통해 담수화된 물을 끌어올 계획이다. 29억 달러가 소요될 이 프로젝트로 베이징시에서는 2020년까지 물 수요의 3분의 1을 충족할 수 있을 것으로 예상된다.

03

인구 성장과
자원의 균형

인구와 자원의 균형을 이룰 수 있는 방법은 무엇일까? 현재 약 77억 명인 세계 인구는 2050년까지 20억 명이 더 늘어날 것으로 예상된다. 도시 지역의 규모가 2030년까지 세 배로 늘어나면서, 도시 근교의 농업지역이 사라지는 결과를 낳을 것이다. 영아 생존율이 개선되고, 가족계획의 강화와 개선이 서로 시너지 효과를 낸다면, 증가하는 인구의 규모는 이보다 더 적어질 수도 있다. 유엔식량농업기구FAO는 2050년까지 세계 인구가 91억 명 수준에 머무른다고 가정할 때, 식량 생산은 70퍼센트 증가해야 하며, 개발도상국에서는 두 배로 늘어나야 할 거라고 전망한다.

1950년에 46세였던 신생아의 기대 수명은 2010년에는 67세가 됐고,

2019년에는 73세가 됐다. 유엔에서는 2017년 9억 6,200명이었던 60세 이상 인구가 2050년에는 22억 명까지 늘어날 것으로 추정한다. 65세 이상의 인구가 15세 미만 인구보다 많아지는 2050년에는 은퇴에 대한 정의가 지금과는 다를 것이다. 사람들은 지금보다 더 나이가 들어서까지 일을 할 것이고 다양한 형태의 원격 근무, 시간제 근무, 직무 순환을 만들어 젊은 세대의 경제적 부담을 줄이고 자신의 생활수준은 유지할 것이다. 재생의학과 유전자 편집가위 기술 등 수명연장과 관련된 많은 연구가 이루어지고 있는 가운데 이러한 장수 연구가 인간에게도 효과가 있다면, 노인 인구는 경제적 부담이 아니라 자산이 될 수도 있다. 그런 측면에서 기술적 진보는 꼭 필요하다. 그렇지 않으면, 고령화 사회에서 장기적인 미래 의료비용을 감당할 수 없기 때문이다.

인간 두뇌 프로젝트, 인공지능, 그 외 다른 진보들은 궁극적으로 노년의 정신 쇠퇴를 방지하고 심지어 지적 능력을 높여줄 가능성도 있다. 사람들은 현재의 은퇴 연령을 지나서도 일을 하게 될 것이고, 다양한 형태의 일자리를 만들어낼 것이다. 이는 젊은 세대의 경제적 부담을 줄이는 것은 물론, 노인들에게도 더 흥미로운 삶을 제공할 것이다.

농업과 식량 생산에 있어서 변화가 없는 한, 2050년까지 태어날 추가적인 20억 명을 먹여 살리는 일은 물론, 현재 영양부족에 시달리고 있는 10억 명의 영양 상태를 개선하는 일은 환경에 매우 파괴적인 영향을 미칠 것이다. 농업 폐수는 이미 강을 오염시키고 있으며 전 세계에 생물이 살지 않는 데드존을 만들어내고 있다. 공장형 농업 때문에 음식을 통해 전염되는 질병이 늘어나고 있다. 식량 문제를 해결하기 위해서는 농업 방식에 대한 새로운 접근이 필요하다. 빗물을 이용한 농업과 관개관리의 개선, 정밀 농업과 수경 재배에 대한 투자, 다수확 재배가 가능하고 기근에 강한 곡물 생산을 위한 유전공학에 대한 투자가 필요하다. 품질을 높이면서 산출물 단위당 들어가는 자원을 줄일 수 있도록 안전한 나노 기술 분야의 연구개발을 가속화해야 한다. 또한 해안선에서 이뤄지는 염수 농업 및 염생식물에 대한 연구개발을 늘려야 할 것이다. 염수 농업은 담수 농업에서 발생하는 물 고갈을 줄이고 일자리도 늘린다는 이점을 가지고 있다. 이와 더불어 동물 사육이 필요 없는 배양육 생산, 동물 사료와 인류의 식량을 위해 식용 곤충 생산을 확대할 필요가 있다.

2050년까지 도시 인구는 거의 두 배로 늘어날 것이며, 특히 거의 모든 인구 성장이 이루어질 개발도상국의 도시들에서 이들 시스템에 대한 압력이 가중되고 있다. 인구 증가, 도시로의 이주 증가, 기후변화로 야기되는 문제들은 더 스마트한 도시를 만드는 사물인터넷과 도심 내 센서, 지능형 소프트웨어를 통합하는 방법을 생각해볼 수 있다. 인도는 2022년까지 100개의 스마트 도시를 건설할 계획이며 중국은 약 200건의 스마트 시티 파일럿 프로젝트를 출범시킨 바 있다.

북미

미국에서 60세 이상의 인구 비율은 2050년에는 27퍼센트까지 증가할 것으로 예상된다. 노인연금 수급자는 1980년대 이후 1,300퍼센트나 급증했다. 생명공학, 나노테크놀로지, 그리고 개별화된 게놈 의학의 발전은 이제 막 의학적인 관행에 영향을 미치기 시작하고 있다. 따라서 25~50년 후에는 장수의 극적인 돌파가 불가피해 보인다. 한편 미국인의 3분의 2는 과체중이거나 비만이며, 9.3퍼센트는 당뇨병을 앓고 있다. 평균적으로, 모든 미국인들은 매년 253파운드의 음식을 낭비한다. 이러한 쓰레기로 버려지는 자원의 소비를 줄이면 인구와 자원 균형이 바뀔 가능성도 있다.

아시아

2050년까지 도시 인구 증가의 60퍼센트 이상이 아시아에서 발생할 것으로 예상된다. 하지만 아시아 도시들은 재해에 취약한 지역에 고도로 밀집되어 있기 때문에 기후변화에 특히 취약하다. 심지어 아시아에는 지금도 5억 명이 넘는 사람들이 빈민가에 살고 있다. 중국에서는 2025년까지 인구 100만 명이 넘는 대도시가 220개 이상이 되고, 1,000만 명이 넘는 메가시티는 여덟 개에 달할 것으로 예상된다. 1990년에 26퍼센트였던 중국의 도시화 비율은 현재 55퍼센트로 두 배 이상 높아졌다. 42조 위안(6.8조 달러)이 소요될 '신국가도시화 계획'National New-type Urbanization Plan에 따르면 그 수치는 60퍼센트까지 올라갈 수도 있다. 그러나 중국은 거대한 노령화 인구를 지탱할 만큼 충분한 부를 확보하기도 전에 늙어가고 있다. 중국에서는 2014년에 1,000만 명이 사망했고, 2025년부터 2030년까지 그 숫자는 두 배로 늘어날 것으로 보인다. 이는 중국에 존재하는 화장장의 수용 범위를 훨씬 초과하는 숫자이며, 다이옥신과 다른 오염물질들이 과도하게 생산될 것이다.

현재 1억 2,700만 명인 일본 인구는 2060년이면 8,700만 명까지 감소할 것으로 추정된다. 일본은 은퇴 연령을 65세에서 75세로 변경하는 방안을 검토하고 있다. 2028년쯤이면 인도 인구는 중국 인구를 추월하며, 수십 년 동안 계속해서 성장할 것으로 전망된다. 2050년이 되면, 인도는 세계에서 세 번째로 인구가 많은 국가가 될 것이며, 인도네시아를 제치고 이슬람 인구가 가장 많은 나라가 될 것이다.

04

독재 정권의 타파와
민주주의의 확산

인터넷은 전 세계에서 독재정권을 무너뜨릴 수 있는 자유의 힘으로 등장
했다. 그러나 디지털 자유에 관한 새로운 보고서에 의하면 권위주의 세력
이 다시 통제력을 되찾고 민주주의를 훼손하는 방법의 하나로 인터넷을
수단으로 삼고 있다. 싱크탱크인 프리덤 하우스Freedom House 의 보고서에
따르면, 민주화의 장기적인 성장은 지난 10년간 제자리걸음을 하고 있
지만, 이런 상황은 반전될 수도 있다. 인터넷 상의 자유가 개선된 국가는
2017년에는 35개국(2016년에는 61개국이었다)이었다가 2018년에는 50개
국이 된 반면, 자유의 순감소를 경험한 국가는 2017년에는 71개국(2016년
에는 105개국이었다)이었다가 2018년에는 68개국이 됐기 때문이다. 이와

같은 하락은 2006년에 시작돼, 그 이후로 113개국에서 자유의 순감소를 경험했고, 62개국만이 자유의 개선을 경험했다.

2010년에 일어났던 '아랍의 봄'은 세계에서 가장 억압받았던 나라에서 자유로운 언론과 자기결정권을 확산시킬 수 있는 인터넷의 무정부적 능력을 결정적으로 입증해냈다. 그러나 10년도 채 되지 않아 얻은 것의 대부분은 다시 상실되었다. 2016년 미 대통령 선거에서는 디지털 자유 운동의 핵심인 소셜네트워크가 민주주의를 촉진하는 동시에 민주주의를 쉽게 훼손할 수도 있다는 점을 보여주었다. 세계 인터넷 사용자의 87퍼센트를 차지하는 65개국을 대상으로 한 프리덤 하우스의 연구에 따르면 세계 디지털 자유는 8년 연속 줄어들었다. 연구 결과 19개국에서는 인터넷 자유가 개선되었지만 26개국에서는 더 악화된 것으로 나타났다.

미국도 인터넷 자유가 악화된 국가이다. 미국에서는 모든 인터넷 트래픽이 동등하게 처리되도록 하는 망중립성 규칙이 폐지되고 정부가 외국 인정보감시법FISA 재승인에 따라 광범위한 디지털 감시를 할 수 있게 되었다. 그러나 해당 보고서에서 가장 크게 우려하는 점은 온라인에서 여론을 감시하고 조작하려는 광범위한 시도와 반대 세력을 억압하기 위한 가짜뉴스의 증가이다. 보고서는 권위주의적 정부가 비판을 약화시키기 위해 사용하는 점이 더욱 심각하다고 지적했다. 또한 32개국에서 봇 또는 친정부 논평가들을 이용하여 페이스북이나 트위터와 같은 소셜미디어 플랫폼, 왓츠앱과 같은 메시지 앱을 통해 온라인 토론을 왜곡했다는 점을 발견했다. 22개국에서 적어도 하나의 플랫폼이 차단되었으며 13개국에서는 정부가 의도적으로 인터넷과 모바일 네트워크를 방해하고 있다.

인터넷 자유 점수가 낮은 나라로 중국을 들 수 있다. 중국은 광범한 자동 감시와 엄격한 검열을 거치는 데이터 수집을 결합하여 자체 디지털 권위주의를 다른 나라에 보급하고 있다. 지난해 조사 대상 65개국 중 35개국 관계자들은 자국의 정보관리 기술 세미나 또는 훈련 과정에 참여했으며 중국 또한 인권 상황이 좋지 않은 여러 나라에 감시 장비를 제공했다. 중국은 아시아와 유럽, 아프리카를 연결하는 것을 목표로 하는 자신들이 주창한 거대한 일대일로Belt and Road 인프라 프로젝트를 사이버공간을 통제하려는 목표 달성에 이용하고 있다. 전 구글 CEO인 에릭 슈미트는 최근 이러한 추세에 의해 인터넷이 둘로 쪼개지는 경향이 있다고 말했다. 절반은 미국에 의해 통제를 받고 나머지 절반은 중국이 통제하게 된다.

자기 국민들의 정보를 염탐하여 불법으로 가로채는 행위를 저지르는 국가는 중국만이 아니다. 2017년 6월부터 18개국에서 국가에 의한 감시가 증가했고 이는 정부가 시민의 데이터에 쉽게 접근하도록 하기 위해 암호화를 약화시키려는 시도와 결합되어 왔다. 예외적인 지역은 유럽연합이다. 유럽연합은 일반 데이터 보호 규정General Data Protection Regulation을 통해 데이터 보호 규정을 더욱 엄격하게 적용하여 다른 나라들의 본보기가 되고 있다. 프리덤 하우스는 서방 정부와 기술 기업들이 온라인 조작을 방지하고 사용자의 프라이버시를 보호하기 위한 좀 더 적극적인 접근 방법을 택할 것을 촉구하고 있다.

유럽

EU의 28개국은 모두 민주적으로 '자유로운' 상태이며 언론 점수의 자유도가 가장 높다. EU 의회는 세계에서 가장 큰 초국가적 민주적 유권자로, 정치와 재정 통합은 유럽 전역의 민주주의 확산과 발전을 도왔다. 그러나 최근 벌어지고 있는 유로존 사태와 민족주의 및 반EU 정당의 부상은 더 이상의 통합을 가로막고 있다. EU는 증가하는 이민자와 망명 신청자들을 통합하고 일부 지역에서 증가하는 민족주의와 극단주의를 피하기 위해 일관성 있는 이주 정책이 필요하다. 2018년 기준 약 470만 명이 EU 28개국 중 한 나라로 이민을 왔다. 그러한 EU 국가들에서는 국제적인 이주가 특정 노동 시장의 인력 부족을 해결할 수 있다. EU 가입을 희망하는 터키는 아직 '부분적으로 자유롭다'는 평가를 받고 있으며, 언론 환경은 '자유롭지 않다'로 계속 악화되고 있다.

아시아

아시아 지역에서 민주주의는 지난 몇 년에 걸쳐 산발적으로 진보돼왔다. 프리덤 하우스는 이 지역 인구의 38퍼센트가 '자유로운' 상태에서 살고 있으며, 22퍼센트는 '부분적으로 자유로운' 상태에서, 40퍼센트는 '자유롭지 못한' 상태에서 살고 있다고 보고했다. 세계에서 가장 거대한 민주주의 국가인 인도의 상황은 반부패 운동이 성장하면서 더 크게 개선되고 있다. 하지만 인도는 카스트 제도라는 문제를 해결해야 한다. 중국은 언론 환경에 대한 제약이 가장 심한 국가로, 온라인에서 공산당 지도부에 대해 비판하게 되면 그 지역에서 가장 혹독한 처벌을 받게 된다. 현재 '자유롭지 않다'고 평가된 국가에 살고 있는 세계 인구의 약 절반이 중국에 살고 있는 만큼, 중국의 상태가 바뀐다면 이는 민주주의의 세계 지도를 바꿔놓을 것이다.

05

미래 연구와
의사결정의 질적 개선

어떻게 하면 전 세계적으로 이루어지는 의사결정의 질을 개선시킬 수 있을까? 미래 연구는 앞으로 일어날 가능성 높은 일들에 대한 가정을 체계적으로 탐색하고 예측하는 일이다. 그러나 미래 연구는 변화의 가속, 복잡성, 상호의존성 그리고 세계화로 인해 점점 더 어려워지고 있다. 그 외에도 점점 더 많은 인종과 문화가 정책 결정에 관련되면서 미래에 대한 불확실성과 다의성이 증가하고 있다. 인공지능, 빅데이터 분석, 시뮬레이션, 집단 지능 시스템, e-정부 시스템이 등장하면서 의사결정 지원과 예측 시스템이 끊임없이 진보하고 있는데도 불구하고, 의사결정권자들이 예측력 및 의사결정과 관련된 훈련을 받는 경우는 드물다.

2008년에 발생한 글로벌 금융 위기와 환경의 지속적인 악화, 커지는 소득 불균형 격차도 단기적이고 이기적인, 경제 중심의 의사결정에 그 책임이 있다고 볼 수 있다. 더 나은 미래로 이어질 수 있는 현재의 의사결정을 촉진하려면, 미래에 대한 장기적이면서도 글로벌하고, 다면적이며, 보편적인 관점이 필요하다. 그렇게 하려면 이들 목표를 연구의제 및 연구개발과 연결하기 위한 수단이 필요하다. 유엔의 '2030년을 위한 지속가능 개발 목표'는 이런 프레임워크의 많은 부분을 제공하지만 여전히 우리는 미래 기술 혁신을 가속화함으로써 얻을 수 있는 기회와 잠재적인 결과를 이해할 필요가 있다. 그 과정에서 국가의 예측력과 의사결정이 진보할 수 있을 것이다.

정부와 대기업들은 그들의 통제범위를 넘어서는 글로벌 변화를 고려해 결정을 내려야 하기에 전략 계획 수립에 기여할 수 있는 미래 전략 및 예측 부서를 만들어야 할 것이다. 핀란드는 1993년에 정부의 예측력과 의사결정을 돕기 위한 상설 조직으로 국회 미래 위원회를 설립했다. 핀란드처럼 의회 차원의 미래위원회를 상설 조직으로 만들고 국제적 전략의 일관성과 협력을 개선하기 위해 이들 정부 조직을 기업, 유엔, 학계의 미래 전략 조직들과 연계할 수 있다.

매년 국가별 및 글로벌 미래지수State of Future Index, SOFI를 산출하고 공표하며 정부 예산안을 수립할 때는 5~10년 단위로 세워진 미래지수보고서와 시나리오 전략에 근거해 이를 예산에 반영시켜야 한다. 신속한 미래 평가를 위해서는 언제나 소집할 수 있는 정부 및 비정부 미래 전문가의 네트워크를 구성해야 한다. 정부 교육 프로그램에 예측력을 의사결정과 연계하는 방법을 포함시키고, 모든 유형의 임의적인 미래 사건들을 상정해보면서 이 사건들이 정책에 미칠 영향을 평가해야 한다.

또한 미래 연구와 관련된 국가 온라인 집단지성 시스템을 개발하고 대학은 의사결정 교육과정을 만들어 다방면으로 박식한 제너럴리스트를 키워내야만 한다. 커리큘럼에는 예측, 리스크, 불확실성, 심리학, 게임이론, 성공을 거둔 역사적 의사결정 상황, 미래의 잠재적 위기 등이 포함될 수 있다. 또한 교육 시스템 전반에 걸쳐 장기적이고 체계적인 목표 수립 방법, 의사결정, 예측력, 미래 연구 등 종합적인 능력을 가르쳐야 한다. 이는 더 나은 미래로 이어질 수 있는 의사결정을 촉진시키는, 글로벌하고 보편적인 관점을 갖추기 위해서 꼭 필요한 일이다.

유럽

EU는 회원국 정부 간, 민족 간의 긴장으로 인해 의사결정에 어려움을 겪고 있다. 지속 가능하며 포괄적 성장 전략인 EU 2020 전략은 경제 성장과 고용률 증가를 골자로 하는 리스본의 전략 Lisbon strategy 을 기반으로 만들어졌다. 네덜란드 헌법은 토지 이용 계획을 위해 50년 이상의 긴 안목을 요구한다. 러시아 정부는 미래 예측을 위해 델피와 시나리오를 사용하는 반면, 기업들은 기술 로드맵을 사용하는 경향이 있다. 폴란드 2050은 장기적인 분석에 대한 정량적 접근법보다 질적 접근법을 장려한다. 폴란드, 헝가리, 슬로바키아에서 처음으로 미래지표가 만들어졌고 체코에서 업데이트되었다.

아시아

아시아 사회는 개인적인 의사결정을 할 때 개인의 이익보다는 가족의 이익에 더 초점을 맞추는 경향이 있다. 아시아의 영성 및 집단 문화와 서구의 좀 더 직선적이고 연속적이며, 개인적인 의사결정 시스템 사이에 시너지 효과가 발생할 경우, 새로운 의사결정 철학이 만들어질 수도 있다. 아시아인프라투자은행AIIB 과 아세안, 아시아개발은행ADB 은 이 지역에서 장기적인 의사결정 시스템 개선을 돕는 핵심 기관이 될 수 있다. 중국이 다른 국가들보다 더 장기적인 관점으로 의사결정을 하는 경향이 있는 만큼 중국과 인도가 이 세계의 다른 국가들과 교류를 더 많이 하고, 궁극적으로 이들의 파워가 커지면 이는 좀 더 글로벌하고 장기적인 의사결정으로 이어질 수 있다. 일본은 수상의 장기 전략 계획 부서에 민간 부문 기업들이 참여하고 있다. 싱가포르에서는 비공식적으로 정부 내 미래 전략 조직들의 국제적인 네트워크를 개발하고 있다.

06

정보통신 기술의
글로벌 통합

현재 세계 인구의 약 51퍼센트에 해당하는 38억 명이 인터넷에 연결돼 있으며 전 세계 인구의 약 3분의 2가 휴대전화를 보유하고 있다. 그중 반 이상이 스마트폰이다. 스마트폰 앱의 지속적인 발전과 확산은 전 세계 수많은 사람들의 손바닥에 첨단 인공지능 시스템을 제공하고 있다. 딥마인드의 알파고, 구글의 개인용 인공지능 등 누구나 슈퍼컴퓨터와 인공지능을 활용할 수 있도록 하기 위한 경쟁은 계속 진행 중이다.

미국과 EU, 중국, 그 외 다른 국가들이 참여하고 있는 휴먼 브레인 프로젝트는 기업의 인공지능 연구와 합쳐져 개별 인간의 능력과 집단지성을 증강시킬 것이다. 중국은 2030년까지 전 세계 인공지능 분야 리더가

되겠다는 목표를 발표했으며 푸틴 러시아 대통령은 인공지능을 선도하는 국가가 세계를 지배한다고 말하기도 했다.

제4차 산업혁명이 진화하면서 사업의 모든 구성요소는 인공지능과 연결될 것이다. 점점 더 많은 기업들이 집단지성 시스템으로 바뀔 것이다. 재무 서비스 등 일부 유형의 사업들은 그저 소프트웨어가 될 수도 있다. 인공지능에는 세 가지 유형이 있는데 오늘날 우리가 활용하고 있는 좁은 범위의 단일목적 인공지능, 자체 코드를 다시 쓰면서 복수의 목적에 적응할 수 있는 인공일반지능Artificial General Intelligence, AGI 그리고 인간과 독립적으로 자체 목표를 설정할 수 있는 초인공지능Artificial Super Intelligence, ASI 그것이다. 지금도 좁은 범위의 인공지능이 가져온 실업 효과는 일부 관찰되고 있지만, 인공일반지능이 탄생한다면 실업과 경제, 문화에 미치는 영향은 훨씬 더 커지게 될 것이다. 이렇게 슈퍼컴퓨터와 인공지능을 이용할 수 있는 기반을 마련하는 것과 더불어 사물인터넷 보안 기준과 연결 가능성에 대한 국제적 합의, 머신러닝의 활용과 인공지능의 활용에 대한 세계적인 합의가 이뤄져야 한다.

인터넷과 모바일의 폭발적 증가에는 어두운 면도 존재한다. 악성 소프트웨어의 공격은 지속적으로 늘고 있다. 비디오, AR/VR, 사물인터넷 사용이 빠르게 늘어나면서, 인터넷 대역폭이 미래의 수요를 감당할 수 있을지에 대한 우려가 커지고 있다. 사물인터넷, 웨어러블 컴퓨터, 자율주행 자동차, 컴퓨터 인터페이스가 진화하면서 사이버 보안의 중요성은 더욱더 커질 것이다. 데이터는 모든 수준에서 암호화돼야 한다. 비대칭적인 사이버 전쟁과 정보 전쟁에서는 비싼 무기들을 대체한 저가 컴퓨터들이 권력의 도구가 되고 있다. 우리는 미래의 정보 전쟁에 맞설 방법을 배워야 한다. 그렇지 않으면 사이버 공간에 있는 모든 정보를 불신하게 된다. 미국 클라우드 서비스 제공업체 아카마이 테크놀로지Akamai Technology의 조사에 따르면 201개 국가와 지역이 사이버 공격의 기반이 되었고 그중 49퍼센트는 중국이 기반이라고 한다. 정부는 현재의 사이버 위협을 기반으로 하는 규정이 아닌 미래의 사이버 보안 문제를 내다보고 그에 따른 규정과 절차를 마련해야 한다. 또한 안전한 인터넷 환경을 조성하기 위해 정부 내 사이버 보안 인력과 독립적인 해커들이 협력해야 한다.

한편, 모든 것의 원격화tele-everything는 계속 심화되고 있다. 2016년에는 700개가 넘는 대학에서 5,800만 명의 학생들을 대상으로 6,850건의 원격 교육 무크MOOCs를 제공했다. 글로벌 원격 의료의 가치는 2018년 기준 약 383억 달러로 추정되며 2025년에는 약 1,305억 달러로 세 배 이상 급속한 성장을 이룰 것으로 전망된다.

북미 및 유럽

미국은 2019년 현재 200페타플롭스 속도의 'IBM 서미트'로 가장 빠른 컴퓨터를 보유하고 있다(지난 5년간 슈퍼컴퓨터 왕좌를 차지했던 나라는 중국이었다). 미국 가정의 73퍼센트가 초고속 인터넷 접속이 가능한 곳에 살고 있다. EU는 아동 포르노, 소아성애, 디지털 괴롭힘에 대응하기 위해 더 안전한 인터넷 프로그램 Safer Internet Programme 을 만들었으며 이 프로그램은 현재 26개 유럽 국가에서 발효 중에 있다. EU의 디지털 어젠다는 2020년까지 고속 광대역 fast broadband 을 모두에게 제공하고, 초고속 광대역 superfast broadband 을 가입 가구의 50퍼센트에게 제공하는 것을 목표로 한다. 이는 광대역 통신사에 대한 투자 증가, 광대역 통신사 간 경쟁 증가 및 규제 이니셔티브를 통해 달성될 것이다.

아시아

세계 인터넷 사용자의 45퍼센트가 살고 있는 아시아 지역은 인터넷 사용자의 비중이 가장 크지만 인터넷 보급률은 26퍼센트밖에 되지 않는다. 2018년에 중국의 인터넷 사용자는 8억 명을 돌파했으나(8억 200만 명) 중국의 14억 인구를 고려하면 인터넷 보급률은 57.7퍼센트로 비교적 낮은 편이다. 인구 기준으로 인터넷 이용자 수가 가장 많이 늘어난 나라는 인도였다. 9,800만 명이 지난해 새로 인터넷 인구에 편입됐다. 하지만 인도의 인터넷 보급률은 41퍼센트로 세계 평균치를 크게 밑돌고 있다.

07

다면적 빈곤과
빈부격차의 해소

세계은행에 따르면 전 세계에 하루 1.9달러 미만으로 살아가는 사람들의 비율은 1990년 35퍼센트(18억 5,000만 명)에서 2013년 10.7퍼센트(7억 6,700만 명)로 줄어들었다. 현재 이 비율은 10퍼센트 미만이며, 현재의 추이로 볼 때 2030년까지 극도의 빈곤을 퇴치하자는 유엔 지속가능 개발 목표는 달성될 것으로 보인다. 하지만 전 세계에서 불평등이 가장 심한 국가들 중 5분의 4가 아프리카에 있는 만큼, 아프리카의 불평등은 미래 안정성에 심각한 위협으로 남아 있다. 유엔개발계획UNDP이 개발도상국 102개국을 대상으로 산출한 다면빈곤지수Multidimensional Poverty Index에 따르면, 다면적인 빈곤 속에 살고 있는 사람들은 대략 15억 명에 이른다.

절대적 빈곤은 감소하고 있는 반면 소득 격차는 시간이 갈수록 증가하는 추세다. 수십억 달러를 가진 단 여덟 명의 부가 36억 명의 빈곤한 사람들이 가진 부와 맞먹는다. 고용 없는 경제 성장이 지속되고 있으며, 노동에 대한 투자수익률보다는 자본과 기술에 대한 투자수익률이 대체로 더 높게 나타난다. 그리고 미래에는 기술이 인간 노동의 많은 부분을 대체할 수 있게 된다.

비록 부자와 빈자 사이의 개인별 소득 격차는 넓어지고 있지만, 국가 간의 격차는 줄어들 것으로 기대된다. 선진국은 2퍼센트에 가까운 성장세를 보이고 있는 반면, 신흥 시장과 개발도상국들은 매년 약 4~5퍼센트씩 성장하고 있다. IMF에 따르면 세계 경제는 2018년 3.6퍼센트 성장했고 2019년에는 3.2퍼센트 성장했다. 인구는 1.11퍼센트씩 성장하고 있는 가운데 인당 글로벌 소득은 매년 2.39퍼센트 성장하고 있다.

빈부격차 문제를 해결하기 위해 세계는 평등한 경제개발을 위한 장기적인 전략을 세워야 한다. 더 가난한 지역은 원자재에 의존하면서 더 진보된 기술로 도약하기보다 수출용 완제품을 개발하고 현지 가치사슬을 확대하는 데 더 투자해야 한다. 또한 최저 임금을 인상하고 임원들의 급여 문제를 해결해야 한다. 부유세나 상속세법 개정과 같이 점진적으로 균등 분배를 실현할 새로운 수단을 심각하게 고려해야 한다.

인공지능은 재생산이 가능하고 인간보다 빨리 학습하는 만큼 인공지능의 보편적 확산은 불가피해 보인다. 자동차 운전, 안면 인식, 복잡한 게임은 물론, 의료 진단의 일부 유형에서도 알고리즘은 인간의 성과를 이미 앞서고 있다. 인공지능과 그 외의 다른 차세대 기술이 교육과 교통, 의료

케어의 비용을 낮추고, 로봇과 다른 차세대 기술에 세금을 매김으로써 새로운 세원을 창출할 것이므로 2030년이 되면 보편적 기본소득제도는 재정적으로 지속가능하게 될 것이다.

차세대 기술이 구조적인 장기 실업을 가져올 수 있는 만큼 소득 보장 프로그램을 모색하고 사회 복지 시스템을 위한 새로운 수입원으로 차세대 기술에 세금을 부과하고, 대기업들과 부유한 개인들이 정당한 자기 몫을 지불하는 세제 시스템을 만들어야 한다. 그리고 자격을 갖춘 노동자들이 기술직 요건에 부합하는 일자리로 옮겨갈 수 있도록 이민이나 이주 장벽을 극복할 수 있는 글로벌 인적자원 소싱 해결책을 탐색하는 것도 중요하다.

창업에 필요한 자본은 점점 감소하고 있다. 유튜브, 페이스북, 우버 등을 생각해보면 더욱 명확하다. 이럴 때일수록 과학과 기술, 엔지니어링, 수학 교육과 평생교육, 재교육을 더욱 강조해야 한다. 자영업자들이 3D 프린팅과 인공지능 로봇, 인공지능 앱과 같은 차세대 기술에 접근할 수 있고 교육을 받을 수 있는 커뮤니티 센터 설립을 지원해야 한다. 또한 트럭 운전사가 자율주행 트럭을 관리하고 투자하는 경우처럼, 자신의 일자리를 대체할 자동화에 투자하는 사람들을 도울 수 있는 방안도 마련해야 한다.

북미

오늘날 미국에서 일하는 사람들의 84퍼센트는 10년 후에도 여전히 그 일을 하고 있고, 66퍼센트는 2035년에도 여전히 그 자리에 있을 것으로 추정한다. 하지만 2030년에 인공지능이 확대되면 이 비율은 바뀔 수 있다. 미국은 3,300억 달러로 세계 1위 투자국이지만 현재 무역적자는 6,000억 달러가 넘는데 그중 70퍼센트가 중국과의 사업에서 비롯된 것이다. 논란이 되긴 하지만, 수백 개의 수정안을 가진 대서양 횡단 무역 및 투자 동반자 관계와 같은 잠재적 무역 협정은 세계 경제에 새로운 기회를 가져다줄 수도 있다. 북미자유무역협정은 20년 동안 세 배로 증가해 대륙 경제 통합을 도왔다.

캐나다의 가장 중요한 경제 엔진은 전체 사업의 약 98퍼센트를 대표하며 직원의 60퍼센트 이상을 고용하고 있는 중소기업이다. 그러나 캐나다의 소득 격차는 확대되고 있는 추세다. 가장 부유한 10퍼센트가 나머지 90퍼센트의 캐나다인을 합친 것보다 더 많은 금융자산을 보유하고 있으며, 가장 가난한 20퍼센트는 자산보다 더 많은 부채를 가지고 있다.

유럽

EU는 GDP 14조 8,000억 유로로 세계에서 가장 부유한 지역 중 하나지만 유로존 국가들의 부채와 재정 정책 방향에 대한 우려는 여전하다. 경제는 2019년 EU 전역에서 1.5퍼센트 성장할 것으로 예상되지만 유로존에서는 1.1퍼센트에 불과하다. EU 전체 실업률은 그리스와 스페인에서 약 27퍼센트, 오스트리아와 독일에서는 약 5퍼센트까지 다양하지만 일부 국가에서는 청년 실업률이 50퍼센트에 육박한다. 하지만 2008년 금융위기 이후 노동 보호는 대체로 줄었으며 북쪽의 채권국과 남쪽의 채무국 간의 분열은 계속 확대되고 있다. 유로존 지도자들은 경제 성장을 촉진하기 위해 일련의 단기 및 장기 대책을 채택하고 있으며, 유로존 전체의 금융 거래세, 은행들에 대한 보다 중앙 집중적인 감독, 유로본드 발행, 조세피난처에 대한 손실을 줄이기 위한 공동 최소 법인세의 제정 등 몇 가지 안을 논의하고 있다.

아시아 현재 5억 명에 이르는 아시아의 중산층은 2020년이 되면 17억 5,000만 명으로 늘어날 것으로 기대된다. 앞으로 추가될 10억 중산층의 약 90퍼센트는 아시아인이 될 것이다. 아시아 지역의 재정 수입은 4조 달러이며, 민간 저축이 6조 달러에 달한다. 중국은 이제 구매력 평가 기준으로 세계에서 경제 규모가 가장 큰 국가이지만 IMF는 2020년 중국의 경제 성장률을 6.0퍼센트로 하향 조정했다. 중국은 1981년 인구의 84퍼센트에 달했던 극빈층의 비율을 오늘날 12퍼센트로 감소시켰지만, 여전히 약 8,080만 명의 사람들이 다면적 빈곤 속에 살고 있으며, 다면적 빈곤 상태에 가깝게 살고 있는 사람들도 인구의 19퍼센트에 해당한다.

하루 1.9달러로 살아가는 전 세계의 극도로 가난한 사람들 중 26퍼센트가 살고 있는 인도에는 다면적 빈곤 상태에 있는 사람들이 6억 3,200만 명에 달한다. 하지만 인도의 중산층은 3억 명이 넘는 규모로 성장했으며, 실업률은 5퍼센트밖에 되지 않는다. 정규직만 220만 명에 달하고 800만 명을 간접 고용하고 있는 정보통신 분야는 급속히 성장하고 있다. 인도는 몇 년간 7~8퍼센트의 높은 경제 성장률을 보였으며 2019년에는 소폭 하락해 6.8퍼센트 성장했다. 중국, 일본, 한국은 자유무역협정을 협상 중이다. 이 협정이 체결될 경우 아시아 GDP의 70퍼센트, 전 세계 GDP의 20퍼센트를 차지하며 전 세계 무역 중 35퍼센트(5조 4,000억 달러)를 대표하는 가장 큰 규모의 자유무역 지역이 탄생하게 된다.

08

질병의 감소와
보건 문제의 개선

인류의 건강은 지속적으로 개선되고 있다. 영양이 좋아지고 의료기술이 발달하면서 세계인의 수명은 점점 늘고 있다. 예상 수명의 증가, 감염성 질병으로 인한 사망률의 감소, 아동 면역력의 증가 등 전 세계 의료 보건 실태는 역사상 가장 높은 수준으로 제공되고 있다. 아메리카 대륙에서는 토착성 홍역과 풍진이 사라졌고, 동남아시아에서는 산모와 신생아의 파상풍이 사라졌다. 그러나 세계가 노화하면서 만성질환(뇌졸중, 심장병, 암으로 인한 사망)은 증가하고 있다. WHO가 확인한 바에 따르면, 지난 5년간 발생한 전염병은 1,100건이 넘었고, 항균제 내성과 영양실조, 비만이 늘어나고 있다. 결핵은 전 세계적으로 사망을 일으키는 가장 주요한 감염

원인이며, 약에 대한 내성이 증가하고 있다.

가장 진보된 말라리아 백신은 2018년 FDA의 승인을 받았고, 2019년 말라위와 케냐, 가나에서 2세 이하 어린이를 대상으로 한 말라리아 예방 접종이 시작됐다. 이 백신은 현재까지 40퍼센트 정도의 예방 효과를 보이고 있지만 말라리아로 매년 25만 명의 어린이가 사망한다는 사실을 비추어볼 때 백신으로 인한 아동 사망자의 수는 대폭 감소할 것으로 보인다. 반면 인간을 대상으로 하는 인간면역결핍바이러스 백신 실험은 아직 진행 중이다. 에이즈는 계속해서 감소하고 있다. 2010년에는 200만 명이 HIV 관련 질병으로 사망했지만 2016년에는 그 수가 100만 명으로 줄었다. 에이즈로 계속 치료를 받고 있는 사람은 2015년의 1,710만 명에서 1,950만 명(53퍼센트)으로 증가했다. 하지만 에이즈에 걸린 사람들 중 20퍼센트는 남아프리카에 살고 있으며, 에이즈 신규 감염 건수 중 20퍼센트도 남아프리카에서 발생한다.

DNA 편집과 다른 장수 연구들도 계속되고 있지만 새로운 항생제에 대한 투자나 개발은 전 세계에 존재하거나 잠재된 항생제의 내성을 해결하지는 못하고 있다. 새로운 진전이 없다면, 현재는 약품 내성으로 인한 감염이 70만 건 수준이지만 2050년에는 매년 1,000만 명이 항생제 내성으로 사망에 이를 수 있다. 새로운 등급의 항생제가 시장에 나오지 않은 지도 25년이 넘었다. 게다가 현재 항생제에 내성이 있는 슈퍼버그(mcr-1 유전자를 가진)가 여러 대륙에 존재하고 있다. 치료 시간을 줄여 약이 잔존하는 것을 방지하기 위해 항생제를 훨씬 강하게 만드는 방안이 탐색되고 있다. 새로운 질병을 예방하기 위한 백신 개발에 너무 많은 시간이 소요되는 데 대한 대안으로 면역시스템을 높여줄 보편적 백신의 개발도 진행되고 있다. 게놈 백신은 DNA나 RNA를 세포 속으로 주입해 선택된 병원균을 제거하도록 면역시스템을 훈련시키는 실험에 사용될 수 있다.

세계 곳곳에서 계속 발생하는 질병의 위협을 줄이려면 의료 기반의 확립과 세계적 질병 탐지, 감시, 치료 시스템이 자리잡아야 한다. WHO의 세계백신실천계획 Global Vaccine Action Plan 이 그중 하나다. 이 계획에는 다음과 같은 내용들이 담겨 있다. 약에 대한 내성을 예측하고 대항하기 위한 지원을 늘려야 하며 새로운 종류의 항생제를 개발한다. 또한 조기 발견, 정확한 보고, 신속한 격리, 투명한 정보, 소통 기반에 초점을 맞추고 온라인 자가 진단, 인공지능, 전문가 소프트웨어를 포함한 원격 진료를 장려한다. 헬스케어에 대한 전인적 접근을 위해 기업 및 NGO와 파트너십을 맺고 약, 의료기기, 생물학 제품, 의료 및 수술 절차, 지원 시스템 등 건강과 관련된 현재의 기술을 최대한으로 활용한다.

의료 보건 환경이 열악한 가난한 지역의 근로자 부족 현상이 계속 악화되고 있는 만큼 원격 의료와 인공지능 진단을 확대하고 깨끗한 식수, 위생 관리, 손 씻기를 위한 투자를 늘려야 한다. 그리고 기후변화와 글로벌 환경 변화는 질병의 발생 위험 및 강도와 패턴에 변화를 유발하므로 모니터링과 감시에 더 많은 투자가 이뤄져야 할 것이다.

북미

미국은 GDP의 거의 20퍼센트를 의료비로 지출하고 있지만, 성과가 만족스럽지 못하고 보험에 들지 않은 부분이 너무 많아 새로운 미국 의료법이 요구되고 있다. 한편, 경기 침체로 인해 병원들은 보험과 같은 시스템을 형성하기 위해 점점 더 합병하고 있다. 미국은 HITECH법 시행에 따라 전자 건강 기록과 다른 형태의 건강 정보 기술을 업그레이드하고 있다. 미국 아이들의 약 33퍼센트가 과체중이거나 비만이며, 한 조사에 따르면 8~18세의 어린이들은 하루 평균 7.5시간을 오락 매체와 함께 보낸다고 한다. 미국 질병통제예방센터 CDC 는 미국의 새로운 에이즈 감염의 약 절반이 감염 사실을 모르는 20퍼센트의 사람들로부터 발생한다고 보고하고 있다. 한편 아메리카 대륙은 15년간의 예방접종 캠페인에 이어 처음으로 풍진을 제거한 지역으로 선포되었다.

유럽

유럽의 고령화와 이주 증가는 정부 의료 서비스 발전을 이끌고 있다. 유럽에서 1990년 이후 5세 미만 사망률은 50퍼센트 감소했고, 산모 사망률은 25퍼센트 감소했다. 유럽은 글로벌 경기침체로 인한 자금난 속에서 예방으로 건강관리의 초점을 바꾸고 있다. 병원에서 발생하는 감염은 매년 300만 명의 유럽인들에게 영향을 미친다. 유럽에서는 40년 만에 결핵 사망자가 계속 늘고 있다. 우크라이나는 유럽에서 에이즈 감염률이 가장 높지만 2006년 이후 감소하고 있다.

아시아

일본과 싱가포르는 아시아에서 기대수명이 가장 긴 국가들이다. 일본인의 기대 수명은 2018년 기준 여성 87.2세, 남성 81세이며 싱가포르인의 기대수명은 여성 84.9세, 남성 79.5세이다. 1990년 이래 건강 기대 수명이 가장 많이 개선된 국가들 중에는 싱가포르, 한국, 태국을 포함해 아시아 국가들이 몇 군데 있다. 중국은 향후 2년간 건강 관련 새로운 인프라에 1,270억 달러를 투자할 계획을 가지고 있다. 아시아 가금류 농장주들이 수많은 바이러스의 원천인 생물 시장 사업을 냉동 제품 시장으로 대체하고 인센티브를 받게 될 경우, 매년 발생하는 생명 손실과 경제적 효과는 줄어들 수 있을 것이다. 중국에서는 우려할 만한 공기 질과 수질로 인해 환경 위생에 더 큰 관심을 기울이게 될 것이다.

09

교육 격차 해소와
학습 환경 조성

인류는 점점 더 나은 교육을 받고 있다. 전 세계 인구의 대부분이 직접적이거나 다양한 형태의 온라인 매체를 통해 교육을 받고 있다. 젊은 층의 식자율은 현재 92퍼센트에 달하며 지난 20년보다 더 지적이고 박식해졌다. 학교에 다니지 못하는 어린이의 비율이 감소하고 있기는 하지만 실제로는 인구의 증가 때문에 지난 10년간 교육을 받지 못한 어린이의 숫자는 여전히 많다. 기초 교육에 대한 국제적 원조는 아직 충분하지 않다.

저비용의 인공지능, 로봇공학 기술은 차세대 혹은 그 다음 세대의 일의 성격을 완전히 뒤바꾸게 된다. 교육과 학습의 근본적인 변화가 없다면 2050년에는 인류의 약 50퍼센트가 기술로 인한 실업에 직면할 것이다.

따라서 교육과 학습은 기술로 인해 대체될 단순노동이 아닌 창의성과 문제 해결에 초점을 맞추어야 한다. STEM(과학, 기술, 공학, 수학) 교육과 병행해 창의력, 비판적 사고, 인간관계, 사회 정서적 능력, 철학, 기업가정신, 예술, 자영업, 윤리 등에 더 많은 중점을 두고 자기 실현을 목적으로 스스로 진도를 조절할 수 있는 질의 기반 학습을 만들어내야 한다.

노트북과 스마트폰의 가격은 계속해서 하락하고 있으며, 데이터 분석 기능을 갖춘 사물인터넷은 실시간으로 정밀한 정보를 제공하고 있다. 하지만 이 모든 자원들을 성공적으로 적용해 정보 오염이 아닌 지혜를 개발하는 일은 엄청난 도전과제다. 한편 EU와 미국, 중국, 이스라엘, 일본은 뇌에 대한 대규모 연구 프로젝트를 진행하고 있다. 향후의 결과는 뇌질환을 해결하고 두뇌 기능을 개선하고 새로운 두뇌-컴퓨터 상승효과를 만들어낼 것이다.

교육 현장에서의 혁신은 전 세계에 걸쳐 일어나고 있다. 핀란드에서는 교과목 대신 사건과 현상을 가르치는 학제 간 접근법interdisciplinary approach을 적용할 계획이다. 중국은 2년 이내에 40만 곳의 초등학교에서 3D 프린터를 사용할 계획이다. 개인에게 허용되는 기술적 역량이 과거보다 훨씬 강력해질 것이기 때문에 윤리, 가치, 시민으로서의 책임에 더 많은 관심을 기울여야 한다. 그리고 인류가 점점 더 강하게 연결되는 만큼 각자 고유의 문화와 문명을 배우는 한편, 세계와 거시적인 역사에도 특별한 관심을 가져야 한다.

유럽

핀란드는 과목 대신 종목과 현상을 가르치는 학제 간 접근법을 활용할 계획이다. 유럽에서는 고등교육의 많은 부분이 무료 또는 매우 낮은 비용으로 이루어지고 있다. EC는 4,000개의 고등 교육 기관에서 1,700만 명의 학생들을 보유하고 있다. EC 지식미래 보고서는 고등 교육, 전문가 협업 및 정책 과정에 대한 공공 참여 도구로, 연구, 혁신 및 기타 EC 관련 지식의 개방적이고 참여적인 통합 정보 시스템의 개발을 권고한다. EU의 미래기술연구소는 유럽의 열린교육자원 프로젝트OEREU를 주도해 개방된 교육 자원을 어떻게 활용할 것인가와 교육 시나리오를 2030년까지 구상하고 있다.

아시아

유네스코에 따르면, 동아시아와 태평양 지역의 성인들은 95퍼센트가 글을 읽고 쓸 수 있으며, 중앙아시아에서는 이 비율이 100퍼센트에 달한다. 청소년들의 식자율 역시 중앙아시아가 100퍼센트, 동아시아 태평양 지역이 99퍼센트로 가장 높다. 민텔 그룹 연구소Mintel Group research에 의하면, 중국 중산층 가족에 속한 어린이들의 90퍼센트가 방과 후에 유료 교육 프로그램에 참여하며 87퍼센트의 중국 부모들은 자녀들이 해외에서 추가로 교육을 받도록 하는 데 기꺼이 돈을 쓸 생각이 있다. 2013년부터 2014년까지 미국에 있는 전체 외국 학생 중 31퍼센트가 중국에서 온 학생들이었고, 그다음으로 많은 수의 학생들을 보낸 나라는 인도와 한국이었다.

10

테러리즘의 위협과
글로벌 안보 전략

70년이 넘는 기간 동안 주요한 패권 전쟁은 한 번도 일어나지 않았으나 국가 간의 분쟁은 꾸준히 증가하고 있다. 2018년도 기준으로 전 세계 국가들의 국방비 지출 규모는 1조 8,220억 달러로, 2017년 대비 2.6퍼센트 증가했다. 전 세계적으로 국방비 지출이 늘어난 이유는 중국, 인도, 사우디아라비아 등이 위치한 아시아와 중동 국가들이 무기 개발 및 도입을 늘리고 있기 때문인 것으로 분석된다.

세계평화지수Global Peace Index에 따르면, 2018년 세계 평화 수준은 0.27퍼센트 악화됐다. 상황이 악화된 곳은 92개국인 반면, 개선된 곳은 71개국이었다. 분쟁으로 인한 사망은 16만 7,000명에서 15만 7,000명으로 줄어들었다.

한편, 오늘날 전쟁과 안보의 본질은 초국가적이고 지역적인 테러리즘, 내전에 대한 국제적인 개입, 공개적으로는 부인하는 사이버 정보 전쟁으로 그 성격이 변했다. 가짜뉴스와 같은 정보 전쟁은 정보를 조작함으로써, 편향된 의사결정을 하도록 여론을 선동하고 있다. 대중이 어떻게 방어해야 할지 알지 못하는 사이에 봇들과 비디오, 다른 형태의 정보 전쟁에서 비롯된 가짜뉴스가 진실의 개념을 조작하는 경우도 늘어나고 있다. 정부가 사이버 공격을 하거나 다른 정부 및 기업을 대상으로 조직화된 범죄가 발생하는 경우도 증가할 것으로 예상된다. 비대칭적인 사이버 전쟁은 권력 분석의 전통적인 균형을 바꿔놓는다.

분쟁 예방 전략의 일부에는 다음의 방법들이 포함된다. 모든 그룹이 정부 서비스를 받을 수 있게 하고, 투명하고 책임 있는 지배구조를 구축하고, 공동의 목표를 수립하고, 부패를 줄이고, 정보의 자유로운 흐름을 촉진하고, 통상 금지령과 다른 경제 제재를 활용하고, 눈에 띄지 않게 중재를 시도하고, 소수자의 권리를 개선하고, 증오 연설을 통제하고, 경제 원조를 제공하고, 종교 간 대화를 개최하고, 국제사법재판소를 활용하는 방법 등이다.

일부 분쟁 해결 전략에는 국가 간 대화, 국제 협상, 시민사회 주요 인물들을 협상과정에 포함시키기, 군사적 개입, 유엔 평화유지활동, 경제적 인센티브, 종교 지도자의 이니셔티브 등이 포함된다.

전쟁 재발 방지 전략에는 구 전투원들과 추방된 사람들의 재통합, 유엔 평화유지활동, 진실과 화해 위원회, 기관들의 재건, 피난민, 국제 실향민, 이민자들의 안전한 귀환 촉구, 자금에 대한 접근권을 포함해 모든 당사자들과 함께하는 경제 개발 등이 있다.

북미

미국은 완전 철수를 준비하면서 아프가니스탄에서의 활동을 줄이고 있지만 ISIL에 대한 공습으로 이는 변경될 여지가 있다. 2019년 미국의 국방 예산은 7,170억 달러로 역대 최고치를 갱신하고 있다. 자생적 테러와 '외로운 늑대'는 미국의 안보 도전에 새로운 차원을 더한다. 2006년 이후 테러로 인한 사망자의 98퍼센트는 조직이 아닌 개인lone actors 에 의한 공격이었다. 미국에 대한 사이버 공격 횟수가 계속 증가하면서 전력망이나 사물인터넷과 같은 국가 인프라의 보호에 대한 관심이 높아지고 있다.

지난 5년 동안 캐나다의 군사비는 약 200억 달러였지만 국제 무대에서 캐나다의 역할이 증가하고 있기 때문에 더 늘어날 것으로 예상된다. 미국은 무기 무역 조약에 서명했지만 비준하지 않은 반면 캐나다는 서명도, 비준도 하지 않았다. 북극 얼음이 계속 녹으면서 국경 분쟁이 있는 곳에서는 엄청난 양의 천연 가스와 석유를 이용할 수 있게 될 것이다. 러시아, 노르웨이, 덴마크와 함께 미국-캐나다 간의 긴장이 고조될 수 있다.

유럽

유엔난민기구에 따르면 바다를 통해 유럽으로 입국하는 이민자와 망명 신청자가 21만 8,000여 명으로 늘었고, 3,500여 명이 목숨을 잃은 것으로 추정하고 있다. 이탈리아는 리비아에서 또 다른 20만 명이 지중해를 건너기 위해 기다리고 있는 것으로 추정하고 있다. IS는 이민자 이탈을 이용해 전투기를 유럽으로 밀반입하고 IS와 샤리아 이데올로기를 선전하며 테러 자금을 지원하고 있는 것으로 알려졌다. 새로운 EU 밀수 방지 작업인 EU나포 메드EUNAFOR Med 는 해상에서의 불법 이주를 억제하기 위한 목적으로 설립되었다.

영국, 그리스, 에스토니아만이 국방에 대한 GDP 투자의 2퍼센트라는 나토의 가이드라인을 충족시킬 예정이다. 독일이 목표를 달성한다면 국방 예산은 370억 유로(약 420억 달러)에서 740억 유로로 거의 두 배가 될 것이다. 계속되는 청년 실업과 유로존 일부 지역의 재정 긴축으로 폭력적인 사회적 시위가 발생했다. EU를 함께 유지하기 위해서는 보다 강력하고 안정적인 제도와 추가적인 정치적 통합이 필요하다. 러시아인과 코카서스와 중앙아시아 출신의 소수민족 사이의 긴장과 폭력이 증가하고 있는 반면, 우크라이나에서는 내전이 폭발했다. 우크라이나의 전쟁은 경제 상황의 악화로 이어졌고, 이로 인해 이 지역의 불안정이 더욱 가중될 수 있다.

아시아　　2019년 중국의 공식적인 군사 예산은 약 1조 2,000억 위안으로 지난해보다 8퍼센트 이상 증가한 수치다. 중국은 세계적으로 중요한 해군 세력을 형성하고자 시도하고 있으며, 특히 하늘에서 중국의 군사적 역량은 서구 군사기술이 보유한 우위에 점점 더 위협이 되고 있다. 또한 중국은 아프리카와 라틴 아메리카를 대상으로 더 진보된 군사 시스템 판매를 점점 더 확대하고 있다. 중국은 미래 분쟁 예방을 위해 도시화, 소득 격차, 원주민들을 몰아내는 개발 프로젝트 등을 둘러싼 내부 문제들을 잘 관리해야 할 것이다. 북한 핵 프로그램과 관련해 국제적으로 받아들여질 만한 해결책은 아직 부족하다. 일본은 해외 군사 작전에서 일본의 방어권을 확대하기 위해 일련의 안보 관련 법안들을 검토 중이다.

11

세계 여성의
인권 및 지위 향상

오늘날 여성들은 자신의 견해를 밝히고 책임을 요구하면서 사회적, 정치적, 경제적 의사결정에서 점차 동등한 파트너가 되어가고 있다. 지난 세기 동안 여성의 역량 증진은 사회 진화의 가장 강력한 동인 중의 하나로서, 인류가 직면한 모든 지구촌 도전과제들을 해결하는 데 핵심이 된다고 여겨져 왔다. 양성 평등은 세계인들의 의식 속에 자리잡게 됐으며 세계 모든 국가의 84퍼센트가 이를 헌법으로 보장하고 있다.

여성의 투표권은 사실상 보편화됐다. 국가별 입법 기구 구성원의 23.5 퍼센트를 여성이 차지하고 있으며, 여성의 정치적 참여를 촉진하기 위해 할당제를 두는 국가와 단체도 많아지고 있다. 그럼에도 불구하고 오늘날

10세 아동의 50퍼센트 이상이 양성 불평등의 수준이 높은 나라에서 살고 있는 만큼, 2030년까지 양성 평등을 이루고 모든 여성과 소녀들의 역량을 증진한다는 유엔 지속가능 개발 목표를 달성하고자 한다면 더 많은 노력이 필요하다.

정치적인 권리 외에도 경제활동 부분에서 성별 일자리 격차 및 임금 격차는 반드시 해결되어야 할 문제다. 여성이 세계 노동의 52퍼센트에 기여하고 있음에도 불구하고 남성들의 수입과 비교할 때 여성들의 수입은 최대 35퍼센트까지 더 적다. OECD 전체에 걸쳐 상근직의 남녀 보수 격차가 가장 큰 국가는 대한민국이며(36.6퍼센트) 격차가 가장 작은 국가는 코스타리카(1.8퍼센트)로 조사됐다. 빈민 구호 단체 옥스팜Oxfam은 현재의 추세가 계속된다면 G20 국가에서 동일 업무에 대한 동일 임금을 달성하는 데만 해도 75년이 더 걸릴 것이라고 경고한다.

이 문제의 해결을 위해서는 여성이 경력 단절 없이 커리어를 이어가는 데 도움을 주는 보다 평등한 정책과 사회 구조가 필요하다. 무료 혹은 고용주가 지원하는 유치원과 보육 서비스는 물론이고 그들의 기본적인 고용권을 확보하는 일이 여성의 지위 개선을 위한 필수적인 부분이 되어야 한다. 적절한 사회 안전망 체제가 부족해 여성들이 추가적인 부담을 지고 있음에도 불구하고, 새로운 업무 형태를 창조하면서 '1인 사업가'가 될 가능성은 남성보다 여성이 더 높다. 여성들을 위한 동등한 기회가 만들어진다면 그들의 창의성이 촉발되고 기업가정신이 고취될 것이다. 이는 교육 격차가 일반적으로 줄어들었고, 일부 국가에서 중등교육 이후로 여성이 남성보다 더 뛰어난 성과를 보이기 때문이다.

건강상의 성 격차는 일반적으로 줄어들고 있는 반면, 여전히 전 세계적으로 여성의 재생산 권리 인정과 효과적인 가족계획 제공은 보장되지 못하고 있다. 할례와 같은 야만적인 극단주의 관행은 매년 수백만 명의 소녀들에게 엄청난 충격을 가하고 있다. 2030년까지 추가적인 잠재 희생자는 8,600만 명에 달할 것으로 예상된다. 여성에 대한 폭력은 전 세계적으로 가장 보고가 덜 되는 범죄이며, 처벌을 받지 않은 채 계속해서 자행되고 있다. 가정 폭력을 처벌하는 법이 있는 국가가 119개국임에도 불구하고, 평생 물리적 혹은 성적 폭력을 경험하는 여성이 거의 35퍼센트에 달하며, 6억 명이 넘는 여성들이 살고 있는 15개 국가에서는 아직 가정 폭력이 범죄로 다뤄지지 않고 있다.

국제 조약과 유엔 기구들이 활발하게 여성의 권리 증진을 돕고 있지만 권한 강화를 위해서는 더 많은 것들이 필요한 상황이다. 여성의 권리 침해는 반드시 국제적 제재를 받아야 하며 여성 할례 및 명예 살인과 같은 야만적인 관행에 반대하는 법을 만들고 실행해야 한다. 또한 가정 내에서 적극적으로 양성 평등 교육이 이루어져야 할 것이다. 신문과 TV 등 전통적인 매체를 비롯한 미디어에서 성 고정관념을 고착시키는 행위를 피해야 하며 언론 분야에 더 많은 여성이 진출해야 한다. 종국에는 '성차별법'이라는 법안이 사라지고 여성에 대한 차별과 폭력이 법적인 제재를 받을 때, 입법부의 최소 30퍼센트가 여성으로 구성될 때, 정부 정책과 전략의 모든 부분에 양성 평등이 포함될 때 여성의 지위 향상 및 인권 신장이라는 세계적 과제가 해결될 것이다.

여성 인권 신장과 관련한 전 세계 국가들의 상황

북미 전체 노동인구 중 여성 비중은 2017년 기준 미국 46.8퍼센트, 캐나다 47.3퍼센트로 나타났다. 미국 맞벌이 가구의 약 10퍼센트, 캐나다 맞벌이 가구의 33퍼센트에서 여성이 파트너보다 더 많이 버는 것으로 나타났는데, 이는 많은 여성들이 남성보다 높은 교육수준을 가지고 있고 높은 직급을 가진 여성의 수가 증가하고 있기 때문이다. 그러나 미국의 S&P 500 회사에서 CEO직을 맡고 있는 여성은 5.8퍼센트에 불과한 수준이다. 2019년 현재, 미 의회의 여성 의원 수는 전체 의석 수의 약 25퍼센트로 미 의회 사상 최다를 기록하고 있다. 그럼에도 불구하고 미국과 캐나다 정부 모두 여성을 위한 국내외 가족계획 프로그램을 대폭 축소했다. 미국은 출산비와 탁아비가 가장 많이 들고, 육아휴직이 가장 짧은 나라들 중 하나이다. 41개국 중 국가 규제나 정부가 제공한 유급 육아휴직을 의무화하지 않는 나라는 미국뿐이다. 미국에서 한부모 가정의 비율이 증가함에 따라 이러한 문제들은 더욱더 중요하다. 미국에서는 한부모 가정이 두 번째로 흔한 가족 구성으로 그중 23퍼센트가 극빈 생활을 하고 있다.

유럽 양성 평등은 유럽의 구조적 변화의 중요한 부분을 차지한다. 현재 유럽 의회에서 여성 의원의 비율은 40퍼센트 정도다. 폴란드는 총선 때 최소 35퍼센트 이상의 여성 후보를 내놓아야 하는 법안을 통과시켰지만, 지난 선거 이후 의회의 여성 비율은 27.4퍼센트였다. EU의 경우 대학 졸업생의 60퍼센트를 여성이 차지하고 있으며 남성에 비해 여성의 평균 83퍼센트가 상급 학교에 진학했다. 그럼에도 동일 업무에서 평균 남녀임금 격차는 16퍼센트에 달한다. 유럽 위원회는 여성들이 시간당 수입이 남성보다 적고, 시간제로 일하는 경우가 많으며 무급으로 가사와 육아를 하는 일이 잦다고 지적했다. 그럼에도 불구하고 유럽은 보육, 육아휴직, 건강관리 등 최고의 사회정책을 가지고 있다. EU 가입을 열망하는 터키는 아직 성 격차에 대해 언급하지 않고 있다. 현재 터키 국회에서 여성의 비중은 14.6퍼센트에 불과하며, 성별 소득 격차가 큰 편이다.

아시아 2018년 세계 성 격차 보고서에 따르면 전체 149개국 중 일본은 110위, 중국은 103위를 차지했고 한국은 115위를 기록했다. 아시아 지역에서 가장 모범생은 9위를 차지한 필리핀이고, 그 뒤를 이어 뉴질랜드가 13위, 호주가 24위를 차지했다. 동아시아 태평양 지역은 초등학교, 중고등학교, 3차 교육기관에 등록하는 여학생과 남학생 사이의 격차가 거의 없어졌고, 일부 국가에서는 여학생들이 남학생들보다 더 성과가 좋았다. 그러나 아시아의 많은 국가에서 여전히 나타나고 있는 남아 선호는 우려의 대상이 되고 있다. 인도에서 시행된 인구조사에서 아동 성비는 남아 1,000명당 여아는 914명밖에 되지 않는 것으로 나타났다. 2017년 이뤄진 조사에 따르면 입법부 내 여성 대표성 비율은 아시아의 경우 19.4퍼센트, 태평양 지역의 경우 17.4퍼센트였다. 비록 여전히 남아 있는 가부장적 구조와 씨름해야 하긴 하지만 정치적 쿼터 시스템을 도입한 후 중앙아시아 국가들의 국회 여성 비율은 전무한 수준에서 20퍼센트 이상으로 증가했다.

12

초국가적 조직범죄와
국제적 대응

국제적인 조직범죄의 확산을 멈추게 할 방안은 무엇일까? 매년 조직범죄
가 벌어들이는 돈은 3조 달러가 넘는다. 이는 모든 국가의 연간 군사 예
산을 합한 금액의 두 배에 해당한다. 전 세계 불법 거래 시장을 분석하는
하보스코프 닷컴 Havocscope.com 은 91개국에서 50개 범주에 걸쳐 존재하는
암시장의 가치를 1조 8,100억 달러로 추정한다. 여기에 사이버 범죄는
포함되지 않지만, 2019년에 기업들이 사이버 범죄로 인해 피해를 본 금
액은 2조 달러에 달한다. 조직범죄와 테러리즘 사이의 구분이 흐려지기
시작하면서 조직범죄를 위한 새로운 시장이 나타나고, 민주주의와 발전,
안보에 대한 위협이 증가하고 있다.

초국가적인 조직범죄가 야기한 인류적 비극도 고려돼야 한다. 갱들의 전쟁에 휘말려 두려움에 질려 있는 마을 사람들부터 가짜 약으로 세계 각지에서 발생하는 사망 사건들까지, 조직범죄는 인간성에 반하는 범죄지만 국제형사재판소는 아직 이를 인정하지 않고 있다. WHO는 소득이 낮거나 중간 수준인 국가들에서 유통되는 약 10개 중 한 개 정도가 가짜라고 보고했다. 2016년에는 9억 달러어치의 가짜 약과 불법 의약품들이 아프리카의 국경 여러 곳에서 압수됐다. 하지만 개발도상국에서도 이 문제는 만연해 있다.

조직범죄에서 가장 많은 부분을 차지하는 것은 불법 마약 거래로 오랫동안 해결되지 못하고 있는 난제다. 50년 가까이 이루어진 유엔 세계마약정책기구UN Global Commission on Drug Policy 의 활동 및 법 집행이 큰 효과를 거두지 못했고 3조 달러 가까운 손실만을 보았다. 세계마약정책기구는 이 문제를 범죄의 관점이 아닌 공공보건의 관점에서 접근하는 것으로 패러다임의 전환을 시도하고 있다. 금융 위기와 금융 기관의 파산은 초국가적 조직범죄에 새로운 침투 경로를 열어주었다. 인터폴은 사이버 범죄로 인한 비용이 마약 불법 거래 비용보다 더 크다고 경고한 바 있다.

초국가적 조직범죄를 연구하는 방법론과 이를 해결하기 위한 정책 수립 과정에도 문제점들이 지속적으로 나타나고 있다. 이 문제에 대한 통계는 본질적으로 검증하기가 어렵고, 이는 초국가적 조직범죄에 대항해 국제적인 금지 체제를 발전시키려는 노력을 더 복잡하게 만들고 있다.

초국가적 조직범죄에 대응하기 위해서는 효과적인 글로벌 전략과 합의가 필요하며 전략에 대한 타당성 조사가 이뤄져야 한다. 그리고 조직범죄를 국제형사재판소가 인정하는, 인간성에 반하는 범죄행위에 포함시켜야 한다. 현재 유엔마약범죄사무소는 사이버 범죄 데이터베이스를 판례법, 제정법 등으로 나눠 개발하고 있는데 초국가적 조직범죄에 대응하기 위한 효과적인 세계전략 정립에 대한 글로벌 합의가 필요하다. 조세 도피처와 익명 계좌를 금지하는 국제 조약이 있어야 하며 이 조약에는 관련 은행과 국가에 가하는 집단 제재를 비롯해 실행을 강제하는 시스템이 뒤따라야 한다.

북미

미국은 6,256억 달러로 세계 불법시장의 3분의 1을 차지하고 있다. 미국 내 마약 범죄 집단은 약 100만 명으로 늘어났으며, 이는 미국 전역에서 범죄의 최대 80퍼센트를 차지한다. 조직범죄와 테러와의 관계는 국가 안보 위협으로 취급되어야 한다. 오바마 행정부 시절 발표된 초국가적인 범죄 보상 프로그램은 국무장관이 초국가적인 범죄 조직을 해체하고, 금융 메커니즘을 방해하고, 조직원과 지도자를 체포하거나 유죄판결을 받도록 돕는 행위에 대해 보상을 할 수 있도록 허가하고 있다.

캐나다는 필로폰과 엑스터시의 주요 생산국이자 공급자로 계속 활동하고 있다. 전국적인 여론 조사에 따르면 캐나다인의 66퍼센트가 소량의 마리화나 소지를 합법화하는 데 지지를 보내고 있으며 주요 정당 역시 이러한 법안을 추진 중이다. 콜로라도, 워싱턴 D.C.는 기호식품으로서 마리화나를 합법화했다. 다른 주들은 주법과 연방법 사이에 법적 갈등을 일으킬 것으로 예상된다.

유럽

유로폴은 EU에 영향을 미치는 범죄 활동과 집단에 대한 법 집행 정보를 체계적으로 분석한 조직범죄 위협 평가 보고서를 발간하고 있다. 보고서에 따르면 EU에 3,600여 개의 적극적 조직범죄 집단이 있으며 70퍼센트가 복수국가로 구성돼 있고 화폐 위조, 규격 미달 제품, 사이버 범죄를 일으키는 것으로 파악된다. 폭력조직이 개별 범죄기업으로 대체되는 경향이 있다. EU의 주요 불법 시장은 매년 약 1,100억 유로를 창출한다. 조직범죄는 영국에 연간 2,400억 파운드의 손실을 초래하는 것으로 조사됐다.

아시아   중국은 EU로 수입되는 짝퉁 상품들의 주된 공급처이다. 중국에서는 여성이 상대적으로 부족하다보니 결혼을 목적으로 주변국 여성들을 인신매매하는 문제가 발생하고 있다. 인도는 가짜 약의 주요 생산 국가이다. 북한은 핵무기에 의존한 채 무기, 위조지폐, 성노예, 마약, 다양한 가짜 물품들의 불법 거래에 관여하고 있는 조직범죄 국가로 인식되고 있다. 유엔마약범죄사무소와 중앙아시아 5개국은 조직범죄에 대항하기 위해 700억 달러를 지출하기로 약속했다.

13

에너지 수요 증가와
장기적 목표 달성

비록 트럼프 행정부는 탈퇴했지만, 파리기후변화협약은 화석연료 소비를 줄이고 재생가능에너지원을 증가시킬 것으로 기대된다. 하지만 현재의 추세가 지속된다면 세계 에너지 전망 2018에 따라 유엔 지속가능 개발 목표와 파리 협약은 달성할 수 없게 될 것이다. 태양열과 풍력에너지는 석탄과 함께 쓰일 경우 비용 부분에서 보완이 될 수 있다. 최저 소요 전력을 생산할 재생가능에너지의 역량을 보조할 목적으로 거대한 리튬이온 배터리 생산 공장이 건설되고 있다.

재생가능에너지 생산이 신규 전력 생산의 대부분을 차지하지만, 기존에 설치된 용량의 3분의 1밖에 되지 않는다. OECD에 따르면 G20 국가들의 경우, 추가적으로 계획된 발전 용량 중 거의 70퍼센트가 재생가능 에너지원에서 나온다. 현재 태양열 에너지를 가장 많이 생산하는 국가는 독일이며 중국이 그 뒤를 잇고 있다. 중국은 2020년 재생에너지 발전 분야에 2.5조 위안(3,610억 달러)을 투자할 계획이다. 한편 에너지의 혜택을 받을 수 없는 사람들은 2010년의 12억 명에서 8억 4,000만 명으로 줄어들었다.

건설 전 계획 단계에 있는 석탄 전력 용량은 2016년 1,090기가와트였지만 극적으로 하락해 2018년에는 339기가와트밖에 되지 않았다. 중국과 인도 두 국가 모두 2015년부터 2018년 사이에 석탄 계획을 80퍼센트 감축했다. 중국과 인도에서는 100개 이상의 프로젝트 현장에서 현재 68 기가와트 규모에 해당하는 건설작업이 동결된 상태다. 전 세계적으로 본다면 지난 몇 년간 건설에 착수한 현장보다 동결 상태에 있는 현장이 더 많다. 석탄 공장 폐쇄가 전례 없는 속도로 일어나고 있으며, 지난 2년간 64기가와트 규모의 공장이 주로 EU와 미국에서 가동을 멈추고 폐쇄됐다.

전기 자율주행차와 플러그인 하이브리드 자동차, 수소와 천연가스 자동차 분야가 진보하고 있는 상황에서 석유의 미래도 확실하지 않다. 에너지 기업들은 2050년까지 추가적인 30억 명의 사람들(현재 에너지를 사용할 수 없는 8억 4,000만 명과 인구 성장에 따른 22억 명)이 쓸 안전한 에너지를 충분히 생산하기 위해 경쟁하고 있다. 재생에너지를 100퍼센트 비율로 사용하자는 움직임이 전 세계에서 빠르게 등장하고 있다. 연구개발이 이루어지고 있는 흥미로운 아이디어로는 창문에 스프레이로 뿌릴 수 있는 태양열 셀, 고층 건물들을 에너지 순 생산자로 만들기, 체온과 몸의 움직임으로 충전되는 작은 배터리, 이산화탄소를 포집해서 재사용하기 위해 석탄 공장 개조하기, 태양열 패널 도로와 지붕 타일, (전기 그리드, 사물인터넷, 교통의) 효율성을 극적으로 개선할 수 있는 인공지능, 합성생물학을 통해 식물에서 이산화탄소 대신 수소 생산하기, 스털링 엔진에 초점을 맞춘 태양열 농장, 높은 고도(500~2,000미터)에서의 풍력에너지 생산, 시추된 열암 심부 지열 시스템, 액화 공기를 통한 에너지 저장 시스템 등이 있다. 고온 및 저온 핵융합과 지구 위 혹은 근거리 우주 어느 곳에나 에너지를 쏠 수 있는 태양열 발전 위성처럼 온실가스가 없는 에너지를 풍부하게 공급할 수 있는 장기적인 옵션들도 추진되고 있다.

태양광, 태양열, 재생에너지, 바이오매스, 풍력, 지열의 조합이 화석연료를 대체할 수 있다는 데에는 의문의 여지가 없다. 문제는 변화를 만드는 전략에 대한 합의를 이루는 데 있다. 탄소배출권에 가격을 높여 비화석연료원에 대한 투자를 증가시키고 화석연료 사용에 드는 금전적, 환경적 총비용을 고려한다면 재생가능에너지의 비용 효율이 현재보다 훨씬 높아질 것이다. 에너지 수요 증가라는 세계적 문제를 해결하기 위해서는 모든 국가가 이산화탄소 배출량 감소에 대한 약속을 이행해야 한다. 또한 2050년까지 추가로 35억 명에게 전기를 공급할 수 있는 생산 설비를 갖춰야 하며 노후 핵발전소의 원자로를 해체하고 화석연료 발전소를 개조하는 일이 필요하다.

전 세계 국가들의 재생에너지 사용 현황

북미

미국 캘리포니아의 모하비 사막에서 세계 최대 태양광 발전소가 가동을 시작했으며, 테슬라의 3,500달러 리튬이온 저장 배터리가 옥상 태양열 에너지 적용 확대에 도움이 될 수 있다. 미국 EPA는 2030년까지 주정부들이 기존 발전소의 탄소 배출을 2005년 수준 이하로 줄일 것을 요구하는 청정 전력 계획을 제안했다. 미국의 523개 석탄화력발전소 중 190여 곳이 최근 문을 닫거나 폐쇄할 예정이다. 미국 지질 조사국은 프래킹과 관련된 인공 지진이 증가하고 있으며, 이로 인해 뉴욕을 포함한 여러 주에서 프래킹 금지 또는 모라토리엄을 시행하고 있다고 밝혔다. 캘리포니아는 정유공장과 자동차 연료 수입업자들에게 2020년까지 자사 제품의 탄소 강도를 10퍼센트 줄일 것을 요구하고 있다. 샌프란시스코 주지사는 2026년까지 50퍼센트, 2030년까지 60퍼센트, 2045년까지 100퍼센트 재생에너지를 도입하기로 했으며 이를 달성하기 위한 에너지 효율성 제고도 병행하고 있다고 발표했다.

유럽

EU는 2030년까지 온실가스 배출량을 1990년 수준에서 40퍼센트 감축하고 재생에너지원을 2030년까지 1990년 수준에서 35퍼센트 늘릴 계획이라고 발표했다. EU는 또한 2030년까지 에너지 효율을 30퍼센트 개선할 것이다. 2018년 기준 재생가능자원은 EU 전체 에너지 소비량의 약 17퍼센트를 차지하고 있다. 스웨덴은 총 소비량에서 재생에너지 비율이 46.8퍼센트로 가장 높다. EU의 저탄소 로드맵에 따르면 저탄소 기술은 2020년까지 에너지의 60퍼센트, 2050년까지 100퍼센트를 제공할 수 있다. 북유럽은 풍력에, 남유럽은 태양에너지에 초점을 맞출 것으로 예상된다. 독일과 스위스는 핵에너지를 단계적으로 폐기할 계획이지만 독일의 원전 폐쇄와 핵폐기물 처리장 건설 비용은 700억 유로까지 늘어날 수 있다. 핀란드의 원자력 발전소는 건설 비용이 45억 달러에서 120억 달러로 증가했다고 추정했다. 폴란드는 천연가스의 80퍼센트 이상을 러시아로부터 수입하지만 셰일가스 매장량은 폴란드에 50년 이상 충분한 가스를 공급할 수 있다. 한편 프랑스는 셰일가스 채굴에 반대하고 있으며 네덜란드 룩셈부르크 불가리아 등은 셰일가스 시추를 중단했다. 러시아 에너지부의 보수적 2020년 시나리오에서는 러시아 원유 생산량이 5~10퍼센트 감소할 것으로 전망하고 있다. 덴마크는 2030년까지 덴마크 내 전력 소비 전체를 재생에너지로 공급할 계획이다.

아시아 현재 아시아 지역에는 전기를 사용할 수 없는 사람들이 10억 명에 이른다. 인도만 해도 전기 없이 생활하는 사람들이 2억 8,900만 명에 달한다. 아시아 인구와 경제의 엄청난 성장은 에너지의 부족과 비용 증가로 이어지고 있다. 아시아개발은행에 따르면 아시아 태평양 지역은 2035년에 전 세계 연간 에너지 생산량의 56퍼센트를 소비할 것이다. 게다가 아시아 지역에서 약 20억 명의 사람들이 요리를 할 때 바이오매스 연료에 의존한다. 일본 태양열발전의 경우 2030년까지 설치되는 태양전지PV의 생산 용량이 전기 수요의 11.2퍼센트에 달하는 100기가와트가 될 수도 있다. 한편, 일본에서는 후쿠시마 핵 위기 이후 대중들의 반대에도 불구하고, 2030년까지 핵발전을 활용해 전기 수요의 5분의 1을 공급할 계획이다. 중국은 2020년까지 핵발전 용량을 세 배로 확대할 계획을 밝혔다. 중국은 2030년까지 전기 수요의 57퍼센트를, 2050년에는 86퍼센트를 재생가능에너지원을 통해 충족할 수 있을 것이다.

14

과학 기술의 혁신에 따르는
문제 해결

인류의 상황을 개선하기 위한 과학 혁신과 기술 응용을 가속시키는 새로운 요인들이 속속 등장하고 있으며 변화 속도는 발전된 인공지능과 양자 컴퓨터의 출현으로 더 빨라지고 있다. 그리고 합성생물학과 3D/4D 프린팅, 인공지능, 로봇, 원자 정밀 제조와 나노 테크놀로지, 원격화 기술, 드론, 증강 및 가상현실, 재생가능에너지 시스템의 가격 하락, 집단 지성 시스템 덕분에 다가올 25년에 비하면 지난 25년은 느리게 느껴질 것이다. 그리고 지금의 변화들에 앞으로 일어날 변화들이 더해져 소수의 엘리트 그룹이 아닌 더 많은 개인들이 전 세계의 기술 역량에 더 낮은 비용으로 자유롭게 접근할 수 있게 될 것이다.

2019년 현재, 미국의 서미트Summit와 시에라Sierra 두 대의 슈퍼컴퓨터가 중국의 선웨이 타이후라이트Sunway TaihuLight를 제치고 가장 우수한 성능을 보유하고 있다. 한편 캐나다의 양자 컴퓨터 시스템 소프트웨어 기업인 디웨이브D-Wave는 양자 컴퓨팅과 양자 인공지능을 만들어내는 기계 학습의 영역을 탐색하고 있다. 단일 분자에 데이터를 저장하는 작업은 데이터 저장 밀도가 100배 늘어날 수 있음을 의미한다. 2050년까지는 누구든 언제 어디서나 거의 모든 것에 대해 클라우드 양자/인공지능에 접근할 수 있게 될 것이다.

물질과 에너지의 새로운 합성이 산업혁명을 불러온 만큼, 유전학적 분자 및 생명체의 새로운 합성이나 조작이 발전해 바이오혁명이 이루어질 것이다. 원자 정밀 제조는 물리적 생산의 효율성에 대변혁을 일으킬 수 있는 기계를 만들어낼 것이다. 인체 내부의 마이크로 로봇에 심을 수 있는 바이오 센서들은 인체 바깥으로 가상현실 이미지를 전송하는 한편, 인체를 진단하고 치료법을 제공할 것이다. 지구와 정지 궤도 사이를 오가는 우주 엘리베이터는 저비용으로 우주여행을 하는 접근방법을 제공할 것이며 이온 드라이브, 빛을 방출시켜 그 에너지를 추력으로 사용하는 광자 추진체, 플라스마 방출, 태양열 항해 등 우주여행을 위한 장기적인 옵션들도 탐색되고 있다.

과학과 기술의 역사는 진보가 혜택도 가져오지만, 의도하지 않은 부정적인 결과도 가져올 수 있음을 보여주었다. 자율주행 자동차와 비행기, 배에 대한 해킹부터 뇌-컴퓨터 인터페이스와 나노 의약까지 모든 것들이 잠재적으로 보안에 취약하다는 점은 해결해야 할 문제이다. 또한 전 세계적으로 증가하고 있는 E-폐기물은 지하수를 오염시킬 수 있으며 나노입자들은 인체에 축적돼 예상치 못한 건강 문제를 야기할 수도 있다. 기술 실업으로 발생하는 사회 문제도 있다. 산업시대와 정보시대에는 없어진 일자리보다 새로 만들어진 일자리가 더 많았다. 하지만 다가오는 기술적 변화의 속도와 역량, 범위, 글로벌 역동성 때문에 이번에는 일자리가 늘어나리라고 장담하기 어렵다.

과학과 기술 발전의 가속화에 대해 우리가 생각하거나 언론을 통해 다뤄지는 것 사이에는 큰 간극이 존재하기도 한다. 하지만 그럴수록 과학과 기술의 발전을 추적하고, 결과를 예측하고, 다양한 관점을 기록할 수 있는 글로벌 집단지성 시스템이 필요하다. 과학과 기술의 가속화가 인류에게 지금보다 더 많은 혜택을 주기 위해서는 R&D와 기초과학 연구를 증대시키고 새로운 기술을 보다 지능적으로 사용할 수 있게 하는 혁신적인 비즈니스 모델과 정책이 필요하다. 이를 통해 누구나 새롭고 실현 가능한 기술의 잠재적인 결과를 이해할 수 있고 과학 기술을 개발할 인센티브를 만들어낼 수 있다. 또한 국제적인 과학기술 조직이 설립돼 세계의 과학기술 지식을 연결하고 적법한 배경과 법규 아래에서 사용될 수 있어야 할 것이다.

북미

미 연방의 연구개발 시설은 감소하는 추세다. 스페이스X의 드래곤, 리처드 브랜슨의 버진 갤럭틱, 제프 베조스의 블루 오리진 같은 기업들이 구축한 연구 시설은 더 많은 사람들에게 공간을 개방하기 위해 출시 비용을 낮추고 있다. 또한 MIT, 하버드 대학교, 프린스턴 대학교, 미시건 대학교와 펜실베이니아 대학교 등 강좌를 온라인으로 무료로 이용할 수 있는 대학들이 늘고 있다. 미국 국립과학원, 국립공학원, 의학연구소의 연구는 누구나 무료로 다운로드 받을 수 있다. 미국 특허청은 수천 건의 새로운 특허를 온라인에서 자유롭게 이용할 수 있도록 하고 있다. 하지만 점점 더 많은 수의 허위 특허 침해 사건들이 발생하고 있어 기업들은 이를 해결하기 위해 수십억 달러를 쓰고 있다. 혁신법 innovation act 은 이러한 종류의 조직범죄에 대응하기 위해 미국 의회에 도입되었지만, 아직 연구개발과 응용을 가속화하기 위한 법안이 만들어지지 않은 상태다.

유럽

유럽은 2020년까지 유럽에서 25만 명의 새로운 일자리를 창출하기 위해 전자 전략 electronics strategy 을 채택했다. 주요 S&T 자금 지원 프로그램인 호라이즌 2020 Horizon 2020 은 70억 유로, 갈릴레오 글로벌 포지셔닝 위성 시스템은 63억 유로, ITER 핵융합로 27억 유로 그리고 환경 및 보안을 위한 글로벌 모니터링 GMES 지구관측 프로그램이 37억 유로를 할당받았다. 러시아는 연구개발과 응용을 가속화하기 위해 다국적 기업과 함께 스콜코보 혁신센터를 짓고 있으며, 국가 우주산업 발전을 위한 국가 프로그램에 따라 2조 1,000억 루블(약 700억 달러)의 예산을 책정했다.

아시아   아시아에서 연구개발 투자 비율이 가장 높은 나라는 대한민국으로, GDP 대비 4.6퍼센트에 달하며 이는 OECD 전체 36개 국가들 중 가장 높은 수치다. 일본의 연구개발 지출은 GDP의 약 3퍼센트, 중국은 2.5퍼센트를 차지한다. 그러나 중국의 연간 연구개발 예산은 매년 약 12퍼센트씩 늘어나는 추세며 정부 연구개발 예산으로는 전 세계에서 두 번째로 큰 규모이다. 중국의 특허 등록은 지난 5년 간 500퍼센트 증가했으며, 중국은 미국보다 청정에너지 기술에 더 많은 돈을 투자하고 있다.

15

윤리적 의사결정과
새로운 사회 계약

어떻게 하면 윤리적 의사결정의 글로벌 통합을 이루어낼 수 있을까? 인공지능에 의한 의사결정이 증가하는 추세로, 과학기술은 우리가 가지고 있던 전통적인 윤리 판단을 뛰어넘을 정도로 빠르게 성장하고 있다. 알고리즘에 의한 의사결정은 윤리적으로 중립적이지 않기 때문에 미래에는 소프트웨어 내부의 윤리적 결정들을 감독하는 일이 증가하게 될 것이다. 인공지능과 연결된 사물인터넷의 원격 감시 가능성이 비윤리적 의사결정을 억제할 수도 있다.

인간 복제에 대한 윤리적 문제, 합성생물학을 통해서 이제까지 존재하지 않았던 새로운 생명체를 발명하는 것에 대한 윤리적 문제, 적절한 안전성에 대한 고려와 통제 없이 새로운 형태의 무기를 개발하는 것에 대한 문제 등이 산적해 있다. 이는 개인, 기관, 정부가 이용할 수 있는 기술이 너무 강력하고 다양해졌기 때문이기도 하다.

법률에서 길잡이 역할을 해주는 판례가 존재하듯이 우리도 가능한 미래 사건들에 대비한 도덕적 판단 자원들이 필요하다. 예를 들어, 가까운 미래에는 개인이 단독으로 대량 살상 무기를 만들고 배치하는 것이 가능하다. 이런 가능성을 사전에 방지하기 위해 시민들의 프라이버시를 희생해야 하는가는 생각해봐야 할 문제다. 가짜뉴스를 비롯한 정보 전쟁은 각국 선거를 대상으로 전투를 벌이고 있다. 우리는 정보 전쟁과 가짜뉴스를 예방하고 거기에 대항하는 법을 배울 필요가 있다. 동시에 교육 수준이 높아지고 인터넷과 연결된 세대가 권력 남용에 항의하고 책임질 것을 요구하면서 봉기하는 경우가 늘고 있다. 전 세계적으로 증가하는 시위의 숫자는 파워 엘리트들이 내리는 비윤리적 의사결정을 용인하지 않겠다는 의지가 커지고 있음을 보여준다.

기업의 사회적 책임 프로그램, 윤리적 마케팅, 사회적 투자는 증가하고 있다. 현재 기업은 문제를 해결하기보다 사람들을 속여서 돈을 버는 경우가 더 많다. 윤리적 기업 운영의 기준이 세계적으로 수용되고 그에 대한 감사가 정기적으로 이루어져야 할 것이다. 유엔과 기업 간의 파트너십을 통해 세계경제의 지속적 균형 발전을 이루기 위한 시도로 만들어진 유엔 글로벌콤팩트UN Global Compact는 기업의 의사결정에서 윤리를 강화시키고 있으며 현재 전 세계 160개국 1만 4,000여 개 회원(1만여 기업 회원 포함)이 여기에 참여하고 있다. 세계인권선언은 글로벌 윤리와 정의에 대한 대화를 지속적으로 촉진할 뿐만 아니라, 윤리와 종교, 이데올로기의 장벽을 넘어 의사결정에 영향을 미치고 있다. 국제형사재판소는 40명이 넘는 리더를 기소했고, 상설 국제사법재판소는 국가 간 분쟁과 관련해 126건의 판결을 내렸다.

세속주의의 성장으로 많은 사람들이 의사결정의 윤리적 기반에 대해 확신하지 못하고 있다. 보다 나은 윤리관의 확립과 의사결정의 통합을 이루려면 국가, 기관, 종교, 이념의 경계를 넘어 글로벌 도전 과제를 해결하기 위해 협업하겠다는 도덕적 의지가 필요하다. 세계적인 의사결정에 있어서 윤리를 우선하게 만드는 보다 나은 장려책을 만들고 학교에서 윤리와 집단책임에 대한 교육을 실시해야 한다.

유럽

유럽 내 이민 인구가 증가함에 따라 윤리 및 정체성에 대한 논의가 증가할 것이다. 국제투명성기구에 따르면 대부분의 유로존 국가들은 세계에서 가장 부패가 적은 국가 중 하나이지만 동유럽과 중앙아시아는 세계에서 가장 부패한 국가 중 하나로 꼽힌다. 2년마다 발간되는 EU 반부패 보고서는 회원국들의 부패 척결을 위한 노력을 평가하고 돕기 위해 마련되었다. 이 보고서에 따르면 조사에 참여한 유럽인의 76퍼센트가 자국 내 부패가 만연해 있다고 생각하는 것으로 나타났다. 그리스와 다른 남유럽 국가들이 관련된 재정 위기는 시민, 국가 그리고 유로존 회원국들 사이의 상호의존적인 윤리적 책임에 대한 문제를 제기한다. 유럽 윤리 네트워크는 윤리적 의사결정을 개선하기 위한 노력을 연계하고 있으며 국제적인 윤리적 네트워크를 동원하고 혁신적 행동을 조직하여 기업 윤리에 대한 관심을 끌기 위해 노력하고 있다. 스페인과 프랑스는 유엔 글로벌콤팩트에서 가장 많은 사업체를 보유하고 있다.

아시아

중국 과학자들의 배아 유전자 조작은 모든 미래 세대들을 위한 유전학을 바꿔 놓으면서 윤리 문제를 제기했다. 글로벌 의사결정에서 맡게 될 역할이 커지면서, 중국은 전통적인 가치와 서구적인 가치 사이에서 갈등에 직면하게 될 것이다. 중국은 중요한 반부패 캠페인을 시작했고, 성공할 경우 이 지역에 있는 다른 국가들에도 영향을 미칠 수 있을 것이다.

부록

부상 기술 목록

현재 우리가 주목해야 할 부상 기술과 연구개발 상황을 한눈에 볼 수 있도록 산업별로 구분해 소개한다. 아직 가설 단계인 기술도 있고, 개발이 진행 중인 기술, 프로토타입 및 상용화를 앞둔 기술도 있다. 어떤 기술이 지금 어디까지 와 있으며 이 기술이 영향을 미칠 응용 분야를 함께 살펴보는 것만으로도 많은 도움이 될 것이다. 상용화되거나 이미 오랫동안 연구가 진행되어 용어가 굳어진 기술도 있는 반면, 아직 용어가 제대로 정립되지 않은 신기술들도 있다. 굳어진 용어가 없는 경우 영문을 함께 배치한다.

농업 분야

기술	개발 상황	잠재적 응용 분야
농업용 로봇	연구개발, 실험 단계	
폐쇄 생태 시스템	연구개발, 실증 단계	우주 개척 및 식민지화
배양육	연구개발 단계	지속가능한 육식, 자원 효율적이며 더 저렴한 고기
수직 농업	실험 및 확산 단계	농작물 및 육류 생산

건설 분야

기술	개발 상황	잠재적 응용 분야
클레이트로닉스Claytronics	가설 및 실험 단계	
4D 프린팅	연구개발 단계	
분자 조립기	가설 및 실험 단계	
스마트 더스트	가설 및 실험 단계	

재료과학 분야

기술	개발 상황	잠재적 응용 분야
에어로겔	확산 및 조기 사용 단계	송유관, 단열재 및 내외장재, 항공 우주
비결정질 금속 Amorphous metal	실험 단계	갑옷
전도성 고분자	시제품 단계	정전기 방지 재료, 유기 태양 전지
극저온 처리 Cryogenic treatment	시제품 단계	제트 엔진, 터빈, 전기 차량, 기어 및 베어링
그래핀	확산 및 조기 사용 단계	트렌지스터, 모바일 디스플레이, 질병 진단용 센서, 더 효율적인 배터리
고온 초전도체	가설 및 실험 단계	자기 부상, 무손실 대용량 축열장치, 전기 자동차
자기유변유체 Magnetorheological fluid	연구개발 단계	허블 우주 망원경, 로봇
메타 소재	확산 단계	현미경, 카메라, 클로킹(투명) 디바이스
다기능 구조	실험 및 시제품 단계	광범위함
탄소 나노 튜브	확산 및 조기 사용 단계	우주 엘리베이터, 더 강하고 가벼운 재료
합성 다이아몬드	상용화 단계	전자 공학
반투명 콘크리트	상용화 단계	고층 건물 건설

전자공학

기술	개발 상황	잠재적 응용 분야
플렉시블 전자회로	시제품 및 확산 단계	접는 스마트폰, 유연한 태양전지
멤리스터Memristor	시제품 단계	전력소모가 낮은 저장장치, BMI 및 RFID
스핀 트로닉스Spintronics	시제품 단계	데이터 스토리지, 컴퓨팅 장치
열처리 구리 기둥 범프	시제품 단계	전기 회로 냉각

에너지 분야

기술	개발 상황	잠재적 응용 분야
공중 풍력 발전	구상 단계	전기 생산
인공 광합성	연구개발 및 실험 단계	자연 광합성의 개선
에너지 수확 기술	실험 단계	휴대 및 착용할 수 있는 유비쿼터스 장치를 위한 지속적인 에너지원
핵융합발전	실험 단계	전기 생산, 폐열의 재활용
4세대 원자로 Generation IV reactor	연구 및 실험 단계	경제성 높은 전기 생산
리튬 에어 배터리	연구 및 실험 단계	노트북, 휴대전화, 장거리 전기 자동차, 전력망용 에너지 저장
나노 와이어 배터리	시제품 단계	노트북, 휴대전화, 장거리 전기 자동차, 전력망용 에너지 저장
난테나Nantenna	구상 단계	전기 생산
해양 열 에너지 변환	시제품 단계	
전고체 전지 Solid-state battery	상용화 단계	하이브리드 자동차
스마트 그리드	확산 단계	
우주기반 태양열 발전	가설 단계	

토륨 원전 Thorium fuel cycle	연구개발 단계	전기 생산
무선 에너지 전송	확산 단계	노트북, 휴대전화, 전기 자동차

IT 및 커뮤니케이션 분야

기술	개발 상황	잠재적 응용 분야
5G	조기 상용화 단계	스마트폰, 태블릿
인공 뇌	구상 단계	신경질환의 치료
원자공학Atomtronics	가설 단계	
증강현실	확산 단계	
블록체인	확산 단계	거래 비용 제거, 암호화 기술
DNA 저장장치	실험 단계	대용량 데이터 저장소
사물인터넷	확산 단계	
4세대 광학 디스크	시제품 단계	데이터 저장
인공지능 번역	확산 단계	더 쉽고 저렴한 커뮤니케이션
머신 비전	상용화 단계	생체 측정, 제어 프로세스, 인간-기계 상호작용
비접촉 생체 인식 시스템	확산 단계	안면 인식 스캐너
양자 컴퓨팅	상용화 단계	
양자 레이더	시제품 단계	
인공지능 스피커	확산 단계	
가상현실	확산 단계	
무선 주파수 식별	확산 단계	RFID기반 제품 추적, 스마트 선반, 스마트 카트

의료 분야

기술	개발 상황	잠재적 응용 분야
인공 자궁	가설 및 연구 단계	우주 여행, 인공수정
신체 이식	실험 및 상용화 단계	뇌 이식, 망막 이식
냉동 보존술	실험 및 상용화 단계	장기이식, 수명 연장
DNA 백신	실험 단계	
효소 생물학Enzybiotics	실험 단계	
유기체-바이러스 유전 공학	상용화 단계	질병 제거, 의약 및 백신 연구
인간 동면 기술	실험 단계	장기이식, 우주 여행, 응급 처치
면역 요법	연구개발, 상용화 단계	암 치료
나노의학	실험 단계	
항암 바이러스	실험 및 상용화 단계	암 치료
전체 게놈 시퀀싱	실험 단계	맞춤형 의료
재생 의학	실험 단계	수명 연장
로봇 수술	연구 및 확산 단계	
줄기세포 치료	실험 단계	광범위한 질병 및 부상 치료
합성 생물학/ 합성 유전체학	연구 및 개발 단계	종 프로그래밍
조직 공학	실험 및 확산 단계	장기 프린팅, 치아 재생
트리코더Tricorder	연구개발 단계	빠른 질병 진단
바이로테라피Virotherapy	실험 단계	유전자 치료, 암 치료
식물 항생제Plantibody	실험 단계	질병 예방

신경과학 분야

기술	개발 상황	잠재적 응용 분야
뇌-컴퓨터 인터페이스	연구 및 상용화 단계	더 빠른 의사소통과 학습, 정신질환의 치료
브레인 리딩 Brain-reading	연구개발 단계	
머리 이식	실험 단계	뇌 손상 치료
신경보철 Neuroprosthetics		시각 보철, 뇌 임플란트, 뇌-컴퓨터 인터페이스

국방 분야

기술	개발 상황	잠재적 응용 분야
클로킹(투명) 디바이스	실험 단계	
고에너지빔 무기 directed energy weapon	연구개발 및 시제품 단계	
전자 레이저	연구개발 단계	
포스 필드Force field	가설 및 실험 단계	우주여행
친환경 탄환Green bullet	연구개발 단계	
레이저 무기 시스템	연구개발 단계	로켓, 폭탄, 드론의 추적 및 파괴
플라스마 무기	구상 단계	
음파 무기Sonic weapon	연구개발 단계	
스텔스 기술	연구개발 단계	전자 방해 기술

우주 분야

기술	개발 상황	잠재적 응용 분야
반反중력	가설 및 실험 단계	
인공 중력	연구개발 단계	우주여행
소행성 광산	가설 단계	자원 공급
하이퍼텔레스코프 Hypertelescope	가설 단계	천문학 연구
스타시스 체임버	연구개발 단계	행성 간 우주여행
팽창식 우주 거주 모듈	실험 단계	우주 여행 및 거주
최소화된 인공위성	연구개발 및 일부 시제품 단계	저렴한 위성
재사용 가능 로켓	연구개발 및 일부 시제품 단계	우주 발사 비용 감소

로봇공학 분야

기술	개발 상황	잠재적 응용 분야
안드로이드	상용화 및 확산 단계	도우미 로봇, 경비 로봇
나노 로봇	실험 단계	저렴한 행성 테라포밍
외골격 로봇(입는 로봇) Powered exoskeleton	실험 및 상용화 단계	건설 및 구조 현장, 노인과 장애인을 위한 도움
자체 구조변경 모듈러 로봇	시제품 단계	
스웜봇	실험 단계	자율 건설, 우주 건설
무인 차량	상용화 및 확산 단계	화물 운송 및 광범위 적용

운송 분야

기술	개발 상황	잠재적 응용 분야
공기 없는 타이어	시제품 단계	
대체연료 자동차	상용화 및 확산 단계	
전기 유체역학 추진	시제품 단계	
플라잉 카	시제품 단계	효과적인 교통 수단
핵융합 로켓Fusion rocket	연구개발 단계	행성 간 이동
드론 오토바이Hoverbike	시제품 및 조기 상용화 단계	물품 배송, 수색 및 구조
제트팩	시제품 및 조기 상용화 단계	효과적인 교통 수단
진공터널 자기부상 열차 Vactrain	연구개발 단계	
핵 광자 로켓	가설 단계	행성 간 이동
우주 창고 Propellant depot	연구개발 단계	
펄스 데스토네이션 엔진 Pulse detonation engine	실험 단계	행성 간 이동
우주 엘리베이터	연구개발 단계	
우주 왕복선	연구개발 단계	극초음속 운송
초음속 운송	상용화 및 확산 단계	
차량 통신 시스템	연구개발 단계	자율주행차